Bodo Herold

Bananenland

Wie eine führende Industrienation zerfällt – oder auch nicht

FSC
www.fsc.org

MIX

Papier aus ver-
antwortungsvollen
Quellen
Paper from
responsible sources

FSC® C105338

1. Auflage

Pfarrstr. 5 - D 51399 Burscheid
herold@heroldconsult.com

Herstellung und Verlag:
BoD - Books on Demand, Norderstedt
ISBN 978-3-7526-3907-0

Inhaltsübersicht

Vorwort

Nahezu alltäglich wird über Verfehlungen in der deutschen Politik berichtet. Ganze Bücher werden zu einzelnen Themen verfasst, zum Beispiel „Deutschland verdummt" von Michael Winterhoff aus 2019. Selbst wenn nicht alles zutrifft, so kommt doch zunehmend ein ungutes Gefühl auf über den Zustand, v. a. aber über die Zukunft von Deutschland als ein führendes Industrieland.

Doch steht es um Deutschland bzw. seine Führung wirklich generell so schlecht, wie es beispielsweise Thomas Wieczorek in „Die Dilettanten" beschreibt? Oder trifft es zu, dass „wir in dem besten Deutschland leben, dass es jemals gegeben hat" wie es Bundespräsident Steinmeier anlässlich des 30. Jahrestags der Einheit formuliert. Dabei gilt es aber zu beachten, dass die Erfolge von heute meist das Ergebnis der Arbeit von gestern sind.

So kam mir, als stolzer Bürger dieses Landes, im Herbst 2020 der Gedanke auf, möglichst viele Bereiche zu untersuchen (Redaktionsschluss ist dabei Mitte Februar.2021) und nicht nur ein Segment herauszugreifen. Dabei wird – unter Verzicht auf ein zeitraubendes „klassisches" Literaturverzeichnis - versucht, so weit wie möglich „verlässliche Quellen" heranzuziehen, auch, um sich weder als „Verschwörungstheoretiker", als Nörgler oder Besserwisser einzureihen. Dabei wird, soweit möglich bzw. erforderlich, auch ein Blick auf andere Staaten geworfen.

Wie der Buchtitel schon vermuten lässt, ist das Ergebnis wenig erfreulich, gar erschütternd. Letztlich kann man sich schon fragen, wo Deutschland noch bzw. in naher Zukunft eine führende Rolle einnimmt. Die Bildung als Ausgangspunkt jeglichen Erfolgs gehört sicher nicht mehr dazu, genauso wenig wie die Forschung. Und unser oft gerühmtes Gesundheitswesen zeigt in der „Corona-Zeit" ebenfalls umfangreiche Schwächen, genauso wie die Infrastruktur, die Wohnungspolitik, das „Flüchtlingsmanagement" oder das Handling von Projekten wie S21 oder BER, obwohl Deutschland nach China das zweitgrößte Parlament der Welt besitzt und die staatliche Einnahmesituation bisher auch eher als hervorragend bezeichnet werden kann.

Vernachlässigbar ist dabei, ob der Zustand schon länger so ist oder im Zuge einer breiteren Informationsversorgung über das Internet in einem „anderen Licht erscheint".

Letztlich veranlassen die Missstände „Die Zeit" in ihrer Ausgabe vom 04.02.2021 auf der Titelseite zu fragen „Plötzlich Versager? Das Image von den ultraeffizienten Deutschen, die immer eine Lösung finden, geht vor den Augen der Welt verloren".

Besonders erschreckend ist aber die Nachricht von Anfang Februar 2021, dass das Innenministerium Analysen in Auftrag gegeben hat, die seitens der Regierung gewünschte Maßnahmen rechtfertigen. Die Wissenschaft ist so nicht Grundlage der Politik, sondern soll der Politik dienen.

Aber muss das so sein oder gibt es einen Ausweg? Zumindest hier herrscht ein wenig Optimismus, wenngleich der Weg nicht leicht bzw. die Umsetzung nicht einfach ist. Doch wenn der Lebensstandard und die Bedeutung von Deutschland sich nicht verschlechtern soll, wie es manch andere Staaten bzw. Staatengemeinschaften in der Geschichte schon ereilt hat, so ist es einen Versuch wert, auch für unsere Kinder. Zu viel haben die Generationen nach dem zweiten Weltkrieg in Deutschland investiert, unter Tage, bei Wind und Wetter, Tag und Nacht, auch sonn- und feiertags.

Bodo Herold, im Februar 2020

1. Bildung und Forschung

Über die Bedeutung der Bildung dürfte es kaum unterschiedliche Ansichten geben. Originär fördert Bildung die Gesundheit, verringert die Armut wie auch die soziale Ungerechtigkeit und beugt Konflikten vor. Unsere Welt von heute wäre ohne Lernen und Erfahren nahe der Steinzeit. Aber Bildung ist ein permanenter Prozess und, so Nelson Mandela, „die mächtigste Waffe, die Du verwenden kannst, um die Welt zu verändern".

Die Bedeutung der Bildung wird auch seitens der deutschen Politik bestätigt. So titelt eine Pressemitteilung des Deutschen Bundestags vom 04.10.2020 (hib 724/2018) „Hohe Priorität von Bildung und Forschung". Erste Zweifel an dieser Aussage kommen auf, wenn ein Blick auf die diesbezüglichen Ausgaben geworfen wird. Zwischen 2017 und dem Plan für 2021 stiegen die Bundesausgaben für Forschung und Bildung von 17,6 auf 20,2 Mrd. €, also um 14,8 Prozent. Im gleichen Zeitraum stiegen die Gesamtausgaben um 28,6 Prozent - Priorität sind anders aus, auch im internationalen Vergleich.

Die nach Weltbank deutsche Ausgabenquote für Bildung am BIP in 2017 liegt mit 4,3 Prozent unterhalb des OECD-Durchschnitts von 4,9 Prozent. Führend sind Norwegen mit 6,5 Prozent vor Neuseeland, Chile, UK, Israel und den USA (alle über 6 Prozent).

Dabei ist die Entlohnung der Lehrkräfte in Deutschland leicht oberhalb des OECD-Durchschnitts, auch vor Großbritannien und Frankreich.

Bei den Nettounterrichtszeitstunden von Lehrkräften liegt Deutschland in 2019 mit 698 Stunden im Primärbereich I bzw. 651 Stunden im Sekundärbereich I und 622 Stunden im Sekundärbereich II wiederum unterhalb des OECD-Durchschnitts (778 bzw. 712 und 680 Stunden).

Aber vielleicht sind die Ergebnisse in den verschiedenen Bildungsstufen besser.

Beginnen wir mit einem Blick zu den <u>Kitas</u>, denn in den vergangenen Jahren investierte der Bund Milliarden, um die Kindertagesstätten auszubauen. Der Spiegel vom 11.10.2020 gab hier aber auch wenig erfreuliche Daten auf:

- Jedes siebte Kind unter drei Jahren hat keinen Kitaplatz. Zum 1. März 2020 fehlten rund 342.000 (2017 noch 279.000) öffentlich geförderte Betreuungsplätze in Kindertagesstätten und bei Tagespflegepersonen. Die Betreuungslücke habe damit seit 2015 um mehr als 127.000 Plätze zugenommen. Bezogen auf alle Kinder unter drei Jahren gab es zum 1. März den Angaben zufolge für jedes siebte von ihnen (14,4 Prozent) keinen Platz. Im Jahr 2015 waren es 10,2 Prozent.

- Die Quote der unter Dreijährigen, die in einer Kinderkrippe oder einer ähnlichen Einrichtung betreut werden, liegt in Deutschland bei 18 Prozent, EU-weit bei 26 Prozent, in Dänemark gar 73 Prozent.

- Trotz der Investitionen in zusätzliche Kita-Plätze und Personal sind die Bedingungen für die pädagogische Arbeit vielerorts noch immer unzureichend. In einem Großteil der Kitas sind die Personalschlüssel und die Gruppengrößen nicht kindgerecht und sind weit vom Standard entfernt, der international empfohlen wird und etwa in Schweden selbstverständlich ist (welt.de vom 29.08.2017).

Nicht besser sieht es bei den <u>Kindergärten</u> aus:

- Mit 93 Prozent der Kinder zwischen 3 und 6 Jahren liegt Deutschland hinter Belgien (97 Prozent), Dänemark (96

Prozent) und Frankreich (94 Prozent) auf Platz 4 in Europa. Die Durchschnittsquote beträgt hier 84 Prozent.

- Bei den Ganztags-Kindergärten hinkt Deutschland mit 27 Prozent ein ganzes Stückchen hinter dem Spitzenreiter Dänemark (80 Prozent) hinterher.

Umfangreiche Zahlen und Untersuchungen gibt es bekanntlich zu den <u>Schulen</u>. Bei der letzten Pisa-Erhebung (unter 79 Ländern) in 2018 haben die deutschen Schüler erneut schlecht, sogar schlechter als 2015 abgeschnitten. Beim Lesen und in Mathematik erreicht Deutschland Platz 20 und in den Naturwissenschaften Platz 15. Spitzenreiter waren in jeweils allen Kategorien China, dicht gefolgt von Finnland, Südkorea, Kanada und Japan.

Die Zahl der Schulabgängerinnen und -abgänger ohne Abschluss hat einer neuen Caritas-Studie zufolge bundesweit zugenommen - 2017 waren bundesweit mehr als 52.000 Jugendliche betroffen – 5.000 mehr als noch zwei Jahre zuvor. Demnach lag der Anteil derjenigen, die den Hauptschulabschluss nicht schafften, mit 6,9 Prozent im Jahr 2017 um einen Prozentpunkt höher als 2015. Damit sei das gleiche Niveau erreicht wie vor zehn Jahren. Kann es da verwundern, dass (zeit.de vom 07.05.2019) insgesamt 6,2 Millionen Erwachsene, also 7 Prozent aller Erwachsenen in Deutschland Schwierigkeiten haben, deutsche Texte zu verstehen, wobei für 53 Prozent von ihnen Deutsch ihre Muttersprache ist. Auch wenn die Gesamtzahl gegenüber 2011 um 1,3 Millionen geringer ausfällt, ist es für eine führende Industrienation vermessen, wenn Bundesbildungsministerin Anja Karliczek diesen Rückgang als einen "Erfolg für unser Bildungssystem" bezeichnet. 62,3 Prozent der Betroffenen sind laut der Studie trotz ihrer Lese- und Schreibschwäche erwerbstätig. Mehr als jeder Fünfte habe gar keinen Schulabschluss, rund 40 Prozent nur einen geringen.

Mitursächlich ist die Tatsache, dass bundesweit mehrere Tausend Stellen für Lehrerinnen und Lehrer nicht besetzt sind, immer häufiger müssen Bundesländer Quereinsteiger in die Schulen schicken. In Berlin unterrichten mittlerweile schon Lehrer ohne Abitur, zwei von fünf Lehrern gar Mathematik. (zeit.de vom 08.10.2020). In Hamburg müsste laut Schulsenator Thies Rabe eigentlich jeder zehnte Hamburger Abiturient Lehrer werden, um die Nachfrage zu decken.

In Deutschland waren 2018 insgesamt knapp 898.800 Personen als Lehrkräfte beschäftigt. Das Gros der Lehrkräfte entfiel mit gut 773.300 auf die allgemeinbildenden Schulen. Die Anzahl der Vollzeitlehrereinheiten hat sich von 2009 bis 2018 um 10,6 Prozent reduziert, dabei am stärksten in den Hauptschulen mit einem Minus von 47 Prozent, also nahezu einer Halbierung. Demzufolge hat sich im gleichen Zeitraum auch die Klassenstärke kaum verändert und verharrt im Durchschnitt bei 25 Schülern. Dabei kommt jede Studie, die sich mit den Erwartungen und subjektiven Theorien der Lehrenden bezüglich der Klassengröße befasst, zu dem Ergebnis, dass mit einer kleinen Klasse nahezu ausschließlich positive Wirkungen (Saldern 1985, Gerich & Jürgens 1992) antizipiert werden.

Martin Spiewak von „Die Zeit" vom 8.10.2020 sieht ein gravierendes Steuerungsproblem in der gesamten deutschen Schulpolitik, dass sich beispielsweise beim Digitalpakt zeigt. „Die erste Idee dazu gab es 2016, seit Mai 2019 stehen fünf Milliarden Euro bereit. Doch bisher ist gerade einmal ein Prozent des Geldes bei den Schulen angekommen .... wegen komplizierter Zuständigkeiten, Bürokratiewust und endloser Entscheidungswege - schlechte Regierungsführung auch hier".

Daneben gibt es aber auch noch ein Methodik-Problem, beginnend mit der Lernmethode, wo sich Ideologen ein Modell nach dem anderen einfallen lassen, mit dem gemeinsamen Nenner, wie Winterhoff in „Deutschland verdummt" beschreibt, dass

Kinder autonom lernen sollen. Doch genau das, was Kinder am dringlichsten benötigen, wird ihnen verweigert: Erwachsene, die sie an die Hand nehmen. „Da aber so viele Kinder psychisch nicht entwickelt sind, haben wir heute sehr viel mehr Schüler mit sonderpädagogischen Förderbedarf als je zuvor. Doch die Förderschulen, an denen sich Fachpersonal auf diese Weise einstellen könnte, werden sukzessive abgebaut: 2007 waren es 3.360 Förderschulen mit 400.399 Schülern, 2016 noch 2.913 Förderschulen mit 318.002 Schülern.

Mindestens genauso bemerkenswert ist die föderalistische Entscheidungsfreiheit hinsichtlich G8 bzw. G9. Sind die Schüler in Pinneberg (in Schleswig-Holstein) nicht so aufnahmefähig wie im zwanzig Kilometer entfernten Hamburg, dass sie ein Jahr länger zur Schule gehen müssen?

Aber auch die Fächerzusammenstellung gilt es anzuschauen. Im 18. Jahrhundert bildeten Religion, Lesen, Schreiben, Singen, zunehmend auch Rechnen den Fächerkanon. Der Stundenplan sah je nach Geschlecht unterschiedlich aus. Jungen hatten "Rechnen und Raumlehre", Mädchen "Weibliche Handarbeit". Sportunterricht gab es nur für männliche Schüler: Das Schulfach "Leibesertüchtigung" sollte sie auf den Kriegsdienst vorbereiten. In 2020 sah ein Abiturzeugnis häufig noch wie folgt aus:

- Sprachlich-literarisch-künstlerisches Aufgabengeld
    - Englisch
    - Spanisch
    - Deutsch
    - Kunst

- Gesellschaftswissenschaftliches Aufgabenfeld
    - Geographie
    - Geschichte
    - Sozialwissenschaften

- Mathematisch-naturwissenschaftlich-technisches Aufgabenfeld
  - Mathematik
  - Biologie

- Religionslehre und

- Sport.

Politik und Wirtschaft waren ein kleiner Teil der Sozialwissenschaften. Die Bedeutung eines Unterrichtsfachs „Wirtschaft" beschreibt „Der Standard" in seiner Ausgabe vom 27.10.2020. „Eine umfassende Wirtschaftsbildung ist der beste Konsumenten- und Anlegerschutz, aber auch die beste Vorbereitung für ein späteres Leben als selbständige oder unselbständige, erwerbstätige Person, als wahlberechtigte Person, als selbstbestimmte mündige Person, die reflektierte Entscheidungen trifft. Eine solche Wirtschaftsbildung benötigt aber ausreichend Unterrichtszeit, die kontinuierliche Beschäftigung mit ökonomischen Fragestellungen und gut ausgebildeten Lehrerinnen und Lehrer."

„Digitales" kam im Stundenplan gar nicht vor, während in China bereits KI in der Schule unterrichtet wird.

Andererseits stieg die Abiturientenquote in Gesamtdeutschland von 31 Prozent in 1992 auf 56,2 Prozent in 2019. Bis in die 1960er Jahre besuchten nur wenige Kinder das Gymnasium. Die meisten, etwa 70 Prozent, besuchten zuvor die Volks- beziehungsweise Hauptschule und fingen anschließend eine Lehre an. Nur rund 15 Prozent schlossen das Gymnasium mit einem Abitur ab.

Nach den Zahlen von 2017 bekamen bundesweit 17 von 1000 Abiturienten eine 1,0 – das sind fast 70 Prozent mehr als noch

2007. Dabei sind die Unterschiede zwischen den Ländern immens. In Rheinland-Pfalz und Bayern hat sich die Zahl der 1,0-er-Abis verdoppelt, in Berlin haben sie sich gar versechsfacht. (swr.de vom 17.09.2019)

Werfen wir ein Blick auf die deutschen <u>Hochschulen</u>. Mittlerweile gibt es 20.000 Studiengänge (2010 waren es noch 9.000) mit 2,87 Mio. Studenten, sieben Prozent an privaten Hochschulen (2010 waren es nur ein Prozent), wo Studiengebühren schon mal 1000 € pro Monat erreichen. Bundesbildungsministerin Anja Karliczek zeigt sich erfreut über den Boom: „Es ist gut, dass private Hochschulen ein fester Bestandteil der Hochschullandschaft in Deutschland geworden sind" (ntv.de vom 21.01.2020) – aber soll Bildung nicht für alle sein? Laut jährlichem World University Ranking befinden sich unter den Top 25 Universitäten 2019 sechzehn aus USA, vier aus UK, zwei aus China, eine jeweils aus Canada, der Schweiz und Singapore - keine aus Deutschland. Die erste Universität aus Deutschland landet auf Platz 32 (Ludwig-Maximilian-Universität aus München).

Insgesamt liegt der Bildungsstand der 25- bis 34-Jährigen laut OECD-Studie (Bildung auf einem Blick 2020) in Deutschland in 2019 unter dem OECD-Durchschnitt. Aber auch in der Entwicklung des Bildungsstands der gleichen Zielgruppe ist der Fortschritt in den letzten zehn Jahren unterdurchschnittlich. In beiden Fällen ist Irland führend.

Wenig erfreulich sieht es auch in der <u>Weiterbildung</u> aus: rd. 10 Prozent der Europäer zwischen 25 und 64 Jahre nutzen ein Weiterbildungsangebot von mindestens vier Wochen. Spitzenreiter sind die Skandinavischen Länder und Großbritannien mit einer Quote zwischen 20 bzw. 33 Prozent. Mit 7,5 Prozent liegt Deutschland auch hier im hinteren Feld. Kurios ist dabei der DGB-Vorschlag, dass Weiterbildung durch finanzielle Unterstützung attraktiver werden müsse – zurzeit sei es für einen

Hartz-IV-Empfänger lukrativer, einen Ein-Euro-Job zu machen, statt sich weiterzubilden.

<u>Zusammenfassend</u> kommt die Welt am 29.08.2017 zu dem Schluss „Deutschland verspielt das Potenzial seiner Kinder". Aber es fehlt nicht nur am Geld. Deutschland liege sowohl bei der Ausstattung als auch bei der Anwendung digitaler Medien im internationalen Vergleich weit zurück. Um die Schüler fit die Zukunft zu machen, müsse auch die Lehrerfortbildung mit Bezug auf die Digitalisierung verstärkt werden. Nach einer Umfrage des Kölner Stadtanzeigers wird der Stand der Digitalisierung in den Schulen bestenfalls mit 3,3 (Berufsschule), im schlechtesten Fall mit 4,5 (Hauptschule) bewertet und zwei Drittel der Lehrer vergeben der Digitalausbildung im Studium die Note „ungenügend", im Durchschnitt eine 5,2. (ksta.de vom 09.02.2021)

Auf die Alterung der Gesellschaft müsse die Bildungspolitik ebenfalls reagieren. Denn Deutschland könne seine demografischen Probleme nur lösen, wenn die nachrückende Generation gut ausgebildet ins Berufsleben starte. Der renommierte Aktionsrat Bildung, ein Expertengremium, das seit 2005 Politik und Wirtschaft berät und regelmäßig Gutachten erstellt, sieht das deutsche Bildungssystem angesichts der rasanten Digitalisierung und Globalisierung gar vor „epochalen Veränderungen". Unter anderem sei ein „Masterplan Bildungsintegration" notwendig, um den noch immer zu hohen Anteil der Bildungsverlierer zu reduzieren, heißt es in dem Bericht aus 2020.

Bildungsforscher Christian Anger meint, „Wir verschlafen die Digitalisierung des Bildungsbereiches gar nicht - wir wollen sie schlicht nicht." Er sieht ein gesamtgesellschaftliches Phänomen, einzelne Schuldige sind für ihn gar nicht auszumachen. Minister, Lehrerverbände, Pädagogen, selbst viele Eltern – überall regen sich Widerstände, wenn es um digitale Technik geht. Computer oder Tablets im Klassenzimmer, WLAN im

Schulhaus, Microsoft Teams für Distanzunterricht: fast immer übertönen die Zweifler und Ablehner die, die es gerne anpacken und ausprobieren würden. (Focus vom 18.12.2020)

Corona legt, so ntv.de vom 11.09.2020, die Versäumnisse der deutschen Schulpolitik bloß: Investitionsrückstau, Engpässe bei Personal und Digitalisierung. Die Politik muss die Dauerschleife der Ambitionslosigkeit durchbrechen. Nachdem aktuell die Kultusministerinnen und -minister schon vom plötzlichen Ende der Sommerferien überrascht wurden und kaum Corona-Konzepte vorweisen konnten, kommt nun auch der Herbst für sie offensichtlich aus heiterem Himmel. Denn der Kern dessen, was die Schulverwaltungen der Republik hochtrabend "Hygienepläne" nennen, sind neben Flächendesinfektion und mehr oder weniger stabilen Lerngruppen: geöffnete Fenster. Mit den Temperaturen fallen auch die Corona-Konzepte.

Der Investitionsrückstand an den Schulen in Deutschland beläuft sich nach Zahlen der staatlichen KfW-Bank auf spektakuläre 44,2 Milliarden Euro. Nur 26 Prozent der Schulen in Deutschland hatten 2018 ein funktionierendes WLAN, ganze 17 Prozent der Schüler und Lehrer tauschten sich über eine gemeinsame Lernplattform aus. Landläufigen Vorurteilen zum Trotz: das liegt an den zuständigen Ministerien, nicht an den Lehrerinnen und Lehrern.

All dies sind Zahlen, die für ein Land wie Deutschland in höchstem Maße verstörend sind. Natürlich sorgt Corona dafür, dass die beschämend schlechte Digitalisierung an den deutschen Schulen ausgebaut wird. Aber ebenso zeigt die Krise, was alles nicht funktioniert. In der Zeit der Schulschließungen halbierte sich die Zeit, die Schülerinnen und Schüler mit Lernen verbringen, ergab eine Umfrage des Ifo-Instituts. Auf die Frage, was den Schulen am meisten fehle, Endgeräte, Fachpersonal oder die technische Infrastruktur, sagte der Vorsitzende der Lehrergewerkschaft VBE: "Fast alles." Während die meisten Schülerinnen und Schüler in Deutschland ins "Computerkabinett" gehen, um mit dem Internet zu arbeiten, haben sie in Dänemark alle einen Laptop - seit Jahren.

Statt sich um eine zeitgemäße IT-Ausstattung (inklusive Wartung!) zu kümmern, statt Nachwuchs für die überalterten Kollegien auszubilden, statt marode Schulen zu sanieren, streitet die Schulpolitik seit Jahren über das Abitur nach zwölf Schuljahren, über jahrgangsübergreifendes Lernen oder Inklusion - legitime Konzepte, die eines gemeinsam haben: um zu funktionieren, brauchen sie bessere personelle Ausstattung. Längst stehen viele Schulleitungen kurz vor der Kapitulation. Statt Hilfe bekommen sie widersprüchliche Anweisungen von den zuständigen Behörden und werden so gegängelt. Keine vergleichbare Berufsgruppe würde sich bieten lassen, was für Schulkollegien normal ist.

Der Rückstau von Problemen und offenen Baustellen, der an deutschen Schulen herrscht, ist längst so groß geworden, dass er mit Schulgipfeln, wie sie immer wieder im Kanzleramt stattfinden, nicht mehr lösbar ist. Der so häufig gelobte Bildungsföderalismus hat eben nicht zu einem Wettbewerb um die besten Schulen geführt, sondern zu einem System der organisierten Verantwortungslosigkeit. So gut wie jeder Kultusminister und jede Kultusministerin, die auf Versäumnisse im eigenen Bundesland angesprochen wird, kann auf ein anderes Bundesland verweisen, in dem es noch schlechter läuft. Kein Wunder, dass eine große Mehrheit der Deutschen sich wünscht, der Bund möge verstärkt Zuständigkeiten in der Bildungspolitik an sich ziehen.

Um aus der Dauerschleife des kollektiven Ambitionsverzichts herauszukommen, muss sich die Politik ehrlich machen. Die Grundlage für einen nationalen Kraftakt in der Schulpolitik wäre das Eingeständnis des bisherigen Versagens. Niemand braucht Streit über gute oder weniger gute Ideen, nötig ist der Aufbau von funktionierenden Infrastrukturen.

1.2. Forschung

Die Erfolgsgeschichte der Menschheit begann vor 1,5 Millionen Jahren mit einer Erfindung: dem Faustkeil. Fortan entwickelten die Erdenbewohner in immer kürzeren Abständen neue Werkzeuge, Geräte und schließlich Maschinen. Und fast jede Neuerung, die der Homo ersann und die sich durchsetzte, erleichterte ihm das Leben, bis heute, wo unsere Zivilisation auf Technik und anhaltende Innovationen beruht.

Es können verschiedenen Gradmesser zur Innovationsstärke von Ländern herangezogen werden, die sich nach Indikationszeitpunkt einteilen lassen: Als Frühindikator können dabei eingestuft werden:

- Nobelpreis-Verleihung, hier für die Kategorien Chemie, Physik, Physiologie und Medizin:
  - Waren in den ersten beiden Jahrzehnten der Preisverleihung (1901 – 1920) deutsche Preisträger noch 19 Mal vertreten, so sind es von 2001 bis 2019 noch acht.
  - Führend sind die USA, die über den gesamten Zeitraum sechs Mal mehr Nobelpreise erhielten als Deutschland.

- Patentanmeldungen: hier dominieren mittlerweile asiatische Anmelder die Statistik. Laut WIPO-Bericht gingen in 2019 mit 52,4 Prozent mehr als die Hälfte aller Anmeldungen aus Asien ein. China überholte die USA und führt das Länder-Ranking mit 58 990 Anmeldungen an. Die USA liegen nun auf Platz zwei (57 840) vor Japan

(52 660). Deutschland belegt mit 19 353 Anmeldungen Platz vier.

Auch in den Zukunftstechnologien führt China die Patentanmeldungen an: in KI hat man zweieinhalb Mal so viel Patente angemeldet wie die USA, in der Quanten-Kryptographie gar zehn Mal so viel.

Laut Bertelsmann-Studie vom 05.06.2020 gehörte Deutschland 2010 in 47 der 58 Technologien noch zu den drei Nationen mit den meisten Weltklassepatenten, hat sich dieser Anteil 2019 auf 22 Technologien mehr als halbiert. Diese Entwicklung betrifft auch Deutschlands traditionell starke Bereiche Industrie und Mobilität.

Die im November 2020 vom Europäischen Patentamt veröffentlichte Studie „Patente und die vierte industrielle Revolution. Globale Technologietrends - Treiber datengesteuerter Wirtschaft" zeigt, dass Deutschland als viertgrößte Industrienation der Welt immer weiter zurückfällt. Lediglich 2.051 Patente der rund 40.000 wichtigen Technologie-Patente stammen aus Deutschland und damit belegt Deutschland im internationalen Vergleich lediglich noch Platz fünf – mit einem Sechstel der Patente der USA bzw. einem Drittel von China. (Forschung-und-Wissen.de vom 15.12.2020)

- Forschungsausgaben: „Forschungsweltmeister" Amazon gab 2018 (laut EY) mit 24,4 Mrd. € ein Drittel mehr für Forschung aus, als der Bund für Forschung und Entwicklung zusammen.

- Die staatlichen Ausgaben in Deutschland für Forschung und Entwicklung als Anteil am Bruttoinlandsprodukt betragen laut Stifterverband in den letzten zehn Jahren nahezu konstant 0,9 Prozent.

- US-Konzerne geben 7,4 Prozent ihres Umsatzes für Forschung aus, gegenüber 5 Prozent der Europäer (bei deutlich niedrigeren Umsätzen) - so investieren Venture-Capital--Firmen auch 2018 in den USA das 20-fache, in China das 10-fache wie in Deutschland.

- „Globale Innovationsindex": Ranking von 129 Ländern, basierend auf 80 Indikatoren, die von traditionellen Bewertungen wie Forschungsinvestitionen und internationalen Patent- und Markenanmeldungen bis zu neueren Indikatoren wie der Entwicklung von Apps reichen:
  - Für 2019 ist die Schweiz ist das weltweit innovativste Land, gefolgt von Schweden, USA, Niederlanden und UK, - Deutschland rangiert auf Platz neun.
  - Der Report führt aus, dass
    - „Länder, die Innovationen in ihrer Politik Priorität einräumen, in ihrem Ranking deutlich aufsteigen" und
    - eine Korrelation zur Bildung bzw. zur Qualität der Hochschulen auffällig ist.

- Die wichtigsten Erfindungen des 21. Jahrhunderts, die sich aus einer Marktbefragung des Marktforschungsinstituts YouGov in 2016 ergeben haben:
  - HD-Fernsehen
  - ebook-Reader
  - YouTube
  - Wikipedia
  - Cloud
  - Navigationsgeräte
  - Skype
  - Facebook
  - IPad
  - Smartphone

Keine dieser Erfindungen ist „Made in Germany".

- Weltmarktführer
  Auch heute gibt es noch deutsche Weltmarktführer. In einer Zusammenstellung aus der Wirtschaftswoche aus Oktober 2019 ist aber ersichtlich, dass sich die „Großen" in überwiegend traditionellen Industrien bewegen, die Mittelständler, auch als Hidden Champions bezeichnet, ebenso oder von ihrer Größe und Finanzkraft her in dem Moment aufgekauft werden, wo sie „Systemrelevanz" erreichen oder ihr „Brand" bzw. Produkt einen direkten Zutritt zum europäischen Markt bieten, z. B.
  - Betonpumpenherstellers Putzmeister
  - Lederwarenhersteller Goldpfeil
  - Uhrenhersteller Junghans

Manchmal wird aber auch (zunächst) ein Joint Venture eingegangen, beispielsweise bei
  - der Drogeriekette Rossmann mit der Hongkonger Unternehmensgruppe Hutchison Whampoa über ihre Einzelhandels-Tochtergesellschaft A.S. Watson, die 40 Prozent an Rossmann hält oder
  - VW mit dem chinesischen Anbieter FAW, die dadurch Schlagzeilen machten, dass sie illegal Konstruktionspläne kopierten.

Eine Erfolgsgeschichte ist mit Kooperation oder Übernahme nicht immer verbunden. Bekannte Beispiele sind Schmitz Cargobull, einstmals Europas Marktführer für Sattelauflieger, wo der Umsatz in 2009 um 66 Prozent einbrach – ähnliche Einbußen hatten Deutz, Trumpf oder Kuka. Gar insolvent wurden u. a. Flowtex, Germina oder Goebe.

Als ein <u>Spätindikator</u> kann die Marktkapitalisierung der größten Unternehmen herangezogen werden. Waren nach EY bzw.

PWC 2014 unter den 100 wertvollsten Unternehmen der Welt noch sechs aus Deutschland vertreten, waren es 2018 noch vier, 2019 nur noch SAP (auf Platz 58). Dominiert wird das Ranking von den USA: bereits zum fünften Mal in Folge stellen die USA 54 der 100 wertvollsten Unternehmen der Welt, mit einem Anteil an der Marktkapitalisierung von 63 Prozent. China mit 13 der gelisteten Unternehmen belegt den zweiten Rang. Und schaut man auf die Top 10 der Welt, so sieht man, dass schon heute Zukunftsindustrien in ausländischer Hand liegen:

Platz	Unternehmen	Sitz	(Kern-) Branche	Marktkap. Mrd. €*
1	Apple	USA	Smartphone	1.700
2	Microsoft	USA	Betriebssystem	1.400
3	Amazon	USA	Online-Handel	1.300
4	Alphabet/Google	USA	Suchmaschine	850
5	Tencent	China	Internet	590
6	Facebook	USA	Soziale Medien	570
7	Visa	USA	Kreditkarte	350
8	Wal-Mart	USA	Stat. Handel	345
9	Tesla	USA	Elektroauto	340
10	Johnson & Johnson	USA	Pharma	320

Abb. 1: Die zehn Unternehmen in der Welt mit der höchsten Marktkapitalisierung im Oktober 2020

Besonders erschreckend ist die Marktkapitalisierung der deutschen Hersteller im Vergleich zum lange belächelten US-Produzenten Tesla. Dessen Wert betrug am 05.02.2021 670 Mrd. € und damit mehr als das Dreifache der drei deutschen Top-Produzenten zusammen (BMW 45 Mrd., Daimler 71 Mrd. und VW 86 Mrd. €)

Grundsätzlich gilt, je innovativer ein Unternehmen, desto größer ist, zumindest mittelfristig, der wirtschaftliche Erfolg. So fällt die Nettoumsatzrendite (Anteil des Gewinns am Umsatz) bei den "disruptiven Innovatoren" um 33 Prozent höher aus als im

Durchschnitt aller Milieus. Auch die Mitarbeiteranzahl ist in den beiden Innovationsführer-Milieus zwischen 2016 und 2017 mehr als doppelt so stark gestiegen, wie bei innovationsfernen Unternehmen.

So titelt die „Welt" am 16.12.2019 zusammenfassend „Die Innovationen des 21. Jahrhunderts finden ohne uns statt". Die kleinen deutschen Maßnahmen, die Digitalagenden oder Förder-Cluster, sind in keiner Form geeignet, im grenzenlosen digitalen Spiel des 21. Jahrhunderts gestaltend mitzuspielen. Auch auf Ebene einzelner Unternehmen ist klar: ein deutsches Facebook, Google oder Netflix kann im gegenwärtigen System niemals entstehen. Es fehlt schlicht an Kapital und Flexibilität, um wegweisende Unternehmungen global zu positionieren. Um das zu ändern, muss in geradezu gigantischen Dimensionen gedacht werden, ökonomisch wie kulturell. Europa ist immer noch gefangen in einem Denken alter Prägung, das aus Maschinen und Menschen besteht.

Ähnlich äußerte sich auch Frank Thelen am 21.10.2020 bei „Lanz" – Deutschland würde sich auf die Rolle des Datenlieferanten für GAFA (Google, Amazon, Facebook und Apple) reduzieren. Ansonsten würde man alte Industrien wie die herkömmliche Autoindustrie, die Bahn oder die Braunkohle (mit 40 Mrd. €) stützen und Geschäftsfelder der Zukunft vernachlässigen, z. B. in dem man die Wasserstofftechnologie nur mit einer Milliarde Euro fördert.

Der „BDI attestiert Deutschland Innovationsträgheit", titelte ein Artikel im „Spiegel" vom 15.02.2020. „Deutschland droht bei Innovationen den Anschluss an die Weltspitze zu verlieren". Deutschland gehört zwar auf dem vierten Platz noch zur Spitzengruppe der innovationsstärksten Länder, droht aber ins Mittelfeld abzurutschen. Die Schweiz hat die Spitze erklommen, vor Singapur und Belgien und liegt mit großem Abstand 20 Indexpunkte vor Deutschland. Insgesamt lässt sich der Studie zufolge seit 2014 ein Abwärtstrend der Dynamik deutscher Innovationen beobachten. Anders als flächenmäßig kleineren Ländern fehlt es Deutschland laut der Studie zudem an Offenheit gegenüber ausländischen Technologien.

Um Deutschlands Innovationskraft nachhaltig zu stärken sind dringend Infrastrukturinvestitionen notwendig und kluge Entscheidungen der Bundesregierung, um das 3,5-Prozent-Ziel für Forschung und Entwicklung konsequent umzusetzen.

Ähnlich kritisch äußert sich die Bertelsmann-Stiftung in ihrer Studie vom 24.10.2019: „Unsere Studie zeigt, dass nur wenige Unternehmen in Deutschland die nötige Innovationskraft haben, um ihre Wettbewerbsposition auch langfristig zu sichern. Made in Germany könnte sich vom Verkaufsschlager in einen Ladenhüter verwandeln. Zu viele Unternehmen stolpern in die Zukunft, anstatt mit einer offenen Innovationskultur voranzugehen.“

Und in der Corona-Krise schlittert einen Großteil der kleineren und Start-ups in ernste Finanzschwierigkeiten und verzweifelt am Bürokratismus der Corona-Helfer - am Ende könnte für viele jede Hilfe zu spät kommen. Betraut mit der von Altmaier und Scholz annoncierten Rettung der Start-ups wurde der Europäische Investitionsfonds, in erster Linie aber die 2018 gegründete KfW Capital in Frankfurt. Sie ist eine Beteiligungsfirma der staatlichen Kreditanstalt für Wiederaufbau. 71 Hilfsgesuche mit einem Gesamtumfang von überschlägig 900 Millionen Euro sind in den vergangenen vier Monaten bei KfW-Manager Goschin eingegangen. Doch geflossen ist bis Herbst 2020 noch kein einziger Cent. Nur in acht Fällen wurden die Antragssteller im vorgeschalteten Akkreditierungsverfahren für grundsätzlich hilfswürdig befunden. 20 Anträge wurden zurückgewiesen und mehr als 40 warten noch auf ihre Bearbeitung. (welt.de vom 27.07.2020)

Im Zukunftsfeld „Künstliche Intelligenz" ist Europa laut „Die Zeit" bereits abgemeldet - auf der Weltkonferenz für künstliche Intelligenz in Shanghai machten China und die USA die Zukunft unter sich aus. Der Aufruf von Bundeswirtschaftsminister Peter Altmaier und DIHK-Präsident Eric Schweitzer, warum Deutschland jetzt durchstarten muss (bmwi.de vom 22.01.2020) kommt vielleicht schon zu spät, auch wenn der Bund eine nationale KI-Strategie auf den Weg gebracht, und bereits seit Herbst 2018 arbeitet eine Enquetekommission des Deutschen Bundestags zum Thema KI. Fast 1.000 Seiten füllt der Abschlussbericht des Expertengremiums. Doch mit dem Erkenntnisgewinn des Berichts sind selbst viele Mitglieder der Kommission unzufrieden. Das Ergebnis der Kommission steht symptomatisch für die vielen Hindernisse, die den KI-Fortschritt in Deutschland bremsen: Politiker schauen vor allem auf die theoretischen Risiken statt auf die praktischen Chancen der neuen Technologie. Bereits bewilligtes KI-Forschungsgeld fließt nicht ab, Wissenschaft und Wirtschaft kommunizieren zu wenig. Und Unternehmen behalten ihre Daten am liebsten für sich, statt sie im Sinne des KI-Fortschritts zu teilen. Während US-amerikanische und chinesische Anbieter rasant sensible Anwendungen wie automatisierte Gesichtserkennung weiterentwickeln, diskutiert sich die deutsche Politik müde, schreibt das Handelsblatt am 08.09.2020. Symptomatisch ist auch die Besetzung von in 2018 100 geplanten KI-Professuren, von denen bis heute gerade mal ein Viertel besetzt sind. Doch selbst diese genießen den Ruf, häufig nichts mit der KI-Strategie zu tun zu haben, wie ein DFG-Sprecher im Handelsblatt vom 19.10.2020 ausführt.

Seit Monaten angekündigt ist auch eine Aktualisierung der KI-Strategie, die mittlerweile schon fast zwei Jahre alt ist. Doch „das Update wird mit immer neuen Gründen verschoben", kritisiert Christmann, die auch Obfrau der Grünen in der Enquetekommission zur KI im Bundestag ist – die beteiligte Ministerin begründet das immer wieder mit „Abstimmungsbedarf".

Die Verzögerung missfällt offenbar selbst Forschungsministerin Anja Karliczek. Ihr Haus arbeite zwar „mit Hochdruck" an der Weiterentwicklung, schrieb sie in einem Beitrag für das Handelsblatt. Gleichzeitig kritisierte sie: „Zu häufig stehen wir auf der Bremse, sehen das Risiko vor der Chance ...". Das kann man durchaus als Kritik an ihren für Wirtschaft und Arbeit zuständigen Ministerkollegen lesen.

Auch die Expertise der seit drei Jahren tätigen Enquetekommission des Bundestages zu KI wird offenbar nur wenig genutzt. Einen echten Austausch mit den Ministerien für Wirtschaft, Arbeit und Forschung habe es jedenfalls nicht gegeben, heißt es bei den Grünen.

Finanziell hat die Bundesregierung zwar die ursprünglich überraschend hohe Summe von drei Milliarden Euro für die KI-Strategie bereitgestellt. Im Corona-Konjunkturpaket im Sommer 2020 wurde diese Summe sogar noch einmal um zwei Milliarden erhöht. Nach einer früheren Anfrage der Grünen sind davon allerdings bisher nur rund 60 Millionen abgeflossen, davon etwa 22 Millionen für die KI-Trainer für die mittelständische Wirtschaft.

„Wir brauchen aber eine starke Initiative, damit Deutschland und Europa zu erfolgreichen KI-Standorten werden und wir im globalen Wettbewerb mithalten können", sagt Christmann. „Das Blendwerk der Bundesregierung ist eine Gefahr für unsere Handlungsfähigkeit."

Es mutet schon nach Verzweiflung an, wenn Europa am Digitalmarkt mit einer Digitalsteuer partizipieren will. Die EU-Staaten debattieren die Steuer im Herbst 2018 intensiv. Ein Dokument zeigt, dass Deutschland aber die EU-weite Digitalsteuer bereits davor hinter verschlossenen Türen mit verhindert. Als Gründe werden mögliche Gegenmaßnahmen der USA, v. a. hinsichtlich der deutschen Autoindustrie genannt (netzpolitik.org vom 20.01.2020).

Eine Konsequenz der unzureichenden staatlichen Förderung der Forschung ist, dass die Industrie hier häufig „einspringt" – natürlich nicht uneigennützig. So kommt es zunehmend zu einer zumindest „interessengetriebenen Wissenschaft", manche, wie Frau Sarah Wagenknecht (Wochenrückblick vom 03.12.2020) sprechen schon neben den Verschwörungstheoretikern von Kommerz-Theoretikern.

2. Gesundheitswesen

2.1. Gesundheitswesen generell

Das deutsche Gesundheitssystem, eines der ältesten der Welt, ist ein sogenanntes duales Krankenversicherungssystem. Versichern kann man sich zum einen in der Gesetzlichen Krankenversicherung (GKV), zum anderen existieren private Krankenversicherungen (PKV). Circa 88 Prozent der Gesamtbevölkerung Deutschlands sind gesetzlich versichert. Rund 100.000 Personen (überwiegend Selbstständige mit niedrigem Einkommen oder Flüchtlinge, Asylbewerber und irreguläre Migranten) sind nicht versichert.

Nach Jahren voller Überschüsse verzeichneten die gesetzlichen Krankenkassen seit 2019 wieder deutliche Verluste: 1,5 Mrd. Euro für 2019 und schon in den ersten drei Quartalen 2020 weitere 1,7 Mrd. Euro.

Ein Netzwerk unter anderem aus rund 1.900 Krankenhäusern, rund 150.000 Ärztinnen und Ärzten, circa 28.000 Psychotherapeutinnen und Psychotherapeuten, die in der ambulanten Versorgung tätig sind und 1,7 Millionen Pflegerinnen und Pfleger (1,1 Millionen in der Kranken- und 0,6 Millionen in der Altenpflege) sowie fast 19.500 Apotheken versorgt rund 83 Millionen Bürgerinnen und Bürger in Deutschland. Circa 5,7 Millionen Menschen sind im Gesundheitswesen beschäftigt – von den Arztpraxen über die Verwaltung bis hin zur pharmazeutischen Industrie. (Homepage des Bundesministeriums für Gesundheit).

Deutschland weist pro 100.000 Einwohner die meisten Krankenhausbetten in Europa auf und hat im Vergleich auch eine hohe Anzahl an Ärzten.

Der Europäische Gesundheitskonsumenten-Index (EHCI) des schwedischen Unternehmens Health Consumer Powerhouse analysiert seit 2005 die Gesundheitssysteme von 35 Ländern in Europa anhand von 46 Kategorien und zählt als Maßstab für europäische Gesundheitssysteme. Dabei ergab sich für 2018 eine Führung durch die Schweiz, gefolgt von den Niederlanden und Norwegen - Deutschland erreichte Platz zwölf. Weltweit liegt das japanische Gesundheitssystem vorn.

Die Schwächen des Gesundheitssystems in Deutschland werden in der COVID-19 Pandemie deutlich. Es fehlt v. a. an Personal, auch wegen der Bezahlung.

Bei den <u>Pflegekräften</u> könnte laut dem Institut der deutschen Wirtschaft aus März 2018 das Personal- Delta von 376.000 in 2020 bis 2035 auf fast 500.000 ansteigen. Dabei herrscht Personalmangel fast gleich verteilt über ganz Deutschland.

Im September 2020 bestätigt das Kabinett, dass in 2021 im Pflegebereich 20.000 zusätzlich Assistenzstellen geschaffen werden. Zudem kündigte Jens Spahn an "in der Pflege zu arbeiten wird wieder attraktiver, wenn mehr Kolleginnen und Kollegen mit anpacken" (zeit.de vom 23.09.2020) – Details nannte er nicht. Wobei weniger neue Stellen geschaffen werden müssen, als dass bestehende Personalkapazität wieder für den Beruf zurückgewonnen werden muss – derzeit sind mindestens 100.000 Pflegekräfte nicht aktiv (siehe 2.2.4.1.).

Die Entlohnung (in 2020) ist unterdurchschnittlich. Bei den Krankenpflegern ist die Bezahlung tarifgebunden und richtet sich unter anderem nach Berufserfahrung; im ersten Ausbildungsjahr etwa verdienen Krankenpfleger 950 bis 1.140 Euro, im dritten Jahr 1.100 bis 1.300 Euro brutto. Auch in den Bundesländern unterscheiden sich die Gehälter um bis zu mehr als 50 Prozent); im internationalen Vergleich verdient ein Pflegekraft in Deutschland durchschnittlich knapp 40.000 Euro (5 Prozent unter dem Branchendurchschnitt), in den USA 67.000 Euro (25 Prozent über dem Branchendurchschnitt), in Luxemburg rund 97.000 Euro, obwohl seine Arbeitszeit nur 85 Prozent der deutschen Arbeitszeit beträgt; Steuern zahlt er jetzt weniger, statt 30 Urlaubstagen stehen ihm 35 zu, nach einem Jahr erwirbt er zudem den Anspruch auf eine luxemburgische Rente, die er schon mit 57 Jahren abrufen kann. Dazu kommen Annehmlichkeiten wie ein höheres Urlaubsgeld, Schulgeld für die Kinder, höhere Kindergeldbeträge und eine jährliche Prämie im Juni.

Die Entlohnung der Altenpflegerinnen und -pflege (in 2020) ist ähnlich, allerdings noch geringer. So verdient aktuell ein Altenpfleger in Deutschland im Durchschnitt 32.000 Euro, in den USA 53.000 Euro.

In Deutschland arbeiten so viele <u>Ärzte</u> wie noch nie. Betrug die Anzahl 1990 noch 238.000, so waren es in 2018 bereits 392.000 (davon 157.000 ambulant, 202.000 stationär und 33.000 in anderen Bereichen). Trotzdem warnt die Bundesärztekammer vor erheblichen Engpässen, u. a. weil der Arbeitsbelastung hoch ist. So arbeiten nach Angaben des Zentralinstituts für die kassenärztliche Versorgung Ärzte in den Krankenhäusern häufig zwischen 60 und 80 Stunden pro Wochen und bei den niedergelassenen Ärzten wird die vom Gesetzgeber beschlossene Ausweitung der Sprechstundenzeiten zu weiteren Engpässen führen. Ein unverzüglicher Ausbau der Studienkapazitäten sei dringend nötig.

Deutlich besser sieht es bei der Entlohnung der Ärzte aus. Ein Arzt, der in Deutschland praktiziert, hat im vergangenen Jahr laut aktuellem Gehaltsreport von Medscape im Schnitt 148.000 Euro vor Steuern verdient. Im internationalen Vergleich stehen deutsche Mediziner damit an zweiter Stelle. Mehr Durchschnittseinkommen erwirtschaften nur noch die Ärzte in den USA. Hier sind es 282.000 Euro. Auf den weiteren Top-Plätzen im Gehaltsranking folgen Großbritannien mit durchschnittlich 113.000 Euro pro Arzt und Frankreich mit 97.000 Euro. Das Durchschnittseinkommen weiterer Länder wie Spanien,

Brasilien und Mexiko, in denen Medscape ebenfalls regelmäßig seine große Befragung zur finanziellen Situation von Ärzten durchführt, liegt deutlich darunter.

Eine zunehmende Schwäche des deutschen Gesundheitssystems betrifft die <u>Verwaltung</u>. Die Krankenkassen arbeiten zu uneffektiv und verursachen überhöhte Verwaltungskosten. Dazu gehört auch der in Deutschland generelle Rückstau in der Digitalisierung.

Als bislang größtes IT-Projekt im deutschen Gesundheitswesen mit der Vernetzung von 200.000 Leistungserbringern und potenziell 73 Millionen Versicherten ist laut Bundesgesundheitsministerium die Einführung der elektronischen Patientenakte anzusehen, die allen Versicherten freiwillig ab 1. Januar 2021 zusteht und zunächst mit einer Testphase starten soll. Befürworter begrüßen vor allem den flexiblen Zugriff.

Doch schon vor dem Start wird kritisiert, dass wesentliche Funktionen nicht zu Beginn verfügbar seien. Ohne baldige technische Updates für Praxen gebe es für Ärzte keine Möglichkeit, Daten einzustellen. „Damit bleibt der Mehrwert der Akte zu Beginn doch recht überschaubar, für Versicherte wird die ePA monatelang nicht mehr sein als eine persönliche Cloud." (aerzteblatt.de vom 07.12.2020)

Allgemein herrscht bei den Patienten aber zunehmende Unzufriedenheit mit den Ärzten, vor allem wird über zu wenig Zeit des Arztes für den Patienten geklagt, verstärkt von der jüngeren Generation (18 bis 34 Jahre), wo jeder Zweite einen Zeitmangel des Arztes sieht.

Optimierungspotential wird aber auch von nahezu jedem Zweiten in der Sicherung der ärztlichen Versorgung in ländlichen Regionen und der Gewinnung und Bindung von Pflegekräften gesehen.

Bevor im nächsten Kapitel speziell auf Corona eingegangen wird, sei nachfolgend noch ein Blick auf die Haupt-Todesursachen in Deutschland geworfen. Im Jahr 2019 verstarben in Deutschland insgesamt 939 520 Menschen (minus 1,6 Prozent gegenüber 2018). Die häufigste Todesursache mit 35,3 Prozent (oder 331.000 Menschen) im Jahr 2019 war, wie schon in den Vorjahren, eine Herz-/Kreislauferkrankung, gefolgt von Krebserkrankungen mit rund 25 Prozent (231.000) und deutlich dahinter die „Krankheiten des Atmungssystems" (72.000). Schon auf Platz vier rangierten „nicht natürliche Todesursachen (Verletzung oder Vergiftung) mit rd. 42.000 Fällen. (statista.de)

In kaum einer Statistik tauchen die Verstorbenen durch Krankenhauskeime auf. Nach Schätzungen der Deutschen Gesellschaft für Krankenhaus-Hygiene sterben in Deutschland 40.000 Menschen jedes Jahr an Krankenhauskeimen. Hierzu gibt es keine täglichen, wöchentlichen oder auch nur monatlichen Lageberichte des RKI, keine Taskforce der Bundes- und Landesregierungen und keine täglichen ARD-Extra-Sendungen und Talkshows. (https://norberthaering.de/die-regenten-der-welt/krankenhauskeime-lockdown)

Insgesamt sind in Deutschland - ähnlich wie im EU-Durchschnitt - etwa vier von zehn Todesfällen auf verhaltensbedingte Risikofaktoren wie Ernährungsrisiken, Rauchen, Alkoholkonsum und geringe körperliche Aktivität zurückzuführen. Fast jeder fünfte Todesfall kann insbesondere auf schlechte Ernährung zurückgeführt werden - etwa jeder sechste Erwachsene in Deutschland fettleibig und so ist die Fettleibigkeitsrate bei Erwachsenen und Jugendlichen höher als in vielen anderen EU-Ländern. Gegensteuernde Maßnahmen seitens der Regierung sind hier nicht zu erkennen.

COVID-19 ist längst nicht die erste Infektionskrankheit, die vom Tier zum Menschen gelangte. Durch Zoonosen, wie der wissenschaftliche Fachbegriff für dieses Phänomen heißt, entstanden Malaria, Aids, Ebola, Mers und Sars (COVID) und diverse Formen der Grippe. Aber der erste COVID-19-Fall vom 27.01.2020 in Deutschland wurde zunächst wenig beachtet. Die behandelnde Ärztin, die den Abstrich bei dem Webasto-Mitarbeiter vorgenommen hatte, erntete heftige Kritik dafür, dass sie schon damals vor einer symptomlosen Übertragung dieses Virus warnte. (faz.de vom 16.12.2020)

Das COVID-19 die letzte Pandemie ist, die die Welt trifft, glauben wahrscheinlich nur wenige und dass es auch „noch schlimmer kommen kann" ist zumindest nicht völlig abwegig. Professor Settele vom Helmholtz-Zentrum für Umweltforschung in Halle meint, dass das Corona-Virus, das uns COVID-19 brachte, harmlos ist gegen das, was noch im Dschungel auf uns Menschen wartet. Der Klimawandel ermöglicht es, dass sich Mücken-, Hornissen- und Zeckenarten in Regionen fest ansiedeln, in denen sie bislang den Winter nicht überlebt hätten. Europa sieht sich damit Krankheiten ausgesetzt, die bisher Urlauber aus fernen Ländern mitbrachten. Seit einem Jahrzehnt werden in Deutschland und anderen Ländern Europas zunehmend Mückenarten heimisch, die gefährliche Viren in sich tragen. Wer von der Asiatischen Tigermücke gestochen wird, kann an Dengue-, Chikungunya- oder Zika-Fieber erkranken. Hoffnung, sie wieder loszuwerden, besteht angesichts der Erderwärmung nicht. (ntv.de vom 13.12.2020)

2.2. Corona-Handling

COVID-19 (coronavirus disease 2019, deutsch Corona-Virus-Krankheit-2019) umgangssprachlich auch nur Corona oder COVID genannt) ist eine meldepflichtige Infektionskrankheit, zu der es infolge einer Infektion mit dem neuartigen Corona-Virus SARS-CoV-2 kommen kann. Dieses Virus wird primär über die Atemwege eingetragen und ist dann dort nachweisbar.

Laut der Studie „Unexpected detection of SARS-CoV-2 antibodies in the prepandemic period in Italy" gab es ursprünglich drei Typen: A, B und C. Der A-Typ wurde früh in Patienten aus Nordamerika und Australien nachgewiesen, der C-Typ in Singapur, Japan und Taiwan, der Großteil der Proben bestand aber aus der B-Variante, die besonders häufig in Wuhan in China vertreten war, jener Ort, der seither als Ursprung allen Pandemie-Übels gehandelt wird. Da die Fledermaus als wahrscheinlichster Überträger des SARS-Erregers gilt, verglichen die Wissenschaftler nun die drei identifizierten Varianten mit dem im Tier vorkommenden Corona-Virus. Dabei zeigte sich deutlich, dass A der älteste Typ ist, nicht B, wie er vor allem in Wuhan gefunden wurde. Die Daten sprächen vielmehr für die südchinesische Provinz Guandong - die Hälfte aller damaligen Proben waren A-Typen, zweitens gibt es dort Fledermaus-Populationen und drittens gab es dort früher schon Corona-Virenausbrüche.

Mittlerweile ist bekannt, dass eine Mutation des B-Typs, B-D614G für den Flächenbrand zuerst in Italien und später weltweit verantwortlich ist. Allerdings weist eine im Juli 2020 veröffentlichte Untersuchung von Abwässern in Norditalien darauf hin, dass das Virus schon Ende 2019 in Italien zirkulierte. Trotzdem wurde der erste Fall eines infizierten Italieners, der nachweislich keinen Urlaub in China gemacht hatte, erst im Februar dokumentiert. (https://www.dw.com/de/corona-war-schon-im-september-2019-da-auch-in-europa/a-55626017)

Nach dem ersten „Corona-Fall" in Deutschland bewertete das RKI das Risiko für die Bevölkerung in Deutschland am 28. Februar 2020 zunächst als „gering bis mäßig", seit dem 17. März als „hoch" und für Risikogruppen seit dem 26. März als „sehr hoch".

Mitte Dezember 2020 wird berichtet, dass in Südafrika eine neue Variante, 501.V2 genannt, des Corona-Virus entdeckt worden ist, die wohl mehr Jüngere infiziert. Unklar ist noch, ob sich die Schwere der Krankheitsverläufe wesentlich zu den bislang bekannten Virusvarianten unterscheide.

Am 19.12.2020 wird eine Mutation des Virus auch in UK entdeckt, die nach ersten Erkenntnissen um bis zu 70 Prozent ansteckender als die bekannte Form ist und bereitet den britischen Behörden große Sorgen. „Sie ist außer Kontrolle, und wir müssen sie wieder unter Kontrolle bekommen", sagte Gesundheitsminister Hancock. (tagesspiegel.de vom 19.12.2020). Die Niederlande untersagen daraufhin am nächsten Tag ab 6.00 Uhr Passagierflüge mit UK (ksta.de vom 20.12.2020), Deutschland zieht um 24.00 Uhr nach. Schon am 21.12.2020 überschlagen sich unterschiedliche Information zu der neuen Mutation. Während Herr Drosten das neue Virus schon in Deutschland sieht, trotzdem „nicht besorgt ist", erachtet Herr Lauterbach dies als eine Katastrophe (ntv.de vom 21.12.2020)

Generell ist es eigentlich keine Überraschung, dass Mutationen auftreten – wir kennen das alle von der Grippe, die jedes Jahr mutiert auftritt, weshalb die Impfungen teilweise auch kaum wirken.

Die Gefährdung des Corona-Virus ist auch im Januar 2021 nicht final abzuschätzen, erst recht nicht zu beurteilen. Fest steht für Deutschland allerdings (rki.de vom 15.02.2021):

- Anzahl Neuinfizierter seit Beginn: 2,34 Mio.

- Anzahl Genesener   2,14 Mio.

- Verstorbener an oder mit COVID-19   65.076
  In seiner Statistik zählt das RKI die COVID-19-Todesfälle, bei denen ein von einem Labor bestätigter Nachweis von SARS-CoV-2 vorliegt und die "in Bezug" auf

diese Infektion verstorben sind. Die Formulierung "in Bezug" steht auch in §6 des Infektionsschutzgesetzes und kann nach Angaben des RKI heißen:

- o "Gestorben an" COVID-19: damit sind Menschen gemeint, die unmittelbar an COVID-19 verstorben sind.
- o "Gestorben mit" COVID-19: damit sind Menschen mit Vorerkrankungen gemeint, die mit SARS-CoV-2 infiziert waren und bei denen sich nicht abschließend nachweisen lässt, was die Todesursache war.

Die Entscheidung, ob jemand an oder mit COVID-19 gestorben ist, trifft nicht das RKI, sondern das lokal zuständige Gesundheitsamt. Die Gesundheitsämter orientieren sich dabei am Inhalt der Todesbescheinigung, die der zuständige Arzt ausgestellt hat.

Dagegen werden in der amtlichen Todesursachen-Statistik des Statistischen Bundesamtes ausschließlich Personen gezählt, die "an" (und nicht "mit") einer COVID-19-Erkrankung gestorben sind. Das Statistische Bundesamt orientiert sich dabei an den Richtlinien der Weltgesundheitsorganisation WHO zur Zertifizierung und Klassifizierung von COVID-19 als Todesursache. "An" COVID-19 gestorben ist dieser Richtlinie zufolge jemand, wenn COVID-19 das sogenannte "Grundleiden" war, also diejenige Erkrankung, die ursprünglich verantwortlich für den Tod ist.

- Übersterblichkeit: die statista-Meldung zeigt für die wöchentlichen Sterbefallziffern in Deutschland in 2020 (bis KW 47) im Vergleich zu 2016 bis 2019 (statista).
  - o Im ersten Quartal war eine Untersterblichkeit gegeben.

- o Im zweiten und dritten Quartal 2020 lag die Sterblichkeit auf dem gleichen Niveau wie im Durchschnitt der Vorjahre.
- o Für Oktober und November 2020 liegt eine Übersterblichkeit in Höhe von 3,8 Prozent gegenüber 2019 vor, d. h. es sterben täglich rund 90 Menschen mehr als im Vorjahr.

Die tägliche Bekanntgabe der „im Zusammenhang mit COVID-19-Verstorbenen" lässt die Vermutung aufkommen, dass es in Deutschland in 2020 zu einer Übersterblichkeit gekommen ist. Dass dieser Eindruck aber nicht ganz richtig ist, erklärt der Statistiker Göran Kauermann von der LMU München: „Wir haben bei der Auswertung der Todeszahlen der Vorjahre im Vergleich zum letzten Jahr gesehen, dass es über das ganze Jahr hinweg betrachtet durchschnittlich in ganz Deutschland kaum eine nennenswerte Übersterblichkeit gab." Dazu haben er und ein Team von Statistikern anhand der Sterbedaten des Statistischen Bundesamtes von 2016 bis 2020 eine standardisierte Mortalitätsrate errechnet und sie mit den vom RKI vermeldeten COVID-19-Zahlen in 2020 verglichen. Damit die Ergebnisse nicht verfälscht werden, haben die Forscher unter anderem auch den Altersfaktor berücksichtigt. „Gerade 2020 gab es einen noch höheren Anteil an über 80-Jährigen, die auch ohne Corona zu einer erhöhten Sterberate geführt hätten." So wären nämlich im vergangenen Jahr ohnehin 40.000 Tote mehr zu erwarten gewesen als es durchschnittlich in den Vorjahren der Fall war. (focus.de vom 06.02.2021)

2.2.1. Schadenverhütung (Prävention)

Deutschland war, wie wohl alle Staaten, nicht vorbereitet auf eine Pandemie, obwohl es nur eine Frage der Zeit war, bis ein Virus uns ereilt. SARS in 2003, dass die WHO SARS als weltweite Bedrohung einstufte und MERS als ein weiterer, noch heftigerer Corona-Virus in 2012 haben zwar dazu geführt, dass am 01.01.2013 eine Bundesdrucksache (17/12051) herausgegeben wurde, womit die Bundesregierung zur Risikoanalyse im Bevölkerungsschutz bei Schmelzhochwasser an den Mittelgebirgen und bei Pandemie durch Virus-Modi-SARS auf 88 Seiten detailliert berichtete. (Gesamtbericht unter https://dipbt.bundestag.de/dip21/btd/17/120/1712051.pdf?fbclid=IwAR3cGMFt-ZWXZdqkE5O_j--YFA4BoMWjo125CJc_40jUsKG9SWt315L8nTuY) Dabei wird ein Pandemie-Ereignis als „bedingt wahrscheinlich" eingestuft mit einem Schadensausmaß in der höchsten Kategorie sowohl für Mensch als auch die Volkswirtschaft.

Auch der Ablauf der Pandemie wird beschrieben, inklusive wo sie ausbrechen wird und das sie zwei Monate später Deutschland erreicht. Dabei „ist so lange mit Neuerkrankungen zu rechnen, bis ein Impfstoff verfügbar ist. Für das vorliegende Szenario wird ein Gesamtzeitraum von drei Jahren zugrunde gelegt, mit der Annahme, dass nach dieser Zeit ein Impfstoff entwickelt, freigegeben und in ausreichender Menge verfügbar ist. Der Erreger verändert sich im Verlauf der drei Jahre durch Mutationen so, dass auch Personen, die eine Infektion bereits durchlebt haben, wieder anfällig für eine Infektion werden. Hierdurch kommt es insgesamt zu drei Erkrankungswellen unterschiedlicher Intensität."

Weiter heißt es: „Über den Zeitraum der ersten Welle (Tag 1 bis 411) erkranken insgesamt 29 Millionen, im Verlauf der zweiten Welle (Tag 412 bis 692) insgesamt 23 Millionen und während der dritten Welle (Tag 693 bis 1.052) insgesamt 26 Millionen

Menschen in Deutschland. Für den gesamten zugrunde gelegten Zeitraum von drei Jahren ist mit mindestens 7,5 Millionen
Toten als direkte Folge der Infektion zu rechnen. Die enorme
Anzahl Infizierter, deren Erkrankung so schwerwiegend ist,
dass sie hospitalisiert sein sollten bzw. im Krankenhaus inten-
sivmedizinische Betreuung benötigen würden, übersteigt die
vorhandenen Kapazitäten um ein Vielfaches (siehe Abschnitt
KRITIS, Sektor Gesundheit, medizinische Versorgung). Dies
erfordert umfassende Sichtung (Triage) und Entscheidungen,
wer noch in eine Klinik aufgenommen werden und dort behandelt werden kann und bei wem dies nicht mehr möglich ist. Als
Konsequenz werden viele der Personen, die nicht behandelt
werden können, versterben."

Doch Ableitungen wurden in Deutschland seitens der Regierung anscheinend nicht getroffen. Als COVID-19 erst in China
und kurz darauf in Deutschland auftrat, gab es zu wenig Masken, zu wenig Schutzkleidung, zu wenig Personal – man stelle
sich das bei der Feuerwehr vor.

Noch trauriger ist aber, dass es seit der „ersten Welle" keine
Lernkurve gibt, obwohl alle Politiker vor dem Herbst warnten:
Risikogruppen sind nicht besser geschützt, Schulräume nicht
besser zu lüften, Busse weiter überfüllt, Pflegepersonal ist anhaltend Mangelware, digitaler Schulunterricht kaum realisier-
bar.

Da COVID-19 nicht die letzte Pandemie sein auf der Erde sein
wird (siehe oben), ist es also erzwungenermaßen unsere Trai-
ningseinheit für künftige Katastrophen. Umso dringender müssen wir die Schwächen ausbügeln, die uns gegenwärtig das Leben so schwermachen.

Politiker sollten die Pandemie zum Anlass nehmen, sich stärker
mit anderen bekannten, aber schlecht verwalteten Risiken zu
beschäftigen – dazu zählen zunehmende Ungleichheit, der Klimawandel und finanzielle Ungleichgewichte wie gefährlich

hohe Unternehmensschulden und Finanzmarktblasen. (focus.de vom 24.12.2020)

Die irritierendste Schwäche, die unser Umgang mit der Pandemie offenbart hat, ist jedoch die Nabelschau. Gewiss, manchmal ist diese Form der Beschränktheit gut für die Moral. Mehrheitlich sind wir zum Beispiel immer noch der Überzeugung, Deutschland habe sich im Kampf gegen COVID-19 bisher ausgezeichnet geschlagen. Im europäischen Vergleich mag das stimmen, aber wenn wir über den Tellerrand nach Asien schauen, sehen wir, dass Deutschland bei den Todesfällen pro 100.000 Einwohner der einsame, traurige Spitzenreiter ist. Die Vergleichsgruppe – Japan, Taiwan, Südkorea, China und Vietnam – drängt sich unten an der erstrebenswerten Nulllinie zusammen. Singapur und Hongkong könnten wir ebenfalls dazu nehmen, man würde sie unter den übrigen Kandidaten allerdings kaum erkennen, so groß ist der Andrang unter den wirklichen Top-Performern in der Pandemie. Aber Deutschland? Macht sein eigenes Ding. Ist selber top – allerdings unter den Zweitligisten.

Selbst in Europa gibt es Staaten, die niedrigere Infektionszahlen pro 100.000 Einwohner aufweisen: Belgien, Frankreich, Griechenland, oder auch Finnland. Es gibt keine Ballung von Staaten, in denen das Virus weniger stark grassiert - die obigen Staaten sind quer über Europa verteilt. Somit lassen sich die Gründe für die vergleichsweise niedrigen Zahlen nicht bündeln. Es sind eine Handvoll Gründe, die die jeweiligen Erfolge ausmachen. (tagesspiegel.de vom 07.12.2020) Beispielhaft sein hier Belgien herangezogen. Belgien hatte zeitweise pro Kopf die höchsten Corona-Fallzahlen in Europa und verhängte deshalb Anfang November scharfe Auflagen. Geschäfte mussten schließen, mit Ausnahme von Lebensmittelhändlern und Läden mit unbedingt notwendigen Waren. Sämtliche Freizeiteinrichtungen mussten schließen, wie auch in Deutschland, zudem aber auch Friseure und andere Geschäfte mit Körperkontakt.

Erst Im Späthernst 2020 wurde gelockert. Lediglich die strikten Kontaktbeschränkungen wurden bis mindestens Mitte Januar verlängert. Haushalte dürfen nur eine weitere Person einladen. Nur Alleinstehende dürfen an den Feiertagen zwei Freunde oder Verwandte gleichzeitig empfangen.

Wir hätten gut daran getan, uns von den Klassenbesten Tipps geben zu lassen, statt uns allein und ganz von vorn durch das dicke Pandemielehrbuch zu quälen. Denn die asiatischen Staaten haben zwar wenig gemein: Demokratien neben Diktaturen, Inseln neben Festland, Stadtstaaten neben Flächenländern. Aber alle haben in den Epidemien vergangener Jahre harte Lektionen gelernt. Erstens bei Aufkommen einer Seuche sofort handeln, statt lange herumzulavieren. Zweitens schnell eine Maskenpflicht und Abstandsregeln an belebten Orten im öffentlichen Raum einführen. Drittens eine Infrastruktur für schnell verfügbare Tests mit raschen Ergebnissen aufbauen – vor allem an Orten mit hohem Infektionsrisiko wie etwa Großstädten. Viertens genug Personal für die Kontaktverfolgung bereitstellen – mit digitalem Datenabgleich statt handschriftlicher Zettelwirtschaft. Und fünftens auf klare Kommunikation statt politische Kakophonie setzen.

Deutschland hat diesen Erfahrungsschatz zu lange ignoriert. Aufgeschlossen, neugierig und lernfähig zu sein lohnt sich. Denn auch dies zeigen die Kurven: Wer nach der Pandemie die richtigen Konsequenzen gezogen hat, für den wird sich die Geschichte nicht wiederholen. (t-online.de vom 27.11.2020)

2.2.2. Schadenanalyse (Testen und Nachverfolgen)

2.2.2.1. Testverfahren

Bis dato werden folgende Testverfahren angewendet (apothekenumschau.de vom 21.01.2021):

- PCR-Tests: Sie dienen dem direkten Erregernachweis, die Proben werden in Laboren analysiert. Sie gelten als sogenannter "Goldstandard".

- PCR-Schnelltests: Diese Tests nutzen die gleiche Methode wie PCR-Tests, allerdings deutlich vereinfacht. Daher sind sie etwas ungenauer. Sie können unabhängig von Laboren durchgeführt werden und können deshalb flexibel eingesetzt werden.

Nachdem eine Studie der Berliner Charité zeigt, dass auch Laien zuverlässig testen können, macht am 03.02.2021 das Bundesgesundheitsministerium den Weg für Corona-Schnelltest zu Hause frei. Das Problem: Bislang gibt es noch keine Schnelltests, die die notwendige CE-Zertifizierung haben. "Die Eignung der Tests für die Laienanwendung muss dabei anhand von klinischen Daten belegt werden", erklärt das Gesundheitsministerium.

Inwieweit deshalb Öffnungen einzelner Branchen zugelassen werden, ist noch offen. „Wenn sich jeder Bürger zweimal die Woche testen würde, könnten wir damit das Infektionsrisiko um 90 Prozent senken." Dafür hat der Berliner Alexander Wolf die Initiative „Be a Testa" gestartet. Die Initiatoren fordern die sofortige Notzulassung von Schnelltests für den Eigenbedarf durch das Robert-Koch-Institut, informieren über vorhandene Produkte und unterstützen Personen dabei, private Teststationen zu gründen.

In Frankreich dürfen Apotheker schon seit Mitte 2020 Corona-Schnelltests durchführen – kostenlos für die getestete Person.

- Antigentests: Können den Erreger ebenfalls direkt nachweisen, müssen aber bestimmte Testkriterien erfüllen, um aussagekräftig zu sein.

- Antikörpertests: Weisen vor allem eine abgelaufene Infektion nach, wenn der Körper bereits Antikörper gegen den Erreger gebildet hat. Antikörpertests sagen nichts darüber aus, ob die Betroffenen noch infektiös sind, wie lange die Infektion zurückliegt oder ob ein ausreichender Immunschutz gegen eine erneute Infektion vorhanden ist.

Ende Januar wurde berichtet, dass ein US-Unternehmen „Corona-Test aus dem Automaten" in New York in U-Bahnstationen und Einkaufszentren aufstellt, wo Testkits per Barcode gezogen werden. In Deutschland dürfen bis dato (Ende Januar 2021) nur medizinische Fachkräfte oder Apotheker Corona-Schnelltests durchführen. Nach dem Willen von Gesundheitsminister Spahn sollen Verbraucher Corona-Schnelltests künftig selbst zuhause vornehmen können. Warum das so lange dauert, wo das Risiko doch deutlich geringer ist als die Chance, gehört zum Fragenkatalog rund um das Corona-Handling. Am 05.02.2021 wird dann endlich bekanntgegeben, dass ab dem 20.02.2021 Privatpersonen Schnelltests für zuhause erwerben dürfen – nur zu kaufen sind sie noch nicht, denn es fehlt noch deren Zulassung. Erst einmal muss festgestellt werden, welche Schnelltests von Laien problemlos durchgeführt werden können. Sie müssen „hinsichtlich Sicherheit und Leistungsfähigkeit ausreichend gebrauchstauglich zur Eigenanwendung durch Laien" sein, heißt es in der Anordnung des Bundesgesundheitsministeriums. (focus.de vom 05.02.2021)

Kritik wird aber vereinzelt auch an der Zuverlässigkeit der angewendeten PCR-Tests (br24.de vom 2.11.20). Ursächlich hierfür sind bekanntgewordene „Falsch-Ergebnisse":

- So konnte etwa der FC-Bayern-München-Spieler Serge Gnabry aus der Quarantäne entlassen werden, nachdem sich ein PCR-Testergebnis als "falsch-positiv" herausgestellt hatte.

- Auch beim Zweitligist Würzburger Kickers und dem Drittligist Türkgücü München gab es ähnliche Fälle.

- Kurz darauf wurde dann noch eine größere Panne in einem Augsburger Testlabor bekannt. Einer Klinik fiel die Häufung positiver Testergebnisse auf, die aus dem Labor kamen. Bei einer Überprüfung stellten sich 58 von 60 Positiv-Proben als falsch heraus.

Schwerwiegender wiegt wohl, dass am 11. November 2020 das Berufungsgericht von Lissabon die Quarantäne von vier Portugiesen für unrechtmäßig erklärte. Von diesen vier Personen war eine Person mittels eines PCR-Tests positiv auf COVID-19 getestet worden, die anderen drei Personen waren als nahe Kontaktpersonen ebenfalls unter Quarantäne gestellt worden.

Warum das Urteil des Berufungsgerichtes von Lissabon auch für uns so interessant ist, ergibt sich aus der Urteilserklärung. In dem 34 Seiten langen Dokument schreibt das Gericht: „Eine medizinische Diagnose ist eine medizinische Handlung, zu der nur ein Arzt rechtlich befugt ist und für die dieser Arzt allein und vollständig verantwortlich ist. Keine andere Person oder Institution, incl. Regierungsbehörden oder Gerichte, hat eine solche Befugnis. Es ist nicht Aufgabe der regionalen Gesundheitsbehörde, jemanden für krank oder gesundheitsgefährdend zu erklären. Nur ein Arzt kann dies tun. Niemand kann per Dekret oder Gesetz für krank oder gesundheitsgefährdend erklärt werden, auch nicht als automatische, administrative Folge des Ergebnisses eines Labortests, egal welcher Art.“

Im Weiteren beschäftigt sich das Gericht mit der Zuverlässigkeit der PCR-Tests und schreibt: „Auf der Grundlage der derzeit verfügbaren wissenschaftlichen Beweise ist dieser (PCR-) Test nicht in der Lage, zweifelsfrei festzustellen, ob die Positivität tatsächlich einer Infektion mit dem SARS-CoV-2-Virus entspricht, und zwar aus mehreren Gründen, von denen zwei von vorrangiger Bedeutung sind: die Zuverlässigkeit des Tests hängt von der Anzahl der verwendeten Zyklen und von der vorhandenen Viruslast ab."

Unzweifelhaft steht fest, dass die Tests nicht sicher anzeigen können, ob jemand ansteckend ist, was sich im Labor kaum nachweisen lässt. Wissenschaftler können zwar untersuchen, ob Viren aus bestimmten Proben Zellen befallen können – allerdings nur unter Laborbedingungen. Das ist aufwendig und ob sich die Viren auch in der Realität ausbreiten würden, ist nicht sicher. Beobachtungsstudien von Ausbrüchen haben gezeigt, dass Infizierte den Erreger schon weitergeben können, ehe sie selbst krank werden. Das ist auch der Grund, warum eine Maskenpflicht für alle sinnvoll ist. (spiegel.de vom 02.12.2020)

Als im Januar 2021 die Corona-Mutationen zunehmend in den Blickwinkel gerieten, wurde zur Analyse gefordert, u. a. von Virologe Prof. Fleckenstein, die positiven Corona-Tests verstärkt durch Sequenzierung auf Mutationen zu untersuchen. Im ganzen Januar 2021 wurde diese nur in jedem hundertsten Fall getan. (bild.de vom 05.02.2021)

Felbermayr kritisiert die Teststrategie in der Corona-Pandemie scharf. "Was mich persönlich sehr irritiert, ist, dass beim Bekämpfen der Pandemie nicht auf Faktenbasis operiert wird", sagt Felbermayr der Deutschen Presse-Agentur. Es sei immer noch unklar, wo sich Menschen wirklich infizierten. "Und darum sind wir jetzt wieder in einem sehr pauschalen Lockdown - ganz ähnlich wie in der ersten Welle." Das sei nur im Frühjahr verständlich gewesen, weil es 100 Jahre lang keine Pandemie gegeben habe. "Wir haben aus der ersten Welle scheinbar nicht viel gelernt und reagieren in der zweiten mit derselben, mittelalterlichen Methodik." (ntv.de vom 21.12.2020)

2.2.2.2. Procedere

Ein Fall aus der Praxis im November 2020: eine Sparkassenangestellte aus Solingen, die schon im März 2020 nach einem

Österreich-Urlaub positiv getestet worden war, wurde am Mittwoch, den 28.10.20 vom Gesundheitsamt in Solingen in Quarantäne geschickt. Am Montag, den 02.11.20 fuhr sie zu einem neuerlichen Test ins Bethanien-Krankenhaus. Zwei Tage später wurde sie vom Gesundheitsamt telefonisch informiert, dass sie erneut „positiv" sei. In dem einstündigen, unfreundlichen Telefonat wurden alle Kontaktpersonen abgefragt – Mutter, Schwester, Freund, Bekannte Arbeitskollegen und Kundenkontakte müssten alle in Quarantäne. Die Sparkassenangestellte konnte sich das kaum erklären und fragte, ob nicht eine Verwechselung vorliegen könne, was verneint wurde. In einem Folgetelefonat am gleichen Abend korrigierte sich die Dame vom Gesundheitsamt – sie hätte versehentlich die Daten vom Frühjahr weitergegeben. Eine Arbeitsbescheinigung hatte die Angestellte auch zehn Tage später noch nicht. Und ihre Tage später getestete Schwester erhielt das Negativ-Ergebnis fünf Tage nach dem Test.

Ein anderer Fall wurde am 17.11.2020 in der Zeit unter dem Titel „Die nächste freie Leitung ist für Sie reserviert" geschildert. Nach einem Corona-Fall im Büro will sich Thomas Köster, was nicht sein richtiger Name ist (er bat darum, anonym zu bleiben), sicherheitshalber testen lassen. Aber niemand fühlte sich für ihn zuständig.

Eine Kollegin könnte Thomas Köster angesteckt haben. Es war ein Freitag, als er ihre E-Mail las. Sie schrieb, dass sie nun zum Arzt müsse, denn ihr Freund sei positiv auf das Virus getestet worden. Die Wahrscheinlichkeit, dass auch sie infiziert sei, sei hoch. Zwei Tage vorher hatten Köster und die Kollegin zusammen zu Mittag gegessen.

Köster begann, sich Sorgen zu machen: darüber, schon bald die üblichen Symptome zu entwickeln – trockener Husten, Abgeschlagenheit, Atemnot. Aber auch darüber, keine Symptome

zu entwickeln und als stiller Überträger andere Menschen anzustecken. Und so nahm er sich vor, auf alle Aktivitäten außerhalb seiner Wohnung zu verzichten. Zuvorderst wollte er her-
ausfinden, was die Behörden für einen Fall wie ihn vorgesehen
hatten. Er protokollierte den Kontakt mit den Behörden. Er sagt,
irgendwann im Laufe des Prozesses wollte er einen Überblick
darüber behalten, welchen Weg ihn diese Geschichte nehmen
lassen würde.

Anruf bei der Stadtverwaltung seines Wohnortes. "Gehen Sie
doch am besten in unser örtliches Testzentrum", sagte ein Mitarbeiter. "Aber bitte vorher anrufen."

Anruf beim örtlichen Testzentrum. "Nee, wir testen nicht mehr.
Zu viel zu tun, zu wenig Unterstützung", hieß es dort. "Haben
wir der Stadt aber auch schon mitgeteilt."

Erneuter Anruf bei der Stadtverwaltung: "Ach so? Ja, dann versuchen Sie es mal bei Ihrem Hausarzt. Oder rufen Sie das zentrale Bürgertelefon an."

Nach zwei Tagen bekam Köster eine weitere E-Mail. Darin
schrieb ihm seine Kollegin, dass sich ihre Befürchtungen be-
wahrheitet hätten. Sie hatte Corona. Kösters vorsichtiges Vorgehen bekam Legitimation. Er wartete jetzt darauf, dass sich
das Gesundheitsamt bei ihm melden würde, schließlich hatte er
ja direkten Kontakt gehabt. Köster nahm an, dies würde ihm
nutzen, um sich ebenfalls testen lassen zu können – damit
selbst verordnete Quarantäne in eine behördliche übergehen
könnte. Aber keine Behörde meldete sich bei ihm. Stattdessen
griff Köster selbst zum Telefon. Er beherzigte den Rat des Mit-
arbeiters seiner Stadt. Er wählte die Nummer des zentralen
Bürgertelefons seines Landkreises. Die Verantwortlichen des
Landkreises stellen auf der Internetseite ihrer Verwaltung drei
Nummern bereit, alle heißen Bürgertelefon. Eine der Nummern
führt zu einem Mitarbeiter, der für den Bund telefoniert, die

zweite zu einem Bediensteten des Bundeslandes, über die dritte kommuniziert der relevante Landkreis.

Köster wählte die dritte Nummer. "Fragen Sie Ihren Hausarzt", riet ihm ein Mitarbeiter. "Sonst lassen sie sich alternativ einen Termin im Testzentrum in S. geben." Der Ort, an den Köster geschickt wird, liegt rund 50 Kilometer von seinem Wohnort entfernt.

Köster wollte nicht in die 50 Kilometer entfernte Stadt fahren. Wenn er schon nicht das örtliche, überlastete Testzentrum aufsuchen dürfte, warum nicht stattdessen am Hauptbahnhof – der nur knapp 25 Kilometer entfernt liegt? Doch am allerliebsten wollte er zu seinem Hausarzt.

Anruf beim Hausarzt. "Nee, wir testen nicht", bekommt er dort zu hören. "Keine Kapazitäten, keine Räumlichkeiten."

Anrufe bei vier weiteren Ärzten: Zwei sind im Urlaub, einer dauerbesetzt, einer testet nur Bestandspatienten.

Köster hat inzwischen herausgefunden, dass er auf den Anruf des Gesundheitsamtes aus Hamburg vergeblich gewartet hatte. Der zeitliche Abstand zwischen dem Mittagessen mit seiner Kollegin und ihrem positiven Testergebnis war zu lang gewesen. Seine Kollegin schrieb ihm, sie musste seinen Namen nicht beim Amt angeben. Auf eine behördlich verordnete Quarantäne hätte er also noch lange warten können.

Köster reagierte abermals mit Vernunft: Er fügte sich. Dann würde er eben nach S. mit dem Auto fahren, um letztlich Gewissheit zu erlangen.

Anruf beim Testzentrum in S.: "Ja, kein Problem", sagte ein Mitarbeiter. "Wie ist denn Ihre Vermittlungsnummer?"

"Habe ich nicht", sagte Köster. "Wie bekommt man die?"

"Die müssen Sie sich vom Gesundheitsamt geben lassen. Sonst können wir den ganzen Vorgang nicht nachverfolgen."

Köster wählte die Nummer der Gesundheitsbehörde des für ihn zuständigen Landkreises. "Beim Hausarzt testen lassen, unbedingt!", sagte der Mitarbeiter, der Kösters Anruf annimmt.

"Habe ich schon versucht", sagte Köster, "macht er nicht."

"Muss er aber!", sagte der Mitarbeiter.

"Mag ja sein", sagte Köster. "Aber ich kann ihn wohl schlecht zwingen."

"Na gut. Dann fahren Sie ins nächste Testzentrum."

"Gern", sagt Köster, "wenn Sie mir bitte eine Vermittlungsnummer geben."

"Das geht nicht telefonisch. Bitte schreiben Sie uns eine Mail."

"Mache ich", sagte Köster. "Wie lange wird die Antwort ungefähr dauern?"

Seit der E-Mail seiner Kollegin sind zu diesem Zeitpunkt zwölf Tage vergangen, seit dem Mittagessen sogar 14. Köster hat gewartet, er hat alle Möglichkeiten, Gewissheit zu erlangen, ausgeschöpft. Zehn Tage hat er auf eine Vermittlungsnummer gewartet, die nie kam.

Häufig werden solche Pannen als Einzelfälle bezeichnet, verursacht durch eine Überlastung der Gesundheitsämter. Zur Verifizierung dieser Erklärung lohnt sich ein Blick in die „relevanten Daten". In Deutschland gibt es 375 Gesundheitsämter (welt.de vom 23.04.2020) mit insgesamt im Durchschnitt circa 44 Mitarbeitern. Vergisst man, dass im Sommer 2020 angesichts der Corona-Pandemie die Gesundheitsämter rund 5.900 zusätzliche Beschäftigte eingesetzt haben (vor allem zur Kontaktnachverfolgung, für Corona-Tests und zur Kontrolle von

Quarantäne) und rechnet man mal, dass nur die Hälfte hier für „Corona" einsetzt werden, sind dies bundesweit 8.250 Mitarbeiter. In Spitzenzeiten Anfang November 2020 gab es innerhalb einer Woche knapp 130.000 Positivtests, die dann maximal nachzuverfolgen waren. Bei fünf Arbeitstagen sind dies 26.000 Tests pro Tag oder rund drei Testnachverfolgungen pro Tag und Mitarbeiter. Eine Überlastung der Gesundheitsämter ist hieraus kaum ablesbar.

Aber noch erklärungsbedürftiger ist der Umstand, dass die Nachverfolgungen auch nach neun Monaten keine schlüssigen Informationen über die Infektionswege liefern. Was hat dann die Nachverfolgung gebracht, fragt Frau Wagenknecht (Wochenrückblick vom 03.12.2020). Ggf. liegt die suboptimale Nachverfolgung aber auch in der Tatsache begründet, dass die Gesundheitsämter noch zu einem Großteil per Fax kommunizieren (wie auch Ärzte, wo noch zu 22 Prozent auf das Fax gesetzt wird, siehe ntv vom 02.02.2021) bzw. das Internet gerade erst eingeführt wird. Zwar hat der Bund im Mai 50 Millionen Euro für die technische Modernisierung der Gesundheitsämter und deren Anschluss an das elektronische Melde- und Informationssystem bereitgestellt. Doch laut Funke-Mediengruppe wurden von der ohnehin schon niedrigen Fördersumme bis Mitte September lediglich rund 12 Millionen angefragt. Zwar sind fast alle Gesundheitsämter schon an Demis angeschlossen, doch laut "Wirtschaftswoche" scheuen viele noch die Umstellung und melden Infektionen nach wie vor per Fax. Erst ab Januar 2021 soll beginnend mit den Test-Laboren eine Meldepflicht per Demis umgesetzt werden.

Auch weitere Digitalisierungsprojekte des Bundes, die die Arbeit der Gesundheitsämter erleichtern, sind noch nicht so weit fortgeschritten, dass von einem in der Breite vorbereiteten Gesundheitssystem gesprochen werden kann. (ntv.de vom 16.12.2020)

Ein Ergebnis der Nachverfolgung wird aber anscheinend verschwiegen. Ein Mitarbeiter eines Gesundheitsamts in Köln berichtet, dass bei der Nachverfolgung zwischen zwei Gruppen unterschieden werden kann. Sofern es sich um deutsche Bürger handelt, umfasst die Kontaktliste im Durchschnitt fünf, bei ausländischen Personen vierzig Personen. Offizielle Statistiken zur Häufigkeit von Corona-Partys gibt es bislang nicht.

Allerdings wird in Deutschland relativ wenig getestet:

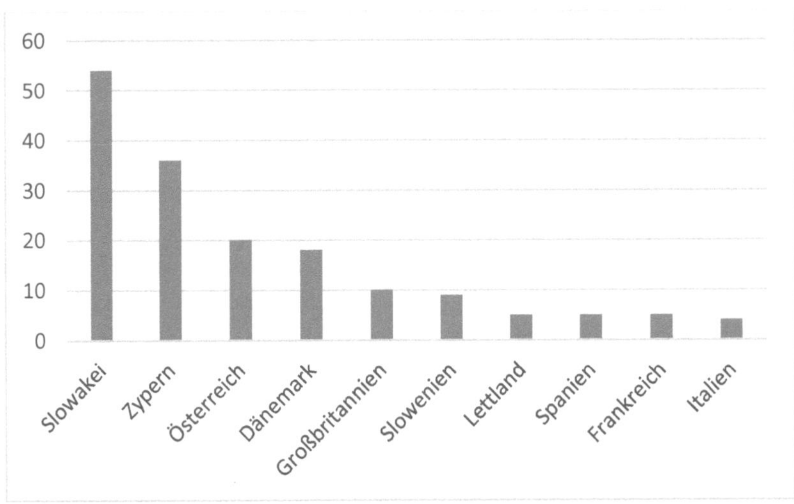

Abb. 2: Die zehn führenden europäischen Länder nach täglichen Tests pro 1.000 Einwohner

Deutschland liegt mit 1,8 Tests pro 1.000 Einwohnern auf Platz 23 - damit dürfte die Dunkelziffer hoch sein. (nzz.ch vom 15.02.2021)

Am 15.12.2020 wurde von einem Vorhersagemodell der Universität Duisburg-Essen berichtet, mit dem schon durch ein kurzes Telefoninterview die Wahrscheinlichkeit eines positiven Testergebnisses schnell abgeschätzt werden kann. Der Vorteil dieses neuen mathematischen Modells liegt darin, dass es ohne bildgebende Verfahren oder körperliche Eingriffe wie z. B.

Abstriche oder Bluttests auskommt. Als Parameter flossen in das Modell unter anderem der allgemeine Gesundheitszustand, das Alter und das Geschlecht der Person, Rauchen, Störungen des Geschmacks- und Geruchssinns sowie enger Kontakt zu infizierten Personen ein.

Ein interessantes Nebenergebnis bestand darin, dass Personen, die mehr als zehn Zigaretten pro Tag rauchen, eine deutlich geringere Wahrscheinlichkeit für ein positives Testergebnis hatten, während Personen, die einen Geruchs- und Geschmacksverlust berichteten, eine deutlich höhere Wahrscheinlichkeit für ein positives Testergebnis aufwiesen. (medconruhr.de vom 15.12.2020)

Am 15.02.2021 wird berichtet, dass gezielte Studien gezeigt haben, dass sich im Abwasser kleinste Viruskonzentrationen nachweisen lassen, rund zehn Tage bevor Testergebnisse gemeldet werden (ntv.de vom 15.02.2021) – Früherkennung ist in der Medizin immer schon „hilfreich" gewesen.

2.2.2.3. Ergebnisse

Der relevante Wert zur Pandemieeinschätzung durch die Bundesregierung hat sich im Laufe des Jahres immer wieder verändert.

<u>Zu Beginn</u> kommunizierte man die in den letzten 24 Stunden gemeldeten Neuinfektionen sowie die Anzahl der Gesamtinfizierten. Dieser Wert ist aber nur im Zusammenhang mit der Testanzahl aussagekräftig und diese ist im Lauf der Zeit sehr unterschiedlich. Waren es zu Beginn (KW 11) knapp 125.000 Tests so stieg die Zahl bis Anfang November 2020 auf 1.608.000, während in der „Weihnachtswoche (KW 52) nur 976.000 sogenannte PCR-Tests durchgeführt worden (in der Woche zuvor waren es noch rund 1,47 Millionen solcher Tests, siehe RKI, Tabellen zu Testzahlen). Aus der Gegenüberstel-

lung von Tests und Infektionen lässt sich die Testpositivrate ermitteln, die in KW 53 mit 15,4 Prozent höher denn je war. Aber auch die Testpositivrate ist mit Vorsicht zu genießen, da sie davon abhängt, ob „gezielt" (in Risikogruppen) oder zufällig getestet wird.

Ende März 2020 wurde der R-Wert bzw. die Reproduktionszahl (Anzahl der Menschen, die eine infizierte Person in einer bestimmten Zeit, meist sieben Tage, ansteckt), maßgeblich.

Im April 2020 wurde die Verdopplungszeit der Neuinfektionen als Gradmesser herangezogen, der zunächst fünf, dann zehn und schließlich 30 Tage betragen sollte,

Im Mai 2020 führte man das Nowcasting ein, womit die Fallzahlen unter Berücksichtigung des Meldeverzugs geschätzt wurden. Der Meldeverzug resultiert daraus, dass am Wochenende wie auch an Feiertagen nicht alle Gesundheitsämter Daten übermitteln, was aus zwei Gründen überrascht. Einerseits wird seitens der Regierung immer wieder betont, dass die Gesundheitsämter „am Limit" seien. Sodann ist es nicht leicht nachzuvollziehen, warum die Ämter in einer Ausnahmesituation am Wochenende bzw. Feiertagen nicht besetzt sind. Andererseits wird deutlich, dass der Meldeprozess wenig automatisiert ist.

Im Früh-Herbst erhielt der Inzidenzwert (Zahl der Neuerkrankungen, die pro 100.000 Menschen auftreten), meist für den Durchschnitt der letzten sieben, teilweise aber auch für die letzten vier Tage, den höchsten Stellenwert. Zunächst wurde ein Wert von 50 für sieben Tage als Ziel avisiert. Damit könnten, so Frau Merkel, die Gesundheitsämter eine Nachverfolgung von Infektionsketten sicherstellen.

Doch schon Anfang Dezember 2020 wurde von einigen Politikern ein Wert von 35, teilweise auch, wie z. B. von Herrn Lauterbach, 25 als Ziel ins Gespräch gebracht, was Epidemiologe und Virologe Klaus Stöhr (leitete bis 2007 das weltweite Influenza-Programm der WHO und war dort auch Sars-Forschungskoordinator) für illusorisch erachtet. Der Epidemiologe glaubt daher auch nicht, dass eine Inzidenz von 50 Neuinfektionen pro Woche und 100.000 Einwohnern über eine Kontaktverfolgung der Gesundheitsämter zu verteidigen wäre. Das Überschreiten dieses Werts habe man im Oktober 2020 auch nicht aufhalten können, "wie sollte das dann im Winter gelingen, selbst wenn die Marke irgendwie erreicht werden würde"? (ntv.de vom 22.12.2020)

Anfang Februar 2021 führen auch verschiedenen Bürgermeister, z. B. aus Köln oder Bremen aus, dass in ihren Gesundheitsämtern durchaus auch Kontakte bei Inzidenzwerten oberhalb von 50 nachverfolgt werden können.

Infolgedessen wird in den sozialen Medien Anfang Februar 2021 hierüber gespottet: Inzidenz

- unter 100: Experten warnen vor Lockerungen.
- unter 50: Für Entwarnungen ist es noch zu früh.
- unter 25: Der Trend ist nicht stabil.
- unter 5: Der Virus ist noch unter uns.
- bei 0: Wir dürfen das Erreichte nicht gefährden.

So kann die Verkündung vom 10.02.2021 im Rahmen einer weiteren Lockdown- Verlängerung, dass Öffnungen erst ab einem Inzidenzwert von nun 35 denkbar wären, letztlich kaum noch überraschen, trotzdem enttäuschen. Die Klagen von verschiedenen, betroffenen Seiten verhallen, nicht aber die Worte von Herrn Wieler in einer Pressekonferenz am 12.02.2021, wonach der „Inzidenzwert nicht die beste Zahl ist, um über Lockerungen zu entscheiden" – die PK wie auch jedes damit verbundene Video und jede Pressemitteilung wurde zwei Tage später in der Mediathek gelöscht.

Seit November wird zudem auch die Anzahl der belegten Intensivbetten in den Krankenhäusern als Kriterium genannt. Doch die Zahl der belegten Intensivbetten in Deutschland seit dem Sommer hat sich kaum verändert, trotz höherer Inzidenzen und Todeszahlen. Die Deutsche Interdisziplinäre Vereinigung für Intensiv- und Notfallmedizin (DIVI), die sämtliche Daten über freie und belegte Betten auf deutschen Intensivstationen sammelt, bestätigt das.

Und Ende Januar 2021 wurden dann die Mutationen, vorrangig der in Großbritannien entdeckten Variante B.1.1.7. und der südafrikanischen Variante B.351 zur Lagebeurteilung herangezogen, beispielsweise von Herrn Wieler vom RKI am 05.02.2021.

Dass diese Mutationen in den beiden Ländern entdeckt wurden, liegt laut Prof. Neher von der Universität Basel vor allem daran, dass dort viel sequenziert würde. (mdr.de vom 08.01.2021) Für Herrn Lauterbach sind die Ausbreitung dieser Mutationen „nur mit einem strikten Lokdown zu verhindern, bis wir klar unter einer Zielinzidenz von 35 liegen" (rtl.de vom 18.02.2021) – das lässt weitere Lockdown-Verlängerungen erahnen.

Unabhängig davon, dass die Messgrößen für eine Pandemie nicht neu erfunden werden mussten, trägt die häufige Änderung der „Kernzahl" eher zur Verunsicherung statt zur Aufklärung der Bevölkerung bei, genauso wie die vernachlässigte Darstellung von Testpositivrate, Anzahl aktiver Fälle (Neuinfektionen minus Genesene), Übersterblichkeit und Anzahl freier Intensivbetten. Dies sieht auch Armin Laschet so, als er am 15.02.2021 auf einer CDU-Veranstaltung In Baden-Württemberg (wo am folgenden Wochenende Landtagswahlen stattfinden) Woche ausführt: „Man kann nicht immer neue Grenzwerte erfinden, um zu verhindern, dass Leben wieder stattfindet". (welt.de vom 15.02.2021) „Natürlich" prasselt anschließend viel Kritik von SPD und Grünen auf Herrn Laschet ein.

Dabei sei hinsichtlich der Inzidenzwerte darauf hingewiesen, dass diese nahezu beliebig „gestaltet" werden können (Prof. Schrappe meint sogar: „Es ist ein Skandal, dass mit diesen Zahlen gesteuert werden soll." (focus.de vom 15.02.2021) – ein Beispiel.

Die Anzahl der Infizierten hat sich zwischen Mitte März 2020 und Ende Januar 2021 wie folgt entwickelt:

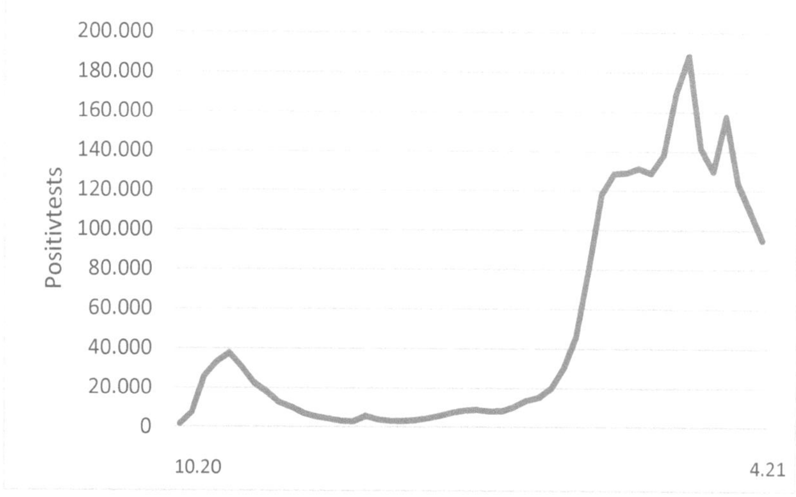

Abb. 3: Anzahl der Positivtests zwischen KW 10 in 2020 und KW 4 in 2021

Die gleiche Kurve ergibt sich natürlich für den Inzidenzwert, wenn also die Anzahl der Positivtests durch 100.000 dividiert wird.

Die Anzahl der durchgeführten Tests seit Mitte März hat sich bis zum Spätherbst 2020 ständig erhöht, in der Spitze auf 1,67 Millionen Tests pro Woche, und fällt seitdem wieder (mit einem Tief in der letzten Dezemberwoche) in der zweiten Januarhälfte 2021 auf 1,12 Millionen Tests pro Woche.

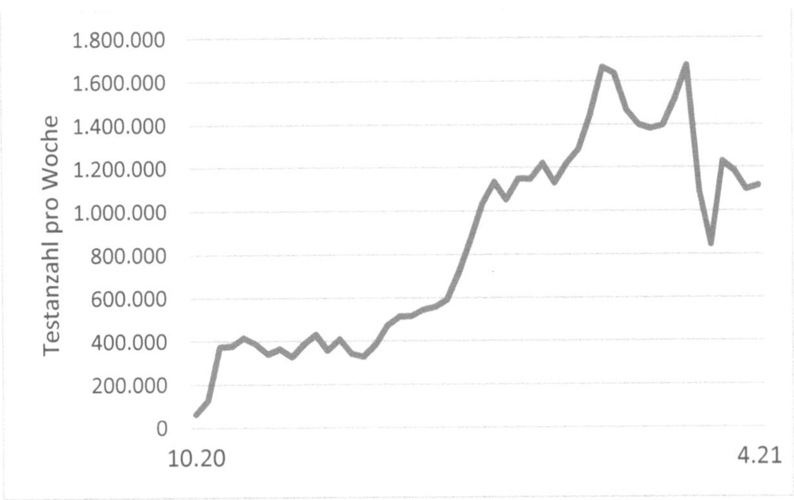

Abb. 4: Anzahl der wöchentlichen Tests zwischen KW 10 in 2020 und KW 4 in 2021

Der Inzidenzwert würde sich aber deutlich anders darstellen, wenn immer gleich viel getestet wird. Wäre also in KW 4 in 2021 so viel getestet worden wie in KW 51 in 2020, also 1,67 Millionen statt 1,12 (unter der Annahme, dass auch die 550.000 zusätzlichen Tests die gleiche Positivrate aufweisen, was sehr wahrscheinlich ist), würde in KW 4 in 2021 der Inzidenzwert 142 statt 95 betragen. Der entsprechende Verlauf würde dann mit der selten kommunizierten Positivrate dargestellt:

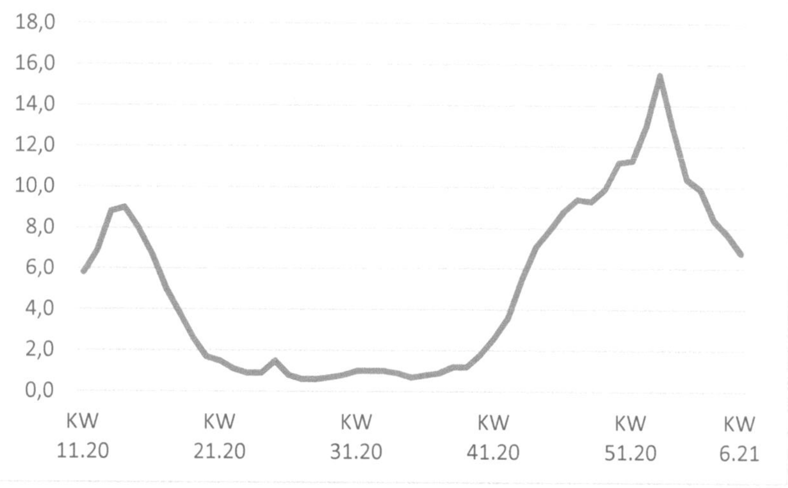

Abb. 5: Positivrate in Prozent (Anteil positiver Testergebnisse auf das Corona-Virus in Deutschland) nach Kalenderwochen (statista.com vom 18.02.2021)

Dies würde aber bedeuten, dass zum einen die erste Welle wesentlicher stärker war, zum anderen, dass der Lockdown Light wie auch der harte Lockdown bis zum 16.12.2020 kaum Wirkung gezeigt hat – wer will das kommunizieren? Erst mit dem noch einmal verschärften Lockdown ab 16.12.2020 ging die Positivrate (infolge der Inkubationszeit von durchschnittlich 5,5 Tagen) – trotz Weihnachten und Silvester – zurück. Dies bedeutet, dass nur die zu dem Zeitpunkt eingeführten Maßnahmen Wirkung zeigen, also Schließung des Einzelhandels und der Dienstleistungsbetriebe, der Schulen, der Betriebsgaststätten und ein verstärktes Homeoffice. Da systemrelevanter Handel immer geöffnet war genauso wie Arztpraxen, so nimmt die Maßnahme der Schießung von Einzelhandel und Dienstleistungsbetrieben wahrscheinlich keinen Einfluss auf das Infektionsgeschehen. Infektionstreiber scheinen letztlich Schulen und Betriebsstätten zu sein, also dort, wo vielen Menschen über längere Zeit zusammen sind (incl. ÖPNV). Zu einem ähnlichen

Ergebnis kommt auch eine Untersuchung der Technischen Universität Berlin. Danach ist der entscheidende die Aufenthaltsdauer. Je länger man sich in einem Raum aufhalte, umso größer sei die eingeatmete Dosis an Aerosolpartikeln. „Und ab einer bestimmten Dosis kommt es dann zu einer Infektion." (tagesspiegel.de vom 12.02.2021)

Dagegen ist Sport nicht das Problem, sondern die Lösung. Den Sport noch viel länger geschlossen zu halten, wird Leben kosten - nicht jetzt, aber bald. Die WHO schätzt, dass der Tod von fünf Millionen Menschen, die pro Jahr in Europa an den Folgen des Bewegungsmangels sterben, verhindert werden könnte. (zeit.de vom 11.02.2021)

Es gibt aber noch eine weitere Einflussmöglichkeit auf die Infektionszahlen: die Auswahl der Testpersonen, sprich werden eher Personen aus den Risikogruppen oder wird zufällig getestet. Der Inzidenzwert in Alten- und Pflegeheimen ist bekanntlich deutlich höher - rund doppelt so hoch wie der Bundesdurchschnitt oder wie in Schulen. (focus.de vom 03.02.2021)

Ein weiterer, wenig kommunizierter Hinweis gilt dem allwöchentlichen Tagesverlauf der Neuinfektionen, der jede Woche am Donnerstag sein Hoch und Montag wie Dienstag sein Tief hat. Das Tief resultiert aus der Tatsache, dass ab Wochenende zeitverzögert gemeldet wird und weniger getestet wird, Umgekehrtes gilt für das Hoch an jedem Donnerstag.

Doch Infektionszahlen sollten in jedem Fall genauer aufgeschlüsselt werden, sprich wie stark sind die gesundheitlichen Folgen: 14 Prozent der Infizierten in Deutschland haben keine Symptome, 81 Prozent der Infektionen nehmen einen milden Verlauf und fünf Prozent sind lebensgefährlich – das sind die auf die Intensivstation aufgenommenen Patienten, von denen rund die Hälfte verstirbt. (aerzteblatt.de vom 12.01.2021) Bemerkenswert ist dabei, dass die Anzahl der im Zusammenhang mit COVID-19-Verstobenen in Relation zu den Infizierten (zum

14.02.2021) in Deutschland mit 2,8 Prozent höher ist als in manch anderem Land, z. B. in Spanien mit 2,1 Prozent oder Frankreich mit 2,3 Prozent. Unterstellt man, dass das deutsche Gesundheitssystem wirklich außergewöhnlich gut ist, dann kann nur ein minderer Schutz der Risikogruppe ursächlich sein.

Infolgedessen gingen laut einer Anfang Februar 2021 veröffentlichen RKI-Studie in 2020 in Deutschland 305 641 Lebensjahre durch COVID-19 verloren. Die durch COVID-19 im Tagesmittel entstandene Krankheitslast durch Versterben lag unter der für wichtige nichtübertragbare Erkrankungen. Eine verstorbene Person verlor im Mittel etwa 9,6 Lebensjahre. (aerzteblatt.de vom 12.202.2021)

Dabei hat das RKI im Gegensatz zu anderslautenden Meldungen der Regierung, sehr wohl Zahlen über die Infektionsumfelder, die man regelmäßig im „Epidemiologisches Bulletin" veröffentlicht. Hier wird detailliert unterschieden nach dem übergeordneten Infektionsumfeld (Wohnstätten, Arbeitsplatz, Freizeit, Verkehrsmittel etc.), zum Beispiel am 22.11.2020:

Infektionsumfeld	Aus-brüche	Fälle	Fallzahl pro Ausbruch
Wohnstätten unspez.	174	978	5,6
Priv. Haushalt	3.902	12.315	3,2
Alten-/Pflegeheim	709	13.314	18,8
Flüchtlings-/Asylheim	199	4.146	20,8
Wohnheim	16	129	8,1
JVA	4	23	5,8
Kaserne	0	0	0

Abb. 6: COVID-19-Infektionsumfelder laut RKI zum 22.11.2020

Ablesen lässt sich:

- Wohnstätten   waren und sind mittel betroffen
- Privater Haushalt   steigende Bedeutung, mittlerweile Ursache Nr. 1
- Alten-Pflegeheim   anfangs Haupttreiber, heute Nr. 2
- Flüchtlingsheim   abnehmende Bedeutung
- Wohnheim   zunehmende Bedeutung
- Med. Behandlungseinr.   abnehmende Bedeutung
- Krankenhaus: geringe Bedeutung
- Praxis: marginale Bedeutung
- Reha-Einrichtung   marginale Bedeutung
- Arbeitsplatz   zunehmende Bedeutung, Ursache Nr. 4

- Ausbildungsstätte   geringe Bedeutung
- Betreuungseinrichtung   abnehmend, marginale Bedeutung

- Seniorentagesstätte   geringe Bedeutung
- Kindergarten, Hort   geringe Bedeutung
- Freizeit   mittlere Bedeutung
- Speisestätte   geringe Bedeutung
- Übernachtung   marginale Bedeutung
- Verkehrsmittel   marginale Bedeutung
- „Weitere"   anhaltend Ursache Nr. 3

Von den erkennbaren Infektionsherden entfallen jeweils circa ein Drittel auf private Haushalte und Alten-Pflegeheime, in letzterer Gruppe gar 82 Prozent auf alle im Zusammenhang mit COVID-19-Verstobenen. (Prof. Streeck in Lanz vom 03.02.2021)

Auch gibt es vom RKI Daten zum Anteil nachgewiesener Corona-Infektionen nach Alter. Danach verteilt sich die Anzahl fast gleichmäßig über die Altersgruppen (0-19, 20-29, 30-39, 40-49, 50-59, 60-69, 70-79, 80+), mit leicht größerem Anteil bei den 50-59-Jährigen und leicht geringerem Anteil bei den 60-69- und 70-79-Jährigen. (t-online.de vom 06.02.2021)

Aber auch diese Aussagen sind nur begrenzt aussagefähig, da man die Infektionen jeweils in Relation zu der Anzahl der vorgenommenen Tests setzen müsste. Informationen hierzu gibt es zwar von destatis, allerdings – warum auch immer - grober gegliedert und nur für den Zeitraum KW 44/2020 bis KW2/21:

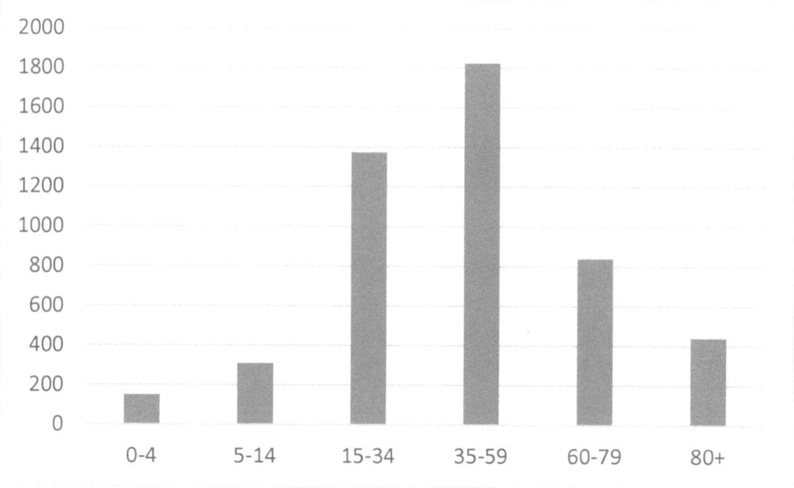

Abb. 7: Verteilung der COVID-Testungen in Deutschland zwischen KW 44/20 und KW 2/21 nach Altersgruppen

Unterstellt man eine gleiche Verteilung innerhalb der Altersgruppe, würde sich folgendes Bild ergeben:

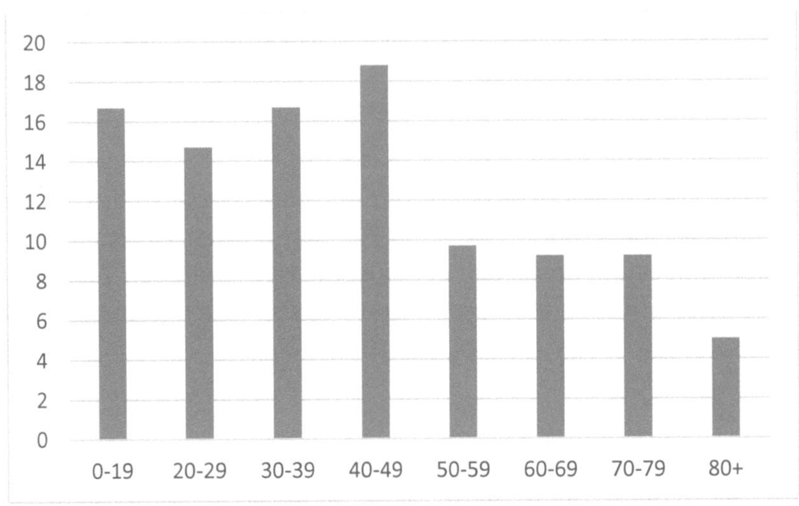

Abb. 8: Verteilung der COVID-Testungen in Deutschland zwischen KW 44 /20 und KW 2/21 nach Altersdekaden

Es überrascht, dass in den Risikogruppen weniger getestet wird als bei den jüngeren Menschen.

Doch von den seitens der Regierung getroffenen Maßnahmen wirkt nur die Kontaktbeschränkung zumindest partiell auf die privaten Haushalte. Damit sind die beiden Schwerpunkt-Infektionsgruppen weitgehend ungeschützt, sodass die Fallzahlen in den beiden Haupt-Infektionsumfeldern kaum und insgesamt nur gering sinken. Dass die Maßnahmen der Regierung kaum die Infektionszahl reduzieren, wird aber im Laufe von „Lockdown light" (ab 02.11.2020) wie auch von dem „harten Lockdown (ab 16.12.2020) ersichtlich. Doch eine Nachricht vom 29.12.2020 lässt Zweifel darauf aufkommen, ob die Infektions-Zuordnung immer den Tatsachen entspricht. Eine von der von Bildungsbehörde in Hamburg unterdrückte Corona-Studie zeigt, dass im Gegensatz zu der von den Behörden ursprünglichen Information, Schülerinnen und Schüler hätten sich außerhalb der Schule angesteckt, eine einzelne Person die Masseninfektion auslöste, über die sich das Corona-Virus dann an der Schule ausbreitete. Politisch brisant ist das Ergebnis der Analyse nicht nur, weil es dem Mantra der Kultusministerinnen und Kultusminister widerspricht, dass Schulen keine Infektionstreiber der Pandemie sind. Die Kultusministerkonferenz wollen weiter darüber beraten, wie es mit dem Schulen nach dem Lockdown weitergehen soll. Bislang sieht es so aus, als ob die Kultusministerkonferenz keine Änderung ihrer Strategie plant und weiter auf die schnellstmögliche Wiederaufnahme des Regelbetriebs ohne größere Schutzmaßnahmen setzt, vom Lüften abgesehen. Die Studie dürfte das schwieriger machen. (tagesspiegel.de vom 29.12.2020)

Prof. Streeck beklagt Anfang Februar 2021, dass man nach einem Jahr noch viel zu wenig über das Virus wisse, beispielsweise über Ansteckungsraten nach Berufsgruppen oder nach Bürogrößen. (Lanz vom 03.02.2021)

Hinweise zu den Infektionstreibern liefert im Dezember 2020 auch eine Studie aus Basel. Danach wird die Pandemie neben älteren Menschen, die Sars-CoV-2 meist in ihren eigenen Wohnvierteln einfingen und dort weitergaben, vorrangig von Menschen mit hoher Mobilität, engem Wohnraum und niedrigem Einkommen verbreitet. (ntv.de vom 27.12.2020)

Etwas pikant mutet die Information vom 18.12.2020 auf ntv an, dass sich nach Angaben der Bundestagsverwaltung bis dato 23 der 709 Bundestagsabgeordneten mit Corona infiziert haben, also 3,2 Prozent, während sich in Deutschland 1.404 Millionen Menschen von 83 Millionen, also 1,7 Prozent infiziert haben – beachten die Abgeordneten nicht die AHA-Regeln (siehe unten)? Oder sind diese nicht wirklich wirksam?

Schon wird hinterfragt:

- Wenn Masken helfen, wieso dann 1,5 m Abstand?
- Wenn der Abstand hilft, warum dann Masken?
- Wenn beides hilft, warum dann der Lockdown?

- Wenn alle drei helfen, warum dann Impfung?
- Wenn die Impfung sicher ist, warum gibt es dann einen Haftungsausschluss bei Impfschäden?

In Deutschland wurde stattdessen zum 02.11.2020 ein „Lockdown-Light" eingeführt. Im Durchschnitt dauert es fünf Tage, bis eine Infektion nachzuweisen ist. Also müsste ab dem 07.11.2020 die Anzahl der Neuinfektionen runtergehen, was aber nicht der Fall ist. Und Frau Merkel spricht am 30.11.2020 schon von einer dritten Welle.

Etwas überraschend hält Herr Scholz als Vizekanzler den Teil-Shutdown seit Anfang November nicht für zu milde. „Die Maßnahmen hätten Wirkung gezeigt, allerdings nicht so stark wie erhofft" (ntv.de vom 06.1.2020). Allein schon die „Hoffnung" ist eine wenig versprechende Strategie.

Der Landkreis Tübingen hingegen hat im Alleingang unter der Federführung von der Notärztin Lisa Federle ein eigenes Konzept erfolgreich aufgesetzt. Gestartet wurde im April 2020 mit einem speziellen Schutzprogramm für Senioren:

- Tests in Alten- und Pflegeheimen, seit September zusätzlich kostenlose Schnelltests in Heimen für Personal und Besucher.
- Parallel wurde eine Notreserve von 40.000 Schnelltests gekauft.
- Einrichtung eines Senioren-Einkaufsfensters am Vormittag.
- Verteilung von kostenlosen FFP2-Maken.
- Vergünstigte Einzelfahrten im Sammeltaxi.

Und seit Oktober 2020 ist ein Testmobil für flächendeckende Testungen im Einsatz.

Warum kann Tübingen, was der Rest des Landes nicht schafft, fragt der Südkurier am 12.12.2020.

Doch so mancher kann sich des Gefühls nicht erwehren, dass wir von einem Lockdown in den nächsten. Es wird ausschließlich reagiert, v. a. auf Druck derer, die die stärkste Lobby haben (Automobilindustrie, Pharma- oder Reise-Großunternehmen). Ein aktives Handeln oder gar eine Strategie ist nicht sichtbar. (Wagenknecht in „Wochenrückblick" vom 03.12.2020)

So zeigen seit Wochen demoskopische Daten den Regierenden eine nationale Stimmungseintrübung an, auf breiter Front, wie bei einem aufziehenden Unwetter. Drei Beispiele:

1. Die Krankheit COVID-19 als solche sehen die Deutschen mit neuerdings wachsenden Ängsten. Die Sorge, „im Fall einer Corona-Infektion nicht angemessen medizinisch versorgt werden zu können", haben laut Infratest dimap im Dezember 2020 36 Prozent – 15 Punkte mehr als im Mai 2020.

2. Die von der Politik mit großer Geste gemachte Zusage, man werde zu Weihnachten die Kontaktbeschränkungen lockern, hat statt Konsens Beklommenheit bewirkt. Gerade mal 53 Prozent finden laut Infratest diese Ausnahme „eher richtig", 44 Prozent finden sie „eher falsch".

3. „Hoffnungsvoll" aufs neue Jahr blicken laut Allensbach nur 22 Prozent – trotz aller guten Impfstoffnachrichten. In den vergangenen fünf Jahren lag der Anteil der Optimisten immer zwischen 43 und 57 Prozent.

Die Deutschen haben plötzlich neue Zweifel: Sind wir noch auf dem richtigen Weg? Von einem emotionalen „Absturz, wie man ihn selten sieht", spricht Allensbach-Chefin Renate Köcher. (rnd.de vom 07.12.2020)

2.2.3. Schadenminderung

2.2.3.1. Internationale Erfahrungen zur Wirkung von Maßnahmen

Wissenschaftler der Oxford-Universität haben die acht nicht-pharmazeutischen Interventionen in 41 Ländern untersucht und ihre Ergebnisse schon im Juli 2020 veröffentlicht (The effectiveness of eight nonpharmaceutical interventions against COVID-19 in 41 countries). Sie stellten fest, dass Schließungen von Schulen und Universitäten mit einem Anteil von 41 Prozent den größten Anteil an der Senkung des R-Wertes hatten, gefolgt von einer Versammlungsbegrenzung auf zehn Personen mit 35 Prozent und der Schließung nicht-systemrelevanter Geschäfte mit 25 Prozent. Dagegen zeigen Maskentragung keine und Ausgangssperre nur eine minimale Wirkung.

Wissenschaftler der Medizinischen Universität Oxford veröffentlichten Mitte November eine ähnliche Arbeit bei "Nature". Sie erstellten eine Rangliste nach verschiedenen Methoden und Datensätzen. Die effektivsten Maßnahmen dienen demnach ebenfalls dazu, die Versammlung kleinerer Menschengruppen zu unterbinden.

Eine Wiener Forschungsarbeit kommt zu dem Ergebnis, dass es sehr viel bringt, Bildungseinrichtungen zu schließen. Und laut einer südkoreanischen Forschung übertragen Kinder und Jugendliche zwischen zehn und 19 Jahren in Haushalten das Virus eher als Erwachsene und kleinere Kinder.

Es kann also davon ausgegangen werden, dass es durchaus verlässliche Informationen zur Wirkung von Maßnahmen zur Pandemie-Eindämmung gibt.

2.2.3.2. Getroffene Maßnahmen in Deutschland

In der Krise schlägt die Stunde der Exekutive. Diesen Satz ziehen Politiker gerne heran, wenn sie die beispiellosen Freiheitsbeschränkungen der letzten Monate rechtfertigen wollen. Doch die Phrase ist nur zutreffend, wenn man den Staat ausschließlich als eine Zwangsanstalt definiert. Er befiehlt, untersagt, verbietet und verweigert – und die Gesellschaft gehorcht. In dieser Hinsicht hat die Exekutive in Deutschland - wie in der Schweiz - tatsächlich ganze Arbeit geleistet. Wir wissen jetzt, dass sich nicht nur Viren exponentiell vermehren können, sondern auch Vorschriften. Doch der Staat sollte mehr sein als eine Zwangsanstalt. Er sollte selbst einen Beitrag zur Eindämmung der Pandemie leisten, der über Finanzhilfen hinausgeht – zumal diese «Geschenke» eines Tages von den Beschenkten in Form höherer Steuern selbst bezahlt werden müssen. Der moderne Staat ist nicht nur Obrigkeit, er muss auch zuverlässig Leistungen erbringen. Genau daran hapert es aber. (nzz.de vom 29.01.2021)

Aber auch die Zuständigkeit für die Maßnahmen-Beschlüsse wird im Laufe der Zeit immer unklarer – mal soll es Frau Merkel sein, dann Herr Spahn und schließlich jeder Länderchef für sein Bundesland. Je nach Variante wird von der „harten Hand" von Kanzlerin oder Ministern gesprochen oder von der Stärke des Föderalismus. In den seltensten Fällen wird eine Entscheidung aber vom eigentlich dafür zuständigen Parlament getroffen.

Speziell der Föderalismus gerät zunehmend in den Fokus, zum Beispiel im Tennissport. Im Zuge der der Lockdowns agierten die verschiedenen Landesverbände sehr unterschiedlich:

In Mecklenburg-Vorpommern, Niedersachen, Bremen, Brandenburg und Hessen ist Tennis Indoor und Outdoor mit Spielern aus maximal zwei Haushalten unter Einhaltung der Hygieneregeln erlaubt.

In Hamburg, Berlin, Sachsen, Thüringen, Baden-Württemberg, Rheinland-Pfalz und im Saarland ist Tennis nur Outdoor gestattet. Dazu gilt hier ebenso die Einschränkung, dass Einzel bzw. Doppel nur mit Spielern aus maximal zwei Haushalten gespielt werden dürfen. In Rheinland-Pfalz darf auch im Freien nur mit dem eigenen Haushalt (z. B. Familie) gespielt werden.

In Sachsen-Anhalt ist Tennis bei Freigabe des Betreibers der genutzten Sportstätte möglich. Gegebenenfalls können Landkreise oder Kommunen über eine Allgemeinverfügung aber Regelungen verschärfen.

Komplettes Tennis-Verbot besteht in Schleswig-Holstein, NRW und Bayern. (DTB vom 17.12.2020)

Verständnis kann niemand für diese Differenzierung erwarten.

Zunehmend in die Kritik gerät die Auswahl der die Regierung beratenden Experten: zu viele Virologen, zu wenige Wirtschafts- und Sozialwissenschaftler – so die Meinungen je nach Perspektive. Das ist die eine Debatte. Die andere ist, ob die Bundeskanzlerin nur mit den Virologen spricht, die ihren Kurs bestätigen (br.de vom 25.01.2021) – also Herrn Drosten statt Herrn Streeck, der laut eigener Aussage noch nie in die Expertenrunde der Regierung eingeladen worden ist. (Streeck in Lanz am 04.02.2021)

Herr Streeck verweist Anfang Februar 2021 darauf, dass man, wie auch schon von Albert Camus in dem Besteller „Die Pest" angeführt, die Pandemie mit Ehrlichkeit bekämpfen müsse – und in Deutschland sei man unehrlich. Wenn es beispielsweise um ausländische Pendler in der Pflege oder in der Ernte ginge, würde man wegsehen. Restaurants wären trotz umgesetzter Hygienekonzepte und ohne Hinweise auf Infektionsherd geschlossen, wohlwissend, dass bei der Verlagerung von Geburtstagsfeiern in Privaträume niemals der gleichhohe Standard zu erwarten sei. (Lanz vom 03.02.2021)

2.3.2.1. Warn-App

Nach monatelangem Streit, v. a. hinsichtlich zentraler oder dezentraler Datenspeicherung und rund 70 Millionen € Entwicklungskosten wurde am 16. Juni 2020 die Corona-War-App in Deutschland vorgestellt. Zu Beginn wurde mitgeteilt, dass bei 60 bis 65 Prozent Nutzern der deutschen Mobiltelefon-Besitzer (Ende 2019 58 Millionen) die App eine Hilfe in der Bekämpfung der Pandemie sein würde. Zur Werbung für den Download wurden bis November schon mehr als zehn Millionen Euro aufgewandt (ntv.de vom 10.12.2020). Am 07.01.2021 hatten 24,9 Millionen Menschen die App heruntergeladen, also 43 Prozent. Zudem haben manchen User die App auch schon wieder deinstalliert. Von der gewünschten 65 Prozent-Durchdringung der Handynutzer ist man also noch weit entfernt.

Mit der App gibt es allerdings anhaltend Probleme. So berichtet Prof. Werner am 01.12.2020 bei Markus Lanz, dass die App selbst beim Personal, dass Infizierte betreut, die App „grün" anzeigt. Zahlen zeigen, dass für den Zeitraum vom 09.12.2020 bis zum 06.01.2021 in Deutschland etwa 598.000 COVID-19-Infektionen über das PCR-Testverfahren ausgemacht wurden - in der Corona-App wurden in dieser Zeit allerdings nur 72.266 Infektionen von den Nutzerinnen und Nutzern der App geteilt. (inside-digital.de vom 13.01.2021) Am 02.02.2021 wurde berichtet, dass bislang knapp über 230.000 Personen, die selbst positiv auf das Corona-Virus getestet wurden, ihre Mitmenschen mithilfe der App vor der möglichen gefährlichen Begegnung mit ihnen gewarnt - gleichzeitig zeigt die App aber an, dass bislang fast 2,3 Millionen Menschen mit Corona infiziert wurden. 90 Prozent der Infizierten wurden von der App also gar nicht erfasst. (ntv.de vom 02.02.2021)

Sascha Lobo verweist in der gleichen Sendung darauf, dass die App seit Einführung nicht weiterentwickelt worden sei, was bei Software unumstößlich wäre. Da hilft es auch wenig, wenn sechs Monate nach „Ersteinführung" vermeldet wird, dass nun auch die App auf den älteren iPhone-Modellen 5s und 6 laufen könne. (ntv.de vom 15.12.2020)

Auch in CDU-Kreisen wird die App in ihrer Funktion bis heute als „faktisch nutzlos" gesehen (Carsten Linnemann am 02.12.2020 bei Markus Lanz). Selbst Markus Söder hält sie für unbrauchbar: "Die App ist leider bisher ein zahnloser Tiger. Sie hat kaum eine warnende Wirkung." Digitalexperten fordern seit Monaten Updates - doch die Politik wagt sich nicht, den Datenschutz zum Schutz von Menschenleben endlich zu lockern. (ntv.de vom 15.12.2020)

Rund sieben Monate nach Einführung der Warn-App erhält diese ein lang avisiertes Update kommt jetzt inklusive eines Dashboards mit Statistiken zum aktuellen Infektionsgeschehen in Deutschland. Doch weder die neue Version 1.11 noch Appelle an die Bevölkerung werden helfen, die Downloadzahlen der Corona-Warn-App zu steigern, sagen Forscher. (spiegel.de vom 22.01.2021)

2.2.3.2.2. Quarantäne

ntv berichtete am 21.11.2020, dass mehrere Abgeordnete des Bundestags offenbar die seit Monaten geltenden Corona-Regeln missachten. So beklagte Vizepräsidentin Claudia Roth, dass einige Parlamentarier trotz positiv getesteter Kontaktpersonen in ihrem unmittelbaren Umfeld sich nicht in häusliche Quarantäne begeben haben.

2.2.3.2.3. AHA-Regeln

<u>Abstand halten</u>

Unerklärlicherweise sollen Bahn-Reisende in Pandemiezeiten keinen freien Nachbarplatz garantiert bekommen. Es gebe keinen Nachweis über eine besondere Ansteckungsgefahr, heißt es aus dem Konzern und vom Bund. Doch für sein eigenes Personal wollte der Bund noch Anfang November 2020 aber andere Regeln. Zum Schutz vor einer möglichen Corona-Infektion will der Bund Mitarbeitern von Behörden und Ministerien bei Dienstreisen in der Bahn in den nächsten Monaten einen leeren Nachbarplatz zahlen. Nach heftigem öffentlichem Protest wurde die umstrittene Doppel-Sitzplatz-Regel für Bund-Mitarbeiter in Flugzeugen und in der Bahn vorerst vom Innenministerium ausgesetzt. (reisetopia.de vom 23.11.2020)

Während beim Einkauf Abstand gehalten werden soll, gilt dies auch nicht für den ÖPNV – im Gegensatz zu London:

Abb. 9: Abstandsregeln im Londoner Nahverkehr

Dagegen herrscht auch Anfang Februar 2021 bei manchen Bahnfahrten weiter dichtes Gedränge. „Alle Plätze belegt – von Corona-Abstand keine Spur im ICE von Fulda Abend des 09.02.2021 …. während die Deutsche Bahn online aufgibt, dass der Zug nur gering ausgelastet sein." (bild.de vom 09.02.2021)

Mitte November 2020 kommt Herr Lauterbach mit dem Vorschlag, dass die Busse der angeschlagenen Reisebusbranche helfen sollen, den Schulbusverkehr zu entlasten, um die Ansteckungsgefahr auf dem Schulweg zu vermindern. "Es ist paradox, dass überfüllte Schulbusse und Straßenbahnen die Infektionszahlen anheizen und gleichzeitig viele Reisebusunternehmen um ihre Existenz fürchten" (sueddeutsche.de vom 23.11.2020) – war dies vor Monaten noch nicht paradox bzw. hätte man nicht in den Sommerferien die Fahrpläne entsprechend anpassen können?

Kanzleramtschef Helge Braun wartete Anfang Dezember noch mit einem weiteren Vorschlag auf - wenn die Bahn mal wieder zu voll ist, sollen die Bürger "vielleicht mal Fahrrad fahren". Die Kritik ließ nicht lange auf sich warten: "Genialer Einfall bei Minusgraden" oder "Für einen, der sich zur Arbeit mit dem Mercedes fahren lässt, ist es eine Frechheit, von den Arbeitern zu verlangen, zu ihrem acht bis zwölf Stunden-Tag dann noch mit dem Fahrrad zu fahren."

Zu der Abstandsregel kann auch die Regelung von Großveranstaltungen gezählt werden. Wenn Kontakte dringend reduziert werden sollen, ist es unverständlich, dass Herr Spahn eine Einladung zum Empfang bei der IHK Köln im Januar 2021 mit 250 Personen annimmt.

<u>Hygiene</u>

Noch vor den bundesdeutschen Schul-Sommerferien 2020 wurde zur Vermeidung erneuter Schulschließungen u. a. avisiert, „alles daran zu setzen, dass wir … mit viel Lüften … die Schüler gut ausbilden" (Lauterbach am 05.06.2020). Kurz darauf forderte Lauterbach Bund und Länder dazu auf, kurzfristig für jeden Klassenraum in allen deutschen Schulen eine mobile Luftfilteranlage anzuschaffen. „Wenn wir verhindern wollen, dass sich die Schulkinder im Winter alle mit dem Corona-Virus infizieren, brauchen wir in jedem Klassenraum einen mobilen

Luftfilter", sagte Lauterbach der Düsseldorfer „Rheinischen Post". NRW-Schulministerin Yvonne Gebauer hatte die Idee zuvor als zu teuer verworfen.

„Eine Luftfilteranlage kostet pro Schüler maximal 100 Euro. Das sollten uns die Kinder wert sein. Betriebe in der Corona-Krise hat der Staat sogar wöchentlich mit einem Vielfachen dieser Summe unterstützt", sagte der Lauterbach. Insgesamt würden die Luftfilteranlagen für die Schulen nicht mehr als einen zweistelligen Millionenbetrag kosten. Das Geld könne vom Bund kommen, so Lauterbach. (news4teachers.de vom 03.09.2020)

Schon im Sommer 2020 zeigte sich vielerorts, dass das regelmäßige Lüften durch Fensteröffnung häufig eine erhebliche Lärmbelästigung mit sich bringt. Mit Einzug des Herbst 2020 stellte sich heraus, dass Lüften v. a. wegen der damit einhergehenden Reduktion der Klassenzimmertemperatur wenig zielführend ist. Doch aufgrund Deutschland-weit fehlender Luftreiniger versorgten sich – mit Spendengeldern - einige Schulen mit „Corona-Decken" für frierende Schulkinder – das gab es in Deutschland zuletzt wohl in Kriegszeiten. (ksta.de vom 11.11.2020)

Anfang Dezember 2020 gab Frau Merkel bemerkenswerte „praxisnahe" Tipps. „Man muss sich vielleicht wirklich noch etwas Wärmeres zum Anziehen mitbringen. Vielleicht macht man auch mal eine kleine Kniebeuge oder so oder klatscht in die Hände, damit man ein bisschen warm wird." (ntv.de vom 08.12.2020) Eine kaum Akzeptanz-fördernde Äußerung.

Für Unmut sorgten Mitte Dezember 2020 zwei CSU-Politiker im bayerischen Landtag, mit einem peinlichen Verstoß gegen die Corona-Regeln. Wissenschaftsminister Bernd Sibler und Verkehrsministerin Kerstin Schreyer missachteten in der Gaststätte des Landtags das Abstandsgebot, als sie gemeinsam mit den Abgeordneten Petra Loibl, Harald Kühn und Andreas Jäckel (alle CSU) an einem Tisch zu Mittag aßen. (merkur.de vom 15.09.2020)

<u>Alltagsmaske</u>

Wenige Themen werden in 2020 so heterogen diskutiert wie der Nutzen von Masken:

- Zunächst rieten Angela Merkel und Jens Spahn vom Maskentragen ab. So hat Frau Merkel noch im April 2020 Alltagsmasken als „Virenschleudern" bezeichnet. (augsburger-allgemeine.de vom 15.05.2020) Von einer Pflicht wollten sie erst recht nichts wissen. Inzwischen ist ziemlich klar, dass dieses Verhalten vor allem taktisch motiviert war und der erste Fehler den zweiten bedingte. Weil man nicht vorgesorgt hatte, weil man schlicht keine Masken auf Lager hatte, redete man den Sinn des Maskentragens herunter. (Markus Feldenkirchen in NDR vom 26.04.2020)

- Der Chef der Kassenärztlichen Bundesvereinigung (KBV), Andreas Gassen, hält die Maßnahme für "reine Symbolpolitik. Die Maske vermittele eine trügerische Sicherheit, helfe aber so gut wie gar nicht."

- Der Präsident des Robert-Koch-Instituts, Lothar Wieler, betonte, auch ein selbstgebauter Schutz halte Tröpfchen zurück, wenn man huste und niese.

- Bei Lanz am 22.10.2020 sagte der Präsident der Ärztekammer, Klaus Reinhardt „er sei von Alltagsmasken nicht überzeugt, weil es keine wissenschaftliche Evidenz darüber gibt, dass die tatsächlich hilfreich sind - schon gar nicht im Selbstschutz und wahrscheinlich auch nur ganz wenig im Schutz, andere anzustecken."

- Forschungsgruppen aus Japan kommen in ihren Experimenten zu dem Schluss, dass die Ansteckungsgefahr vor allem dann gesenkt werden kann, wenn die infizierte Person eine Maske trägt. (swr.de vom 28.10.2020)

- Laut dem Mainzer Ökonom Klaus Walde verringert ein Mund-Nasen-Schutz das Infektionsrisiko um rund 45 Prozent. (ntv.de vom 11.12.2020)

- AWK aus Halle differenziert sehr stark nach Maskentyp; danach bietet die einfache Mund-Nasen-Maske lediglich einen eingeschränkten Schutz des Umfelds, nicht aber des Trägers. Einen sicheren Schutz für den Träger und die Personen in der Umgebung bieten nur FFP2 und FFP3-Masken ohne Ausatemventil.

- Ende Januar 2021 wird die FFP2-Maske beim Einkaufen und im öffentlichen Nahverkehr Pflicht – und gerät schon kurz danach in die Kritik. Prof. Streeck weist darauf hin, dass man eine solche Maske maximal 75 Minuten am Stück tragen dürfte, danach mind. 30 Minuten ablegen sollte. Die EU-Gesundheitsbehörde sieht mit dieser Maske kaum einen Mehrwert. (zeit.de vom 03.02.2021)

- Laut einer Studie der Deutschen Bahn und des Deutschen Zentrums für Luft- und Raumfahrt ist das Tragen einer Mund-Nasen-Bedeckung während einer Zugfahrt eine wirksame Möglichkeit, die Verbreitung von Tröpfchen und Aerosolen zu begrenzen. (ntv.de vom 16.12.2020)

Überzeugend für die Bürger ist diese Meinungsvielfalt kaum.

Die Maske scheint aber auch seitens der Politiker nicht immer „regelkonform" getragen zu werden. Der Hohenloher CDU-

Landtagsabgeordnete Arnulf von Eyb soll mit Landtagspräsidentin Muhterem Aras (Bündnis 90/Die Grünen) und ihrem Büroleiter Martin Ruoff in der Kantine des Stuttgarter Landtags zu nahe beieinandergesessen und dabei die geltenden Corona-Regeln missachtet haben. Ein entsprechendes Foto wurde von mehreren Medien veröffentlicht. (stimme.de vom 20.12.2020)

Im Frühjahr 2020 bestellte dann Gesundheitsminister Jens Spahn in einem sogenannten Open-House-Verfahren Masken für mehr als eine Milliarde Euro. Dabei wurden 738 Zuschläge an Firmen erteilt, denen ein Abnahmepreis von 4,50 Euro netto je Maske der Schutzklasse FFP2 bei Lieferung zu einem fixen Termin garantiert wurde. Insgesamt bestellte Spahns Ministerium auf diesem Weg mehr als 200 Millionen FFP2-Masken und mehr als 60 Millionen einfachere OP-Masken. Bei der Abwicklung stellte das Ministerium allerdings fest, dass bei einigen Lieferungen die Qualität nicht stimmte und die Masken nicht zu gebrauchen waren. Daher beauftragte der Bund den TÜV mit einer Kontrolle der Masken und holte sich zur Unterstützung die den Wirtschaftsprüfer EY ins Haus. Dabei wurde auch klar, dass der im Open-House-Verfahren zugesagte Preis von 4,50 Euro je FFP2-Maske viel zu hoch war. Einige Lieferanten vermuten daher, dass der Bund Qualitätsmängel teils nur vorschiebe, weil er die für ihn nachteiligen Verträge nicht erfüllen wolle. Aus diesem Grund weigere sich das Ministerium auch, ihnen Einsicht in die Prüfberichte des TÜV zu geben, heißt es in Kreisen der Lieferanten. (capital.de vom 14.07.2020) Mittlerweile sind 82 Klagen gegen das Gesundheitsministerium wegen Zahlungsrückstand anhängig.

Letztlich verteilt die Bundesregierung die 400 Millionen FFP2-Schutzmasken an den Bund für je 6,25 Euro. Von einem seriösen deutschen Hersteller aus Oberottmarshausen werden FFP2-Masken in unterschiedlichen Ausführungen bei Abnahme von 10.000 Stück zu Preisen von ca. 0,60 bis 0,70 €/Stück angeboten. Die Apotheken werden pro Maske mit sechs Euro vergütet. Alternativ hätte man die Masken – statt Coupons – auch direkt versenden … und rund zwei Mrd. Euro einsparen können. Für Apotheker Müller aus Obernkirchen die die Vergütung der Apotheken völlig unangemessen und ein Skandal. (ksta.de vom 04.02.2021)

Am 04.12.2020 gibt Jens Spahn bekannt, dass

- den 33.000 Pflegeeinrichtungen in den nächsten Tagen 90.000 Pakete mit 290 Millionen der hochwertigen FFP-2-Masken zum Schutz besonders gefährdeter Menschen vor dem Corona-Virus aus Bundesbeständen zugestellt werden und

- die über 60-Jährigen (insgesamt 23,7 Millionen Bürger) kostenlos 27 Millionen FFP2 erhalten sollen.

Beides sind sicherlich hilfreiche Maßnahmen, nur warum erst im Dezember 2020?

Allerdings haperte es bei der Verteilung an vielen Stellen:

- Es gab nicht sofort Masken für alle Älteren – es begann ab dem 15.12.2020 mit den über 75-Jährigen, dann die Ü70 etc., die dann die Masken in den Apotheken gegen Vorlage ihres Personalausweises und Vorlage eines fälschungssicheren Coupons abholen sollten. Doch auch hier kommt es zum Chaos. Einerseits, weil viele Apotheken kaum informiert und so vorbereitet waren, andererseits, weil kerngesunde, jüngere Menschen Gutscheine erhielten (wie der 54-jährige Markus Söder), während gefährdete Bürger verzweifelt vergeblich warteten. Der Wahnsinn um die kostenlosen Gutscheine bringt Millionen Bürger um den Verstand. (rtl.de vom 31.01.2021)

- Jeder Ältere sollte zunächst drei Masken erhalten, weitere im Februar 2020; da eine FFP2-Maske aber maximal nur vier Stunden getragen werden soll, reicht diese Zuteilung für „zwölf Mal Einkaufen". Die ersten drei Masken waren kostenlos, für die zwei Sechserpacks fallen jeweils zwei Euro Selbstbeteiligung an. Bei den Discountern werden Ende Januar 2021 die FFP2-Masken zu 0,99 € pro Stück angeboten.

Allerdings gibt es aber trotz „Prüfung" (siehe oben) eine ungeklärte Anzahl minderwertiger Masken. Eine Kinderärztin aus Leichlingen erhielt in der ersten Dezemberwoche 2020 800 FFP2-Masken, von denen keine CE zertifiziert war. Damit wurden Fernsehberichte bestätigt, wo auf Qualitätsmängel chinesischer Masken hingewiesen wurde. Auf der Internetseite der Bundesanstalt für Arbeitsschutz und Arbeitsmedizin werden seitenweise ähnliche Produkte als" gefährlich" eingestuft. (ksta.de vom 09.12.2020)

Doch die FFP2-Maskenverteilung ist ein Synonym der verpassten Chancen, in dem vor allem Spahn es unterließ, sich auf das Fiasko vorzubereiten, das Deutschland jetzt bevorstehen könnte. Der Ratschlag, vorausschauend zu planen, wurde von ihm wie auch von anderen Ressorts vernachlässigt, denn für sehr viele Pflege- und Altenheimbewohner werden diese viel zu spät kommen, obwohl die Bundesregierung sie seit Sommer millionenfach auf Lager hat. (tagesspiegel.de vom 16.12.2020)

Eine mittlerweile oft verhängte generelle Maskenpflicht in weiten Teilen von Innenstädten könnte aber auch bald fallen. Das Stuttgarter Verwaltungsgericht hat in einem Eilverfahren diese Pflicht für rechtswidrig erklärt. Die Stadt hätte in der Allgemeinverfügung auch Ausnahmen definieren müssen, für den Fall, dass der Mindestabstand von 1,5 Metern gut eingehalten werden könne, teilte das Gericht mit. Darüber hinaus gebe es keine zeitlichen Einschränkungen der Maskenpflicht. Fraglich sei auch, ob die Stadt die Verfügung hätte erlassen dürfen oder dafür das Gesundheitsamt zuständig sei. Zwei Bürger hatten somit erfolgreich beim Gericht Widerspruch eingelegt. Allerdings gilt die Entscheidung im Eilverfahren vom 4. Dezember erst einmal nur für die beiden Bürger, die geklagt hatten, sagte ein Gerichtssprecher. (stuttgarter-zeitung vom 08.12.2020)

Ab dem 25.01.2021 wird die Maskenpflicht in Deutschland, wie immer unterschiedlich von Bundesland zu Bundesland, verschärft. In bestimmten öffentlichen Bereichen reicht das Tragen eines Mund-Nasen-Schutzes aus Stoff nicht mehr aus, es müssen medizinische Masken sein wie OP-Masken oder solche nach FFP2- oder KN95-Standard.

Etwas skurril mutet Anfang Februar 2021 (rnd.de vom 09.02.2021) der Vorschlag des Verteidigungsministeriums an, dass zukünftig im Auto zwei Maulkörbe mitzuführen sind – eine Begründung ist noch unbekannt.

2.2.3.2.4. Lockdown

Ein erster (harter) Lockdown wurde aufgrund steigender Infektionszahlen in Deutschland am 22.03.2020 beschlossen, u. a. wurde ein Mindestabstand im öffentlichen Raum von mindestens 1,50 Metern eingeführt, und der Aufenthalt im öffentlichen Raum war nur allein oder mit einer weiteren Person des eigenen Hausstands gestattet. Gastronomie und zahlreiche weitere Dienstleistungsbetriebe wurden geschlossen. Am 15. April und 6. Mai beschlossen die Bundeskanzlerin und die Regierungschefs der Länder eine allmähliche Öffnung des öffentlichen Lebens.

Als Im Herbst 2020 fast erwartungsgemäß die Infektionen wieder anstiegen, wurde am 28.10.20 ein „Lockdown light“ (Teil-Lockdown) beschlossen. Ab dem 2. November sollten soziale Kontakte auf zwei Haushalte begrenzt werden, die Gastronomie- und Tourismusbranche müssen ab diesem Zeitpunkt schließen, ebenso Kultureinrichtungen. Schulen, Handel und Wirtschaft sollen dagegen am Laufen gehalten werden.

Für die Virologin Brinkmann wurde über diesen Lockdown zwei Wochen zu lange diskutiert und damit verzögert eingeführt, was letztlich 30.000 Menschen das Leben gekostet habe. (focus.de vom 04.02.2021)

Am 25.11.20 beschließen Bund und Länder, den zunächst bis Ende November geltenden Teil-Lockdown zu verlängern und zu verschärfen. Auch gibt es Empfehlungen für Weihnachten und Silvester.

Schon einen Tag später kritisiert der Fraktionsvorsitzende der CDU/CSU im Bundestag das Procedere: „Dieses Scheibchen-weise-immer-noch-einen-Draufsetzen zermürbt uns doch alle!" Das ändert aber nichts. Kanzleramtsminister Helge Braun (eigentlich von Berufs wegen ein Fachmann für Narkose) spricht schon plötzlich davon, dass Deutschland noch bis März im Lockdown bleiben werde und Frau Merkel verkündet am 02.12.2020, also sieben Tage nach der letzten Verlängerung, dass der Teil-Lockdown bis zum 10.01.2021 verlängert wird. Was sich in den sieben Tagen verändert hat, bleibt wahrscheinlich ein Geheimnis – die „Zahlen" waren es jedenfalls nicht.

Und der SPD-Gesundheitsexperte Carl Lauterbach sieht schon „Silvester könnte eine dritte Welle einleiten. Nötig seien jetzt die Schließung der Geschäfte und ein Verbot von Silvesterfeiern. Sonst haben wir Ende Januar noch einmal zusätzliche 25.000 Tote." (tagesspiegel.de vom 07.12.2020) – zwischen an oder mit Corona differenziert Herr Lauterbach nicht. Es sei angemerkt, dass in Deutschland im Durchschnitt der letzten Jahre täglich 2.500 Menschen sterben.

Jedenfalls geht der Lockdown-Light zunächst maximal eine „Seitwärtsbewegung der Zahlen" (konstant rund 20.000 Neuinfektionen und 500 an oder mit Corona Verstorbene pro Trag) einher. Mitte der ersten Dezemberwoche 2020 steigen sogar die Zahlen und die Ministerpräsidenten sprechen (Laschet), kündigen an (Müller) oder verhängen sofort verschärfte Maßnahmen (Söder). Es kommt der Eindruck auf, dass manche Ministerpräsidenten nicht als erstes reagieren, sondern lieber nachziehen wollen. Andererseits ist es kaum nachvollziehbar, auch für den Journalisten Heiner Bremer bei Lanz am 10.12.2020, dass zwar „das Haus brennt", aber meist Maßnahmen nicht sofort umgesetzt werden.

Der Teil-Lockdown war angekündigt als Gegenleistung für ein harmonisches und halbwegs normales Weihnachten. Noch im November versprach Frau Merkel „mehr Freiheiten an Weihnachten". Umso größer ist nun die Enttäuschung, dass die Rechnung nicht aufgeht - obwohl dies von Anfang an klar war und auch so deutlich hätte kommuniziert werden müssen. (ntv.de vom 11.12.2020)

Und so kam es anders: am 13.12.2020 wurde ein „<u>zweiter harter Lockdown</u>" ab dem 16.12.2020 beschlossen. Besondere Aufmerksamkeit verdient die mit dem „harten Lockdown" verbundene Schließung des Einzelhandels (mit Ausnahme der Versorgung des Tagesbedarfs). Noch im September 2020 hatte Bundesgesundheitsminister Spahn zufolge ausgeführt, dass man „mit dem Wissen heute …. keinen Einzelhandel mehr schließen würde" - das werde nicht noch einmal passieren. Glaubwürdigkeitsfördernd ist das nicht.

Und das der „harte Lockdown" am 10.01.2021 enden würde, davon geht um die Jahreswende kaum einer aus, auch nicht Herr Helge Braun: „Solange man sich in der Winterphase befinde und nicht genügend Impfstoffe für alle verfügbar seien, werden wir noch schwierige Tage erleben". (tagesspiegel.de vom 14.12.2020)

Letztlich werden aber erneut „generelle Maßnahmen" umgesetzt, statt gezielt auf die beiden Pandemie-Kerntreiber zu zielen, also Alten-/Pflegeheime und private Haushalte. Das mehr oder minder ausgeprägte Schließen von Schulen (drei Viertel der Grundschüler sowie die Kita-Kinder sind in Notbetreuung), die Ausweitung von Homeoffice und Ausgangssperren führen aber wahrscheinlich eher zu steigendem Infektionsgeschehen in den privaten Haushalten, unabhängig davon, dass die meisten Haushalte auf eine häusliche Ausgestaltung kaum eingerichtet sind. Unter anderem scheint auch vielerorts das Internet in Miethäusern zusammenzubrechen, da es für diese erhöhte Belastung nicht ausgelegt ist. (Middelhoff in Lanz vom 10.12.2020)

Kern-Ziel des harten Lockdowns mit Beginn zum 16.12.2020 sollte sein, die 7-Tage-Inzidenz unter 50 drücken - auch wenn das länger als bis zum 10.01.2021 dauert. Der 10. Januar ist nur der Tatsache geschuldet, dass das neue Infektionsschutzgesetz Maßnahmen grundsätzlich auf vier Wochen begrenzt. Danach müssen die Regierenden eine mögliche Fortsetzung erneut ihren Parlamenten begründen.

Einher mit der Verkündung des harten Lockdowns zum 16.12.2020 geht auch eine Diskussion, wie es zu solchen Beschlüssen kommt. Weniger als eine Stunde hatten Angela Merkel und die Länderchefs am 13.12.2020 gebraucht, um den zweiten harten Lockdown zu beschließen. Gibt es jetzt nur noch Politik per Ansage? Leben wir in einer Verkündungsdemokratie? Corona-Demonstranten behaupten, Deutschland sei eine Gesundheitsdiktatur, in der Bundeskanzlerin Angela Merkel ihr Volk mit Maßnahmen knechtet, die sie unter Missachtung der Gewaltenteilung und ohne parlamentarische Kontrolle durchdrückt. Sie sehen sich als Verfechter der Freiheit – und letzte Retter einer bröckelnden Demokratie. Aber auch jenseits von Verschwörungstheorien und Querdenkerei regt sich Unmut über die Art und Weise, wie seit dem Ausbruch der Corona-

Krise in Deutschland regiert wird. Mit am deutlichsten wurde im Herbst der SPD-Rechtsexperte Florian Post: „Seit fast einem Dreivierteljahr erlässt die Regierung in Bund, Ländern und Kommunen Verordnungen, die in einer noch nie dagewesenen Art und Weise im Nachkriegsdeutschland die Freiheiten der Menschen beschränken, ohne dass auch nur einmal ein gewähltes Parlament darüber abgestimmt hat." (focus.de vom 15.12.2020)

Ab Mitte Januar 2020 gehen die Zahlen auch leicht zurück. Also alles auf dem richtigen Weg, könnte man annehmen. Trotzdem wird der Lockdown wieder verlängert, erst bis zum 24.01.2021, dann, noch mal leicht verschärft (u. a. müssen nun FFP2-Masken getragen werden), bis zum 14.02.2021. Und Kanzlerin Angela Merkel (CDU) mahnt weiterhin eindringlich und will den Mega-Lockdown sogar noch einmal verschärfen (wa.de vom 29.01.2021), jetzt getrieben von der britischen und südafrikanischen Mutation. Kaum überraschend wird der Lockdown am 10.02.2021 bis zum 07.03.2021 verlängert, wobei Friseure ab dem 01.01.2021 (mancher meint, um die zuletzt hier verstärkte Schwarzarbeit zu unterbinden) und Kitas sowie Schulen nach Entscheidung der jeweiligen Ministerpräsidenten öffnen können. Bild-Zeitung-Chefredakteur Julian Reichelt fragt „Wie können wir unseren Haaren mehr Aufmerksamkeit schenken als unseren Kindern?" (bild.de vom 14.02.2021)

Doch auch der anhaltende Lockdown für den Einzelhandel und die Gastronomie ist nicht jedem verständlich. „Die meisten Länder Europas hingegen haben sich für weniger strikte Regelungen entschieden – obwohl manche sogar schlechtere Inzidenzwerte haben. Offenbar funktioniert dieser Weg." (welt.de vom 16.02.2021)

Größere Beachtung findet aber die Tatsache, dass „Öffnungen" nun aber erst bei Inzidenzwerten unter 35 möglich sein sollen

– „35 ist das neue 50" lauten entsprechende Kommentare, verbunden mit der Frage, ob dies wohl „das letzte Wort" sei. Dies kommentiert die NZZ am 15.02.2021 wie folgt: „Indem die Politik die Kriterien für eine Rückkehr zur Normalität ständig ändert, zerstört sie Vertrauen und erntet Illoyalität."

Für Infektiologe Prof. Schrappe „ist die Problematik beim Lockdown, dass man damit die Zahlen zwar schönen kann. Aber was macht man, wenn man wieder aufhören will? Die Logik dieses Instruments ist, dass man es immer weiter anwenden muss. Denn sonst werden die Zahlen ja wieder schlechter. Ich fürchte daher, es wird zu einer Betonierung dieses inadequaten Instruments „Lockdown" kommen." Und weiter: „Frau Merkel hat sich in einen Tunnel vergraben. In der Risikoforschung nennt man das Kuba-Syndrom, wenn sich eine Führungsgruppe nur mit Menschen umgibt, die alle der gleichen Meinung sind. Dann gibt es nur die dauerhafte Fortsetzung von Fehlern." (focus.de vom 15.02.2021)

Schon in den Folgetagen der Verkündung der Lockdown-Verlängerung gibt es mehrere Ministerpräsidenten, die einen Osterurlaub (sieben Wochen später) nicht „sehen". Dagegen boomt schon jetzt der Tourismus in China. „Millionen reisen durch die bekanntesten chinesischen Städte und feiern das gerade stattfindende Osterfest." (bild.de vom 16.02.2021)

Völliges Unverständnis löst eine Nachricht aus dem Saarland aus, wo ab 16.02.2021 Produkte des nicht täglichen Bedarfs nicht mehr beworben werden dürfen. Damit möchte man verhindern, dass Konsumenten extra zum Laden gehen, um die beworbenen Produkte zu kaufen.

In diesem Zusammenhang ließe sich viel über Verbotskultur, eine neuerdings beinahe pandemische Freiheitsfeindlichkeit und die maximal invasiven politischen Gepflogenheiten der Staatsinterventionisten philosophieren. Andererseits genügt in diesem Fall aber auch eine kurze Besinnung auf den gesunden

Menschenverstand, um ohne allzu angestrengtes Nachdenken festzustellen, dass «gut gemeint» das Gegenteil von «gut» ist: Ein solches Verbot ist ausgemachter Humbug. Die Kundschaften von Discountern kaufen nicht in deren Märkten ein, weil es dort Pappnasen im Zehnerpack für den fröhlichen Lockdown-Karneval mit der Kernfamilie gibt. Sie fahren – mit oder ohne Werbung – zu Aldi, Lidl oder Penny, weil sie günstige Lebensmittel erwerben wollen. Die nicht für den täglichen Gebrauch nötige Aktionsware findet vor allem nebenbei ihre Abnehmer. Pandemisch bedenkliche Völkerwanderungen löst sie nicht aus.

Worüber es sich in Saarbrücken dagegen tatsächlich intensiver nachzudenken lohnte, ist etwas anderes: die Distanz von der saarländischen Landesgrenze nach Metz ist um ein Vielfaches kürzer als jene vom gesunden Menschenverstand zum Werbeverbot. Dort, im französischen Département Moselle, bewegt sich die Sieben-Tage-Inzidenz derzeit um einen Wert von etwa 300 Fällen auf 100.000 Einwohner. Und vor allem: die französischen Behörden haben jüngst Alarm geschlagen, weil sie Hunderte von Fällen der hochansteckenden südafrikanischen und brasilianischen Mutationen festgestellt haben. Im Saarland wären also nicht nur Einreisekontrollen und ein Verbot von Einkaufsfahrten nach Frankreich eher angezeigt als ein Werbeverbot. Die Landesregierung müsste im Gegenteil sogar hoffen, dass die Discounter so viel Aktionen machen und Reklame schalten, dass niemand mehr über die Grenze fährt, um sich dort mit «Waren des nichttäglichen Bedarfs» einzudecken. Denn einen Lockdown im Département Moselle gab es bis zum Wochenende nicht. Die Geschäfte waren offen. (nzz.ch vom 13.02.2021)

Auf der politischen Ebene ist ein solches Handeln bedenklich. Im besten Fall zeigen sich hier bürokratische Scheuklappen. Man ist nur noch auf das eine Ziel der Kontaktminimierung aus, verzichtet dabei auf Abwägung von Kosten und Nutzen und merkt nicht mehr, wenn man zu weit geht. (zeit.de vom 13.02.2021)

Auch eine weniger wohlwollende Interpretation ist möglich. Es ist nicht auszuschließen, dass einzelne Politikerinnen und Politiker in den letzten Monaten Gefallen am autoritären Handeln gefunden haben.

Das aber ein harter Lockdown nicht grundsätzlich zielführend ist, zeigt das Beispiel Irland. Hier war der Lockdown noch härter und Anfang 2021 ist der 7-Tage-Inzidenzwert trotzdem wieder auf rund 1.000 nach oben geschnellt.

Aber die Inzidenz von 50 ist nur die halbe Miete - das wissen vermutlich die Verantwortlichen auch nur allzu gut. Allerdings scheuen sie sich zumindest, öffentlich einzugestehen, dass es alles andere als sicher ist, dass die Gesundheitsämter dann tatsächlich Infektionen wieder effektiv nachverfolgen können, denn Anfang Juni 2020 war der Wert unter 5 – was ist damals nachvollzogen worden? Aber wie auch, wenn der Personalmangel in den Gesundheitsämtern immer noch nicht abgestellt wurde und erst seit Anfang 2021 eine neue Software erprobt wird, mit der ein Datenaustausch möglich werden soll. Und eine zweite Welle hat man auch nicht verhindert, konstatiert Frau Wagenknecht in ihrer Wochenschau vom 04.02.2021.

So fährt die deutsche Politik nach eigener Aussage in der Pandemie "auf Sicht". Dabei wäre es dringend geboten, zu wissen, wohin sie fährt. Dass Berlin bei Ausbruch der unbekannten Krankheit spontan einen umfassenden Lockdown anordnete, war legitim und für alle nachvollziehbar. Man wusste nicht genau, womit man es bei COVID-19 wirklich zu tun hatte. Doch spätestens im Sommer, als man das Virus, die Verläufe, die Mortalitäten und Risikogruppen genau kannte, hätte eine Strategie entwickelt werden müssen, wie Deutschland langfristig zu neuer Normalität mit dem Virus finden kann. Doch die blieb aus.

Stattdessen wiederholt sich im Winter die hektische Verbotspolitik. Der kollektive Lockdown ist das gröbste, beinahe mittelalterliche Schwert, das die Politik aus schierer Ratlosigkeit zückt. Während viele asiatische Länder Wege finden, mit digitaler Technik und Zielgruppenschutz eine neue Normalität zu definieren, fällt Deutschland wieder in alte Ausnahmezustände und kollektive Notwehrsituation zurück. Was aber passiert im Februar und März, im Juni und September 2021? Wird bei jeder wieder steigenden Inzidenzzahl abermals ein Lockdown angeordnet? Das Fehlen einer langfristigen Strategie wird von einer breiten gesellschaftlichen Koalition immer lauter angemahnt. (ntv.de vom 16.12.2020)

Der Chef des Kieler Instituts für Weltwirtschaft, Gabriel Felbermayr schreibt am 13.12.2020 in der NZZ: „Seit zehn Monaten grassiert die Pandemie, seit zehn Monaten debattieren deutsche Politiker über Maßnahmen dagegen. Effiziente Prävention blieb dabei auf der Strecke, die ruhigen Monate im Sommer nicht genutzt …. Auch Innenminister Horst Seehofer ließ mit „Wut im Bauch" wissen, dass es zehn Monate nach Beginn der Pandemie viele Versäumnisse anzuprangern gibt. Noch immer sind die Testkapazitäten in Deutschland nicht ausreichend, die Teststrategie ist erratisch. In den meisten Gesundheitsämtern ist die Nachverfolgung von Kontakten Infizierter nicht oder nicht mehr lückenlos möglich. Die deutsche Corona-App ist womöglich unter Gesichtspunkten des Datenschutzes Weltklasse, für eine effiziente Bekämpfung der Pandemie allerdings so gut wie unbrauchbar. In Alters- und Pflegeheimen kommt es, obwohl diese seit März als Hotspots mit besonders schwerwiegenden Folgen bekannt sind, noch immer zu höchsten Ansteckungsraten. Die Einschränkungen des „Lockdown light" aus dem November wurden in Großstädten wie in ländlichen Regionen bestenfalls lasch kontrolliert.

Wenn es ein Symbolbild für das Versagen der deutschen Politik gibt, dann sind es die Schüler, die mit Mützen, Schals und dicken Jacken bei offenen Fenstern in den Klassenzimmern sitzen müssen, weil eine der weltweit führenden Industrienationen es nicht geschafft hat, den Sommer zu nutzen und einen einigermaßen pandemiegerechten Schulbetrieb sicherzustellen.

Nicht wegen des unterschätzten Virus, sondern wegen dieser Versäumnisse wird neben einer Welle von neuen Infektionen auch eine enorme Welle von Kosten über Deutschland hereinbrechen – menschlich wie wirtschaftlich."

Der Lockdown ist aber unzweifelhaft eine nahezu weltweit angewendete Kernmaßnahme - allerdings mit unterschiedlich ausgeprägter Anwendung. Um sie vergleichen zu können, haben britische Forscher den "Stringency Index" entwickelt. Er verdeutlicht, wo derzeit die härtesten Lockdowns herrschen - und wo es vergleichsweise locker zugeht. Der "Stringency Index" wird auf einer Skala von 0 bis 100 bewertet - wobei 100 einer fast totalen Abriegelung des Landes gleichkommt. Den härtesten Lockdown Europas weist derzeit Irland auf, dessen Maßnahmen mit 88 Punkten bewertet werden. Nach Irland ist der zweithärteste Lockdown derzeit in den Niederlanden in Kraft, der mit 87 Punkten bewertet wird. Aber auch das ebenfalls von der Pandemie schwer getroffene Großbritannien hat einen strengen Lockdown (rund 86 Punkte), dahinter folgt Portugal mit rund 84 Punkten. Und dann kommt bereits Deutschland: Mit einem Wert von rund 83 gilt der Lockdown hierzulande als einer der härtesten in Europa. Dabei ist die Zahl der Neuinfektionen pro 100.000 Einwohner in sieben Tagen (Sieben-Tage-Inzidenz) nur etwa halb so hoch wie der europäische Durchschnitt. (ntv.de vom 17.02.2021)

Frankreichs Staatspräsident ist mittlerweile „sauer auf seine Top-Corona-Wissenschaftler, weil ihm diese nichts empfehlen

würden außer Einschließen, um die Infektionen zu senken."
(bild.de vom 19.02.2021)

2.2.3.2.5. Ausgangs- und Kontaktsperren

In verschiedenen Ländern wurden zur Pandemiebekämpfung vorrübergehende Ausgangssperren verhängt. Diese Maßnahme wurde im Dezember 2020 auch in einzelnen deutschen „Hotspots" angewendet, z. B. im Landkreis Regen, wo dann aber trotzdem der Inzidenzwert auf knapp 600 anstieg, obwohl man die Sperre schon bei einer Inzidenz von 30 verhängt hatte – wirkungsvolle Maßnahmen sehen anders aus. Schon ein Blick in die Oxford-Studie (siehe 2.2.3.1.) hätte genügt.

Anlässlich Silvester wurde in Deutschland auch der Feuerwerksverkauf und das Abbrennen von Feuerwerkskörpern auf öffentlichen Plätzen verboten, vorrangig, um die Krankenhäuser nicht mit entsprechenden Unfällen zu belasten. Die NZZ kommentiert die Maßnahme mit „Wollte man die Spitäler wirklich entlasten, müsste man den Alkoholverkauf verbieten."
(nzz.ch vom 31.12.2020)

Im Zuge der Lockdown-Verlängerungen haben einzelne Bundesländer für Landkreise oder kreisfreie Städte, in der die Sieben-Tage-Inzidenz 200 Corona-Fälle pro 100.000 Einwohner übersteigt, Ausflüge auf maximal 15 Kilometer von den Außengrenzen seiner Wohnortgemeinde begrenzt – doch einmal mehr wurde ein Regierungsbeschluss gerichtlich gekippt, so zum Beispiel vom Bayrischen Verwaltungsgerichtshof. "Für die Betroffenen sei der räumliche Geltungsbereich des Verbots touristischer Tagesausflüge über einen Umkreis von 15 km um die Wohnortgemeinde hinaus nicht hinreichend erkennbar", lautete die Begründung. (behörden-spiegel.de vom 27.01.2021)

Ordnungsgelder bei Zuwiderhandlung werden in der Höhe, schon fast selbstredend, je nach Bundesland unterschiedlich verhängt, zeigen aber teilweise skurrile Züge auf. Während ein Erzieher, der einen Jungen seit seinem 12. Lebensjahr 30-mal missbraucht hatte, von einem Berliner Amtsgericht zu einer Geldstrafe von 1.000 Euro und zwei Jahre Haft auf Bewährung erhält (bild.de vom 18.01.2018), soll eine Altenpflegerin, die eine halbe Stunde zu früh zur Arbeit gegangen ist, 340 Euro Strafe zahlen.

Zum 16. Dezember 2020 wurden seitens der Bundesregierung Kontakteinschränkungen eingeführt. Private Zusammenkünfte sind danach grundsätzlich nur im Kreis der Angehörigen des eigenen Hausstandes und mit maximal einer weiteren nicht im Haushalt lebenden Person erlaubt.

Die Kontaktbeschränkungen im privaten Bereich stehen für die Bild-Zeitung im Widerspruch zu den Grundfreiheiten, die den Bürgern mit Ewigkeitsstatus in den ersten zwanzig Artikel des Grundgesetzes garantiert werden und nicht nach feudaler Regenten-Attitüde und Gusto wieder wie Kamelle im Karneval ausgeteilt werden können. (bild.de vom 04.02.2021) Grundrechte sind keine Privilegien und der Einzelne verschwindet auch in einer Pandemie nicht im Kollektiv. (nzz.ch vom 04.02.2021)

2.2.3.2.6. Grenzschließung

Im Frühjahr 2020 verhängte die Regierung in Wien ein Einreiseverbot für Personen aus Italien, dass am stärksten in Europa von dem Virus betroffene Land. Gesundheitsminister Spahn kritisierte die Grenzschließungen als falsch und auch Frau Merkel sprach sich gegen Schließung der Grenzen aus. (managermagazin.de vom 11.03.2020). Sechs Monate später warnt Frau Merkel bei einem EU-Videogipfel noch einmal vor erneuten Grenzschließungen in Europa. Regierungssprecher Steffen Seibert erklärte im Anschluss „Gerade für Deutschland als Land in der Mitte Europas ist es wichtig, dass die Grenzen offenbleiben, dass es einen funktionierenden Wirtschaftskreislauf gibt

und dass wir gemeinsam die Pandemie bekämpfen." (verkehrs-
rundschau.de vom 30.10.2020).

Zum 30.01.2021 werden dann Einreiseverbote nach Deutschland aus sieben Ländern mit hohen Infektionszahlen und Virus-
Mutatation beschlossen – eine nicht unbedingt nachvollzieh-
bare Kehrtwende, denn hohe Fallzahlen habe es auch bei der
ersten „Welle" und Viren mutieren grundsätzlich. Das heißt aber
nicht, dass Grenzschließung falsch ist (siehe u. a. Australien
und Neuseeland), vor allem, wenn man Mobilität einschränken
will, sondern nun knapp ein Jahr zu spät angeordnet wird.

Zum 14.02.2021 werden dann zusätzlich stationäre Grenzkon-
trollen zu Tschechien und Tirol eingeführt. Wie erwartet kommt
es zum Chaos – am zwei Tage nach Beginn der Kontrollen hat
sich keinerlei Entspannung eingestellt. „LKW-Fahrer frieren
stundenlang in der Schlange". (bild.de am 16.02.2021) Nur das
ZDF scheint einen anderen Blick zu haben: Güterverkehr rollt
eigentlich ganz gut" lässt man am 16.02.2021 verlautbaren.

2.2.3.2.7. Gesetzesanpassungen (Ergänzung des Infektionsschutzgesetzes)

Im Laufe des Jahres 2020 beschließt die Regierung mehrfach
Gesetzesänderungen zum Infektionsschutzgesetz, u. a. um
„gerichtliche Aufhebungen" von Maßnahmen zu vermeiden. Zunächst werden am 27.03.2020 mit Wirkung vom 23.05.2020
umfangreiche Änderungen der Allgemeinverfügung zur Eindämmung der Weiterverbreitung von COVID-19 vorgenommen. Am 9.06.2020 wird mit Wirkung zum 30.03.2020 „§ 56 Änderung der Entschädigung" geändert und am 18.11.2020 mit
Wirkung zum 19.11.2020, v. a. § 28a eingeführt, der eine Legi-
timierung besonderer Schutzmaßnahmen zur Verhinderung
der Verbreitung von COVID-19 darstellt. Gerade letztere Änderung wird von verschiedenen Seiten als „Maßnahmen-Freifahrt-
schein" kritisch gewürdigt.

Am 09.02.02021 einigen sich CDU/CSU, SPD, Linke, Grüne und FDP auf ein neues Wahlrecht, wonach auch für eine Bundestagswahl eine reine Briefwahl möglich würde, zum Beispiel im Zuge einer Pandemie. Problematisch ist das deshalb, weil Briefwahlen in der Vergangenheit immer wieder Opfer von Manipulationen waren. (http://rupp.de/briefwahl_einspruch/briefwahl_wahlbetrug.html)

2.2.3.2.8 Impfen

Seitens der Regierung wird im Herbst 2020 den Bürgern Hoffnung gegeben, dass alsbald ein bzw. mehrere Impfstoffe zur Verfügung stehen. "Man muss ja sagen, dass die Nachrichten der letzten Tage bezüglich der Entwicklung eines Impfstoffes sehr zuversichtlich stimmen.", sagte Frau Merkel am 19.11.20 nach einem EU-Videogipfel.

Überraschend waren die genannten hohen Wirkungsgrade der kurz vor Zulassung stehenden Corona-Impfstoffe von über 90 Prozent, v. a. in Anbetracht der kurzen Entwicklungszeit, denn normalerweise dauert es zwölf Jahre, bis ein Impfstoff gefunden wird, nur jede zwanzigste erforschte Substanz erweist sich als wirksam. (faz.de vom 07.12.2020) Selbst nach jahrzehntelanger Erfahrung haben Influenza-Impfungen im Durchschnitt nur eine 50 Prozent-Wirksamkeit. In der vorletzten, besonders schweren Grippesaison 2017/18 mit geschätzten 25.100 Todesfällen durch Influenza, lag die Wirksamkeit der Influenzavakzine sogar nur bei 15 Prozent, ein Jahr später 21 Prozent. (pharmazeutische-zeitung.de vom 8.10.2019) Professor Wolf-Dieter Ludwig, der Vorsitzende der Arzneimittelkommission der deutschen Ärzteschaft fragt „Ist dieser COVID-Impfstoff wirklich ausreichend gut geprüft worden, sodass wir dann auch diejenigen, die sich jetzt impfen lassen, so informieren, dass sie eine selbstbestimmte Entscheidung treffen und überzeugt sind, dass es die richtige Maßnahme für sie ist?" (zdf.de vom 19.02.2020)

Nicht unerwähnt sollte das „Impfstoff-Geschäftspotential" bleiben. Beobachter schätzen den jährlichen Umsatz mit Impfstoffen auf der Welt auf rund 28 Mrd. Euro für 2019 (faz.de vom 07.12.2020) – mit massiven Steigerungen für 2020 und die Folgejahre. Experten von Bernstein Research etwa kalkulieren den Umsatz allein für die erste Impfwelle auf 20 Milliarden Dollar. Für die nächsten Jahre sieht Evercore ISI sogar ein Volumen von insgesamt 100 Milliarden Dollar Umsatz. (handelsblatt.de vom 19.08.2020)

In Anbetracht der kurzen Entwicklungszeit aller Impfstoffe, ist über die Nebenwirkungen noch nicht viel bekannt. In der Frankfurter Rundschau vom 18.12.2020 wurde unter der Überschrift „Ohne Nebenwirkungen keine Corona-Impfung" eine Testperson zitiert: „Mein Arm auf der Seite, wo ich die Spritze bekommen hatte, fing schnell an zu schmerzen, viel stärker als beim ersten Mal. Am Ende des Tages fühlte ich mich benommen, mir war übel, ich fror und hatte furchtbare Kopfschmerzen. Ich ging früh zu Bett und bin sofort eingeschlafen. Gegen Mitternacht wachte ich auf und es ging mir schlechter. Ich fühlte mich fiebrig, mir war schlecht und schwindelig, ich hatte Schüttelfrost und so starke Muskelschmerzen, dass ich meinen Arm nicht mehr heben konnte. Meine Temperatur betrug 37,4 Grad." Am nächsten Morgen war das Fieber auf 40,5 Grad gestiegen. Mit Angst meldete sich die Person bei der zuständigen Anlaufstelle. Dort sagte ihr eine Schwester, dass viele Leute solche Reaktionen nach der zweiten Spritze zeigten. Im Laufe des Tages sank dann das Fieber, alle Symptome verschwanden, bis auf eine Beule am Arm, wo die Spritze angesetzt wurde. Von ähnlichen Erfahrungen erzählen auch andere Probandinnen und Probanden. Gleichwohl sind sie weder ungewöhnlich noch gefährlich, sondern vielmehr ein Zeichen, dass das Immunsystem reagiert, was ja erwünscht ist – aber geht es immer so aus?

Daten aus der Zulassungsstudie zum Biontech/Pfizer-Impfstoff BNT162b2 mit mehr als 43.000 Probanden führen aus: Systemische Nebenwirkungen wurden häufiger von jüngeren Probanden (16 bis 55 Jahre) als von älteren (über 55 Jahre) gemeldet und solche Wirkungen traten häufiger nach der zweiten Dosis als nach der ersten Dosis auf. Hier klagten die Probanden am häufigsten über Müdigkeit und Kopfschmerzen (59 beziehungsweise 52 Prozent nach der zweiten Dosis bei jüngeren Probanden, 51 und 39 Prozent bei älteren Empfängern). Fieber (Temperatur ≥ 38 °C) wurde nach der zweiten Dosis von 16 Prozent der jüngeren Probanden und von 11 Prozent der älteren Probanden berichtet. (pharmazeutische-zeitung.de vom 11.12.2020)

2.2.3.2.8.1. Einkauf und Verteilung

Mehr und mehr stellt sich heraus, dass die Impfbestellung „suboptimal" abgelaufen ist. Nachdem erst Herr Spahn sich um die Bestellung kümmerte, wurde der Vorgang später auf Wunsch von Frau Merkel auf die EU – mit immerhin 32.000 Beamten nicht gerade knapp besetzt - übertragen. Die EU mit 446 Millionen Bürgern hat dann bei Moderna und Biontech/Pfizer insgesamt 280 Millionen Impfdosen bestellt, zusätzlich 180 Millionen optional gesichert, womit maximal 51 Prozent der Bevölkerung geimpft werden könnte. Die USA mit 328 Millionen Bürgern haben 1.100 Millionen Impfdosen gesichert, könnten also sogar 550 Millionen Menschen impfen. Dabei hätte die EU mehr bestellen können, lehnte dies aber preislich-bedingt ab. Letztlich bestellte die EU zwar genug Impfstoff, nur mit nicht ausreichend verbindlich Lieferterminen:

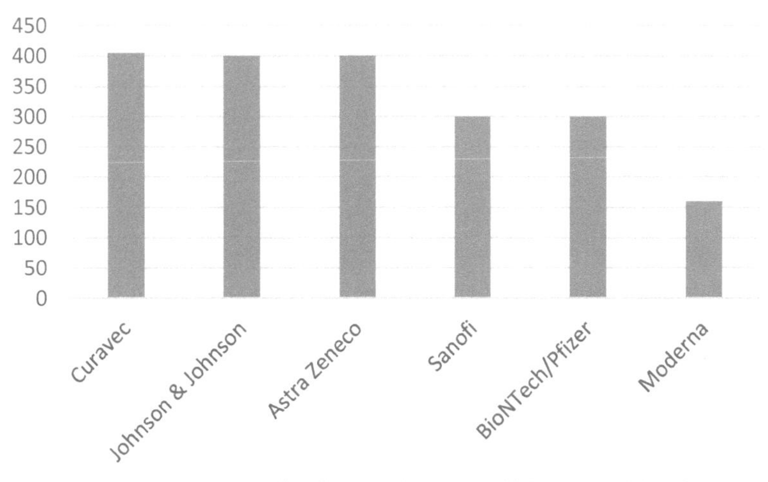

Abb. 10: EU-Impfstoffbestellungen (Stand Februar 2021, DW)

Allerdings wäre es der Bundesregierung auch möglich gewesen, bilateral zu EU Impfdosen zu sichern, was aber nicht geschah.

Im Zuge der diesbezüglichen Diskussion stellt sich heraus, dass andere Staaten nicht nur früher bestellt, sondern auch „mehr" bezahlt haben, u. a. – wie die USA, die zudem den Aufbau neuer Impfstoff-Produktionsstätten mitfinanziert haben. Ein Sparen am Bezug von Impfstoffen ist wenig nachvollziehbar, wenn jeder Lockdown-Tag allein Deutschland eine Milliarde Euro kostet. Selbst aber ein Preis pro Impfdose von 50 Euro (bezahlt wurden maximal 32 Euro) für 83 Millionen Bürger (die sich aber gar nicht alle impfen lassen wollen) hätte acht Milliarden Euro gekostet – ein „überschaubarer Betrag, wenn es um „Leben und Tod geht" und hunderte von Milliarden Euro zur Pandemiebekämpfung ausgegeben werden.

Im Rahmen der Bestellung hätte man auch Klauseln aufnehmen können, wonach der Preis sich nach Zulassungs- und Auslieferungsdatum richtet.

Mitte Dezember 2020 wird berichtet, dass Deutschland eine Lieferung von weiteren 30 Millionen Dosen mit Biontech/Pfizer vereinbart hat (welt.de vom 19.12.2020), Ein Liefertermin wird nicht genannt.

Der Chef der Bild-Zeitung, Julian Reichelt, schreibt am 28.12.2020 unter „Leere Parolen statt voller Impf-Laster": Zum Ende dieses grauenvollen Corona-Jahres blicken wir in gähnend leere Impfstoff-Laster. Sie bringen uns nicht die Hoffnung auf ein besseres Jahr 2021, sondern Mangelwirtschaft und Mangelverwaltung. Wer es wagt, darauf hinzuweisen, dass in den Lkw so gut wie nichts drin ist, wird auf Twitter als Miesmacher der regierungstreuen Blase zum Fraß vorgeworfen. Aber unsere Aufgabe als Journalisten ist auszusprechen, was wir vor unseren Augen sehen: Es ist viel zu wenig Impfstoff in den Lastern. Unsere Bundesregierung kann sich nicht dafür feiern, wofür sie in der Krise zuständig ist – nämlich maximale Produktivität. Also lobpreist sie, was sie uns jetzt abverlangt, weil nicht genug da ist: Solidarität.

Für Sascha Lobo ist die Impfstoffbeschaffung ein Ausdruck des Sparens um jeden Willen. Während Länder wie Kanada schon im Sommer flächendeckend Impfstoffe beschafft haben, hat die EU unter maßgeblicher Mitwirkung Deutschlands gezögert - des Geldes wegen. Man wollte nicht zu früh aufs falsche Pferd setzen und nicht zu viel ausgeben, um bloß nicht in den Ruch der Verschwendung zu geraten. Im FAZ-Interview sagt Bundesgesundheitsminister Spahn den verräterischen Satz: »Aber stellen Sie sich vor, wir wären mit 30 Milliarden eingestiegen und es hätte am Ende nicht geklappt. Dann würden Sie mir jetzt ganz andere Fragen stellen.« Geld spielt keine Rolle, außer es ist zu viel. Was für ein „Offensparungseid". Kann man überhaupt zu einem noch falscheren Zeitpunkt knausern? Wo im Sommer 2020 längst klar war, wie unfassbar teuer in jeder Hinsicht ein Lockdown ist, wo zudem die meisten Fachleute eine zweite Welle prognostizierten?

Mit einer früheren Order hätten die Unternehmen größere Produktionskapazitäten aufbauen können. Airfinity, ein Unternehmen für Wissenschaftsanalyse, hat Zahlen berechnet, die Aufschluss geben über das Spardiktat, das Deutschland im Übrigen schon zur Finanzkrise dem gesamten Kontinent übergestülpt hat. Noch bevor die Wirksamkeit final bewiesen war, hat Großbritannien pro Kopf etwas über 28 Euro für Impfstoffe ausgeben, die USA lagen bei etwas über 27 Euro je Einwohner. Die EU gab pro Kopf 3,98 Euro aus. (spiegel.de vom 03.02.2021)

Doch Frau Merkel meint in der ARD-Sondersendung „Farbe bekennen" zur Impfbestellung der EU: „Also ich glaube, dass im Großen und Ganzen nichts schiefgelaufen ist", was die Bild-Zeitung für einen unglaublichen Satz hielt. (bild.de vom 02.02.2021) Frau Wagenknecht fragt in ihrer Wochenschau vom 04.02.2021, ob das so geplant gewesen sei, dass überall Impfzentren leer stehen bzw. keiner geht, weil der Impfstoff noch nicht da ist.

Für die Bild-Zeitung ist der Impfstoffeinkauf der größte Krimi der EU-Geschichte und stellte so bereits am 06.01.2021 Anträge auf Akteneinsicht. Nach EU-Recht sind Brüssel (wie auch Berlin) zur Auskunft verpflichtet. Doch alle Anträge wurden abgelehnt. Jeder Brief, jeder Vertrag, jede Notiz, jede Zahlwurde als „Vertraulich" eingestuft. Besonders dreist: Die EU-Kommission teilte mit, es gebe „keinen Nachweis für ein überwiegendes öffentliches Interesse". Heißt: Das geht die Bürger nichts an. Jetzt wird Bild klagen. (bild.de vom 02.02.2021)

Der Focus--Kolumnist Jan Fleischhauer zieht für den Impfstoffeinkauf einen Vergleich heran. „Stellen Sie sich vor, Sie hätten einen neuen Anstellungsvertrag geschlossen. Am Ende des ersten Monats ein Blick aufs Konto: Es fehlt das Gehalt. Sie fragen in der Gehaltsbuchhaltung nach. „Sorry", sagt man, „aber schauen Sie doch mal in Ihren Arbeitsvertrag." Sie schauen nach. Dort heißt es: „Wir werden uns bemühen, Herrn/Frau Ypsilon ein Bruttogehalt von 4.300 Euro zu zahlen." Das hatten Sie übersehen. Sie rufen wieder in der Gehaltsbuchhaltung an. „Wir haben uns bemüht", erklärt man Ihnen. „Leider waren wir diesen Monat bei den Gehaltszahlungen nicht so erfolgreich, wie wir uns das vorgenommen hatten. Wir hoffen, dass es nächsten Monat besser aussieht." Klingt lustig, aber so lesen sich die Verträge, die sie in Europa mit Astra-Zeneca geschlossen haben. In der EU-Kommission sehen sie das naturgemäß anders. Dort heißt es, es gebe klare Vereinbarungen. Das würde ich auch sagen, wenn ich feststellen müsste, dass ich bei der Vertragsunterzeichnung nicht aufgepasst habe. Bis die Rechtsanwälte die Sache geklärt haben, benötigen wir keinen Impfstoff mehr. Entweder sind wir dann immun oder schon tot." (focus.de vom 09.02.2021)

Parallel beginnt die deutsche Politik über Zwangsmaßnahmen nachzudenken, zum Beispiel, dass der Staat die Produktion von Impfstoffen anordnen kann. (zeit.de vom 04.02.2021) Dabei hat man anscheinend ausgeblendet, dass wir eine Marktwirtschaft haben und es keinen Engpass geben würde, wenn wir früher mehr (ggf. zu einem höheren Preis) bestellt hätten.

Aber „Berlin" hatte Anfang Januar noch eine weitere Idee, den Mangel an Impfstoff zu lindern, indem man dem medizinischen Personal erlaubt, aus einer Ampulle des Biontech/Pfizer-Impfstoffs nicht fünf, sondern sechs Impfdosen zu ziehen. Im Gesundheitsministerium waren sie begeistert. Auf einen Schlag 20 Prozent mehr Impfstoff. Umgehend wurden die Zulassungsrichtlinien geändert - mit dem Ergebnis, dass es nun nicht 20 Prozent mehr Impfungen gibt, wie erhofft, sondern deutlich weniger. Wie das, werden Sie sich fragen. Nun ja, leider hatte man versäumt, vor der Umstellung in den Vertrag zu schauen, den man mit Pfizer geschlossen hat. Dort steht unter dem Punkt Liefermenge „Impfdosen", nicht „Ampullen". Also liefert der

Konzern entsprechend weniger Gläschen. Pfizer sagt: vertragsgemäß. (focus.de vom 06.02.2021)

Als sich Ende Januar 2021 herausstellt, dass die Impfstoffversorgung „zäh" verläuft, kommt auch eine Diskussion darüber auf, ob der Schutz geistigen Eigentums auf alle COVID-19 relevanten Medikamente und Geräte für die Dauer der Pandemie aufgehoben werden soll. Gut 100 Staaten unterstützen die Initiative – die EU-Staaten sind dagegen (nzz.ch vom 04.02.2021) - so sieht die europäische Solidarität aus.

2.2.3.2.8.2. Impfbereitschaft

Bei der Impfbereitschaft war eigentlich sehr früh Skepsis angebracht. Während Herr Spahn davon ausging, dass sich die allermeisten Bürger eine solche Impfung wünschen, kam eine Umfrage im Auftrag der Barmer aus November 2020 kommt zu dem Ergebnis, dass sich nur 53 Prozent der über 16-Jährigen impfen lassen würden, Tendenz abnehmend. (daz.de vom 30.11.2020)

Im Focus vom 12.12.2020 werden Umfrageergebnisse von Kantar/INSA gruppenspezifisch aufgezeigt:

- nach Geschlecht: Männer sind „impfgeneigter" (57 Prozent der Männer vs. 44 Prozent der Frauen).

- nach Alter: Jüngere zögern eher (die 30-39-Jährigen neigen nur zu einem Drittel zur Impfung, die über 60-Jährigen zur Hälfte, die anderen zu rund 40 Prozent).

- nach Land: Die Franzosen sind am zurückhaltendsten mit 54 Prozent, die Italiener wollen sich zu 78 Prozent definitiv/wahrscheinlich impfen lassen, die Deutschen zu 67 Prozent.

Nach einer Liste, die Frau Merkel am 15.01.2020 (siehe unten) in Händen hielt, rechnete die Regierung zum damaligen Zeitpunkt mit einer Impfbereitschaft von 68 Prozent durch alle Bevölkerungsgruppen, was 45,16 Millionen Bürgern entspricht.

Nach einer RTL/ntv-Umfrage Mitte Dezember 2020 wollen sich 47 Prozent der Bürger so schnell wie möglich impfen lassen, 40 Prozent wollen erst einmal abwarten und 11 Prozent lehnen die Impfung ab. (ntv.de vom 17.12.2020)

Nach einer echo.24-Umfrage vom 17.12.2020 bei rund 200.000 Personen wollen sich 38 Prozent impfen lassen, 38 Prozent nicht und 24 Prozent sind unentschlossen.

Die Frage ist aber dabei auch noch, wann jemand zur Impfung bereit ist, sprich „sofort" oder nach ersten Erfahrungen. Eine eigene Umfrage in der ersten Dezemberhälfte 2020 (zu 55 Prozent Männer, 45 Prozent Frauen, in der Altersspanne 15 – 79 Jahre) kommt zu folgenden Ergebnissen:

- Der Großteil der Befragten (75 Prozent) lässt sich nie gegen Grippe impfen, 18 Prozent dies Jahr zum ersten Mal, 17 Prozent regelmäßig.
- 24 Prozent wollen sich so schnell wie möglich gegen COVID impfen lassen, 38 Prozent wollen erst einmal abwarten und genauso viele wollen sich auf keinen Fall impfen lassen.
- Ehepartner treffen zu nahezu neunzig Prozent die gleiche Corona-Impfentscheidung.
- Nach Altersklassen fällt die Impfneigung (in Prozent) sehr unterschiedlich aus:

Altersklasse	So schnell wie möglich	Erst mal abwarten	Auf keinen Fall
unter 30 Jahre	19	51	30
30 bis 50 Jahre	4	52	64
über 50 Jahre	37	35	28

Abb. 11: Impfneigung nach Alter laut eigener Umfrage in der ersten Dezemberhälfte 2020

Ein Gradmesser für die Impfneigung könnte auch die Angst vor einer Corona-Infektion sein. Nach einer repräsentativen Umfrage aus Juli 2020, veröffentlicht im aerzteblatt.de, haben rund 50 Prozent der Bürger keine oder eher wenig Angst vor einer Infektion, 42 Prozent ja oder eher ja und acht Prozent sind „unentschieden" in ihrer Angst vor einer Infektion.

Laut einer Befragung sinkt aber die Impfbereitschaft gegen COVID-19 stetig und Anfang Dezember 2020 mit 50 Prozent einen neuen Tiefstand erreicht. Das geht aus COVID-19 Snapshot Monitoring-Studie (COSMO) hervor. Auch die Gesundheitsberufe reißen sich noch weniger um eine Impfung. Umgekehrt ist in den vergangenen Wochen die Gruppe derer größer geworden, die eine Ansteckung als „extrem oder eher unwahrscheinlich" bezeichnen – auf zuletzt 41 Prozent. (aerztezeitung.de vom 11.12.20)

Dass die Impfbereitschaft nicht so ausgeprägt ist, wurde auch im Zuge der ersten Impfungen deutlich. So waren in Essen und Mülheim nur 45 Prozent der Mitarbeiter von Pflegeheimen bereit, sich impfen zu lassen (waz.de vom 28.12.2020) und in Berlin-Treptow wurde das Impfzentrum bis 04.01.2020 geschlossen, weil die Nachfrage des Pflegepersonals zu gering war. (tagesspiegel.de vom 29.12.2020)

Anfang Februar 2021 mehren sich die Zweifel an der Wirksamkeit des AstraZeneca-Wirkstoffs. Nach Veröffentlichung einer dies bestätigenden Studie der Johannesburger Witwatersrand-Universität stoppt die südafrikanische Regierung am 08.02.2021 Impfungen mit AstraZeneca.

Nachrichten zu Impffolgen oder begrenzter Wirksamkeit fördern natürlich nicht die Impfbereitschaft, v. a. nicht, wenn der Bürger den Impfstoff nicht wählen kann. Das Gesundheitsministerium begründet dies mit der gerade in der Anfangsphase des Impfens sehr knappen Verfügbarkeit des Impfstoffs. (deutsche-apotheker-zeitung.de vom 26.01.2021). Am 09.02.2021 deutet Herr Spahn aber an, dass, wenn es wesentlich mehr Impfstoff gibt, der Bürger ggf. auch seinen Impfstoff auswählen könnte, (focus.de vom 09.02.2021), was den dann schon Geimpften (vorrangig aus den Risikogruppen) wenig hilft.

Mitte Februar häufen sich die Nachrichten über eine vergleichsweise unterdurchschnitte Wirksamkeit des AstraZeneca-Impfstoffs. Daraufhin sinkt speziell die diesbezügliche Impfbereitschaft in Deutschland. Gerade mal elf Prozent der ausgelieferten Impfdosen von AstraZeneca konnten bisher verabreicht werden. (bild.de vom 18.02.2021)

2.2.3.2.8.3. Reihenfolge der Impfungen

Schon im Nachgang der Verlautbarung entbrennt ein Streit zwischen Politik und Wissenschaft darüber, <u>wer zuerst geimpft werden soll</u>. Frau Merkel erklärte, dass die Impfstoffe zuerst den Menschen angeboten werden, die im medizinischen, pflegerischen Bereich arbeiten, und sie als Erste Zugriff darauf haben." Dagegen warnte Brysch als Vorstand der Deutschen Stiftung für Patientenschutz " davor, dass der Impfstoff doch nicht zunächst für Pflegebedürftige, schwer und chronisch Kranke zur Verfügung steht. "Die Hochrisikogruppe darf ihren ersten Platz nicht verlieren", forderte er. "Deshalb muss der Bundestag unverzüglich eine eindeutige Priorisierung für Personen und Berufe festlegen."

Zudem wies Brysch auf die noch offenen Fragen zur Wirkung der Seren hin. "Die Impfstoffe helfen, die Erkrankung möglichst zu verhindern", sagte er. "Ob ein Serum die Infektion verhindern kann, ist reine Spekulation." Gesundheitsminister Spahn solle nicht den Eindruck verbreiten, dass die Impfungen so vor dem Virus schützen würden, als werde danach ein Schalter im Körper umgelegt.

Am 16.12.2020 wurde ein Foto publik, auf dem Frau Merkel eine Liste in den Händen hielt, wo zwischen 14 Kategorien unterschieden wurde (focus.de vom 16.12.2020):

- Mitarbeiter im Gesundheitswesen: 4,5 Mio. Impfpersonen, Impfbereitschaft 80 Prozent

- Stationäre Krankenhausbehandlung/Pflege: 1,2 Mio. Impfpersonen, Impfbereitschaft 80 Prozent

- Bevölkerung über 80 Jahre: 4,0 Mio. Impfpersonen, Impfbereitschaft 80 Prozent

- Bevölkerung 70 - 79 Jahre: 5,6 Mio. Impfpersonen, Impfbereitschaft 80 Prozent

- Polizei, Soldaten: 0,42 Mio. Impfpersonen, Impfbereitschaft 70 Prozent

- Feuerwehr, THW: 0,98 Mio. Impfpersonen, Impfbereitschaft 70 Prozent

- Bevölkerung 60 - 69 Jahre: 7,35 Mio. Impfpersonen, Impfbereitschaft 70 Prozent

- Vulnerabel unter 60 Jahre: 2,31 Mio. Impfpersonen Impfbereitschaft 70 Prozent

- Lehrer, Hochschullehrer, Kindergärtner: 1,2 Mio. Impfpersonen, Impfbereitschaft 60 Prozent

- Politische Führung, zentrale Verwaltung: 0,3 Mio. Impfpersonen, Impfbereitschaft 60 Prozent

- Verwaltung sonstige: 1,02 Mio. Impfpersonen, Impfbereitschaft 60 Prozent.

- Kundenkontakt Friseure, Einzelhandel: 1,8 Mio. Impfpersonen, Impfbereitschaft 60 Prozent

- Sonstige Bevölkerung über 12 Jahre: 15,5 Mio. Impfpersonen, Impfbereitschaft 50 Prozent

- Alter bis 12 Jahre (keine Zahlen).

Im Januar 2021 wird dann beschlossen (nzz.ch vom
03.02.2021):

- Gruppe I (8,6 Millionen): Über 80-Jährige, Menschen in
  Pflegeheimen, Personal in medizinischen Einrichtungen
  mit engem Kontakt zu vulnerablen Gruppen

- Gruppe 2 (7,0 Millionen): 75-79-Jährige, Menschen mit
  Down-Syndrom, Personen mit geistiger Behinderung

- Gruppe 3 (5,7 Millionen): 70-74-Jährige, Menschen mit
  Vorerkrankung mit hohem Expositionsrisiko, und Perso-
  nen nach Organspenden, enge Kontaktpersonen von
  Personen mit hohem Risiko, Personen mit moderatem
  Expositionsrisiko in medizinischen Einrichtungen

- Gruppe 4 (6,9 Millionen): 65-69 –Jährige, Personen mit
  Vorerkrankungen mit moderat erhöhtem Expositionsrisiko und engste Kontaktpersonen, Personen mit niedrigem Expositionsrisiko in medizinischen Einrichtungen,
  Lehr- und Erziehungspersonal, Menschen prekären Ar-
  beits- und/oder Lebensbedingungen

- Gruppe 5 (8,4 Millionen): 50-64-Jährige, Personen in
  Schlüsselpositionen der Landes- und Bundesregierung.

Einzelhandelsbeschäftigte, Berufsgruppen der kritischen Infrastruktur

- Gruppe 6 (45 Millionen): Rest der Bevölkerung.

Anfang Februar 2021 stellt sich heraus, dass Geschäftsführer, Bürgermeister, Feuerwehrchefs, und andere einflussreiche Personen vielerorts bereits geimpft worden sind, obwohl sie noch nicht dran waren, angeblich, weil vereinzelt Impfdosen übriggeblieben sind. (zeit.de vom 04.02.2021)

„Im großen Stil gegen die vom Bund festgelegte Reihenfolge beim Impfen in der Corona-Pandemie soll in Sachsen verstoßen worden sein. So haben im Landkreis Stendal mehr als 300 Polizisten schon ihre Impfung erhalten, ebenso der Oberbürgermeister von Halle, Bernd Wiegand und zehn seiner Stadträte. Auch der Landrat von Wittenberg, Jürgen Dannenberg, und sein Stellvertreter sollen schon geimpft worden sein - und zwar am 26. Dezember - also vor dem offiziellen Impfstart. (tagesspiegel.de vom 06.02.2021)

Am 08.02.2021 ändert das Gesundheitsministerium die Reihenfolge. Weil das Vakzin von Astra-Zeneca in Deutschland nur für Menschen unter 65 empfohlen wir, bekommen die über 65-Jährigen eines der wirksameren mRNA-Präparate geimpft, während Jüngere ab 18 Jahre den Vektorimpfstoff von Astra-Zeneca bekommen sollen. (ntv.de vom 08.02.2021)

2.2.3.2.8.4. Impfterminvergabe

Mit dem Start der Terminvergaben für die Corona-Schutzimpfung gibt es fast in allen Städte erhebliche Probleme bei der Buchung über die Telefon-Hotline oder das Internetportal. Ein 82-Jähriger aus dem Kreis Mettmann erhält nach mehreren Tagen vergeblichen Versuchens Ende Januar einen Impftermin für Ende März 2021. Eine Frau aus dem Kreis Wesel sieht zwei Wochen lang auf dem Impf-Portal in NRW immer wieder die

Meldung: „Leider ist keine Terminvergabe zurzeit möglich", dann einen Vorschlag für 2031 – bis dahin sei alles ausgebucht. (focus.de vom 04.02.2021)

Die gesundheitspolitische Sprecherin der Unionsfraktion Karin Maag versuchte vergeblich, für ihre 85-jährige Mutter einen Impftermin über den bundesweiten Patientenservice unter der Telefonnummer 116117 zu reservieren. Sie sei auf die gleichnamige Handy-App verwiesen worden. Doch bei der App ist die Terminvergabe noch nicht freigeschaltet. Das Bundesgesundheitsministerium erklärte dazu, dass die Länder für Impfungen und Terminvergabe zuständig seien. Auf 116117.de informiert die Kassenärztliche Bundesvereinigung auch über den Ablauf der angelaufenen Corona-Impfung. "Es ist aktuell noch nicht möglich, Impftermine zu vereinbaren." (ntv.de vom 29.12.2020)

Bürgerinnen und Bürger beschwerten sich zu Tausenden über die Nichterreichbarkeit der Hotline beziehungsweise die mangelnde Funktionsfähigkeit der Internetseite. Auch wenn die alleinige Zuständigkeit beim Land und der jeweiligen Kassenärztlichen Vereinigung liegt, blieben bei den Betroffenen spürbar Unverständnis und Unzufriedenheit gegenüber der jeweiligen Stadtverwaltung haften.

In Niedersachsen warteten zum 03.02.2021 rund 37.000 Senioren, 13.000 mehr als am Tag zuvor auf einen Impftermin. Etwas 11.500 Senioren hatten zu diesem Zeitpunkt einen Impftermin bekommen, 200 mehr als am Tag zuvor. (ntv.de vom 03.02.2021). Dieses „Tempo" würde bedeuteten, dass der Prozess noch das ganze Jahr andauern würde.

Bild.de berichtet am 05.02.2021, dass von den 8,6 Millionen Menschen der Gruppe I in der Hotline nur 4,9 Millionen in die zuständigen Länder weitergeleitet und am Ende nur 1,6 Millionen Telefonate angenommen wurden. „Das Besetztzeichen ist der Sound dieser Tage. Es ist zum Auflegen." (zeit.de vom 09.02.2021)

2.2.3.2.8.5. Impfen

Aber schon vor der ersten Impfung knirscht es in Deutschland: Axel Fischer, Chef der München Klinik, beklagt gegenüber dem "Merkur" etwa die mangelhafte Organisation: "Ich bin schon sehr verwundert darüber, dass bereits am 27. Dezember 2020 in den beiden Münchner Unikliniken geimpft werden sollte, die München Klinik dagegen bis heute noch nicht einmal darüber informiert worden ist, wann wir überhaupt den Impfstoff bekommen." Dabei sei die München Klinik der größte Notfallversorger der Stadt. (focus.de vom 26.12.2020)

Und mit Impfbeginn in Deutschland kommt es immer wieder zu neuen Pannen:

- In sechs Landkreisen Oberfrankens wurde der Start der Corona-Impfungen wegen möglicher <u>Probleme in der Kühlkette</u> für den Impfstoff verschoben. "Beim Auslesen der Temperaturlogger, die in den zentral beschafften Kühlboxen beigelegt wurden, sind Zweifel an der Einhaltung der Kühlkette für den Impfstoff aufgekommen", hieß es in einer Erklärung der Landräte der Kreise Coburg, Lichtenfels, Kronach, Hof, Wunsiedel und Kulmbach. Wann dort wieder geimpft werden kann, stand einem Sprecher des bayerischen Gesundheitsministeriums zufolge nicht fest. (ntv.de vom 27.12.2020). Etwas befremdlich wirken Aussagen in den Folgentagen. Biontech ließ wissen, dass die aufgetretene erhöhte Temperatur (die Lagerung soll bei minus 70 Grad erfolgen, der Transport bei 2 bis 8 Grad) unschädlich sei, die Impfstationen aber der Aussage nicht vertrauen und die Impfdosen zurückstellen. Allerdings wollte das Klinikum in Erlangen die Hälfte der Impfdosen übernehmen, was aber durch ein erneutes Kühlkettenproblem unmöglich wurde – diesmal wurden die Impfdosen durch Einfrieren" unbrauchbar gemacht.

- In einem Pflegeheim in Stralsund kommt es bei der Aufbereitung des Vakzins zu einer Panne: gleich acht Mitarbeiter erhalten die <u>fünffache Dosis</u> - die Hälfte von ihnen ging abschließend vorsorglich im Krankenhaus. (ntv.de vom 29.12.2020)

- In Berlin-Tegel verschiebt sich der Impfstart, hier <u>fehlt der Impfstoff</u>. (tagesspiegel.de vom 29.12.2020) Am 30.12.2020 wird berichtet, dass es erst ab dem 11.01.2021 weitergehen kann (ntv.de vom 30.12.2020); in NRW wird gar wegen Impfstoffmangel das Impfen eine Woche, in Rheinland-Pfalz gar drei Wochen ausgesetzt. (ingenieur.de vom 20.01.2021)

Für Herr Spahn „herrscht etwas föderales Durcheinander" (tagesschau.de vom 29.12.2020), was manchen überraschen dürfte, wo doch so viel Hoffnung auf das Impfen gesetzt wurde.

Am 19.12.2020 wurde berichtet, dass die EMA-Zulassung für den 21.12.2020 erwartet wird, doch zum Impfstart am 27.12.2020 würde nur ein Bruchteil der erwarteten Impfdosen zur Verfügung stehen, in Köln nur ein Zehntel, sprich 1.000. Das reiche für 50 Patienten, allein in den Alten- und Pflegeheimen der Stadt arbeiten aber 2.000 Menschen. Eine zweite Tranche sollte dann im Januar kommen, wann genau, war aber unklar. Die groß angelegten Impfzentren werden so sicherlich nicht benötigt. (ksta.de vom 19.12.2020). Wenn die Stadt Köln mit rund einer Million Einwohnern 1.000 Impfdosen zugeteilt bekommt, bedeutet das für ganz Deutschland rund 80.000 Impfdosen, also 40.000 Risikoträger sich impfen lassen können, was knapp ein Drittel mehr ist, als sich zum gleichen Zeitpunkt täglich neuinfizieren. „Hat die EU bei der Bestellung von Impfdosen geschlafen" fragt der Kölner Stadtanzeiger am 19.12.2020. Und Carl Lauterbach führt aus: "Das Problem ist, dass wir mit dem vorhandenen Impfstoff nur fünf Millionen Menschen bis Ende März impfen können. .... Mit Blick auf mögliche weitere Mutationen des Corona-Virus spiele deshalb auch Schnelligkeit bei der Impfung der Bevölkerung in Deutschland eine Rolle. ..... Uns läuft die Zeit davon." (zdf.de vom 27.12.2020)

Am 13.12.2020 berichtete der Spiegel, dass laut eines Sprechers des Bundesgesundheitsministeriums Deutschland bis Ende Januar nur drei bis vier Millionen Impfdosen erhält, weil Biontech/Pfizer Produktionsprobleme gehabt habe. Dies zeige aus Sicht des Gesundheitsministeriums aber die hohen Anforderungen an die Qualität der Produktion. Man darf sich fragen, ob es diese Probleme bei den Impfdosen für UK nicht gab?

Aber vielleicht liegt das daran, dass die Bundesregierung die Einführung des Corona-Impfstoffs nicht energisch genug vorbereitet hat. Denn die Impfstoffe von Biontech wie auch von Moderna sind bereits zu Millionen Dosen fertig, lagern verpackt und abholbereit in riesigen Gefrierschränken. Und der chinesische Pharmakonzern Fosun soll noch bis Ende 2020 50 Millionen Dosen von Biontech/Pfizer erhalten.

Mit ein bisschen Verzögerung müsse man halt leben, sagt der Bundesgesundheitsminister. Und wenn es losgeht, dann bloß nicht zu viel erwarten, es gibt ja ohnehin erst mal viel zu wenig Dosen, heißt es aus den Staatskanzleien. Millionen Menschen auf einmal zu impfen sei schwer, das dauere sicher ein Jahr, vielleicht länger, sagt der Leiter der Ständigen Impfkommission. Bund und Länder rangeln darum, wie viele Impfzentren es braucht und wer Kanülen besorgt.

Derweil rufen verzweifelte Bürgermeister direkt bei Biontech an. Und die europäische Zulassung steht weiter aus, weil erst 27 Staaten einzeln Stellung nehmen müssen. Das ist absurd. (spiegel.de vom 11.12.2020)

Besonders verwirrend ist der Umgang der Bundesregierung mit dem russischen Impfstoff Sputnik V. Während Jens Spahn im August noch den Impfstoff als kritisch erachtete (der Wirkstoff war damals als weltweit erster für eine breite Anwendung in der Bevölkerung freigegeben worden, obwohl bis dahin wichtige Tests ausgestanden hatten, unabhängige Studien sind bisher nicht bekannt), zeigt er sich Ende Januar 2021 im Falle einer erfolgreichen EU-Zulassung auch für den Einsatz von Corona-Impfstoff aus Russland und China in Deutschland offen. (faz.de vom 31.01.2021)

Wenn jeder Tag Verzögerung Menschenleben kostet (so wie es u. a. Carl Lauterbach formuliert), so ist der späte Impfstart wie auch die Impfgeschwindigkeit in Deutschland nicht nachvollziehbar. Wenn der Impfstoff die Anzahl der mit Corona Verstorbenen nur halbieren würde, wären das bei einem Start wie in UK am 08.12.2020 und einem Start in Deutschland am 27.12.2020 19 Tage à 400 Menschen, also 7.600 „unnötige Verstorbene".…. Auch der Präsident des Europäischen Instituts für Internationale Wirtschaftsbeziehungen, Paul Welfens, hält das Vorgehen für zu „langsam". Seiner Meinung nach müsse man eine „Turbo-Impfung innerhalb von 90 Tagen" veranlassen: „Insgesamt wird die deutsche Impf-Trödelei rund 15.000 Menschenleben kosten". (merkur.de vom 15.12.2020)

„Wer übernimmt die Verantwortung für das Versagen"" fragt am 21.12.2020 der Bild-Chef Julian Reichelt. „Es wird kein schönes Weihnachten. Wir können nicht dahin, wohin wir wollen. Aber wir werden es verkraften …. Viel schlimmer, als dass wir nicht da sein können, wo wir sein wollen, ist, dass wir nicht wissen, was wir wissen wollen, wissen könnten und ein Recht haben zu erfahren: Wer in der Bundesregierung hat wann entschieden, für Deutschland nicht die maximal verfügbare Menge an Impfstoff zu bestellen, wenn wir doch seit Monaten wussten, dass der Impfstoff Leben retten würde?

Wer ist dafür politisch verantwortlich, wenn nicht geimpft werden kann, wer geimpft werden könnte? Ist es Gesundheitsminister Jens Spahn? Oder ist es die Bundeskanzlerin, die die Bestellung als große Geste in die Hände der EU legen wollte? Wie kam es dazu? Und was, wenn durch diese Entscheidung Menschen zu Schaden kommen?

Die Menschen, die am dringlichsten auf den Impfstoff warten, sind ausgerechnet jene, die unsere Regierung schutzlos von der zweiten Welle überrollen ließ. Der überwältigende Teil der Toten kommt aus Altenheimen.

Es stürzt nicht jeden Tag ein Flugzeug ab. Es fällt jeden Tag eine Bombe auf ein Altenheim – und wir haben nicht einmal versucht, die Bewohner davor zu schützen. Wer übernimmt in der Bundesregierung und unter den Ministerpräsidenten die Verantwortung dafür?

Immer noch zu behaupten, es hätte eh nicht funktioniert, man hätte die Heime ohnehin nicht schützen können, wenn man viel zu wenig versucht hat, ist kein Argument, sondern rechthaberischer Zynismus. Den Toten wäre es sicher einen entschlossenen Versuch wert gewesen." Jens Spahn hat zu Beginn der Pandemie gesagt, man werde einander viel verzeihen müssen. Aber dafür müsste erstmal jemand Verantwortung übernehmen und um Verzeihung bitten.

Derweil lese ich den Vorschlag aus dem Ethikrat, dass Menschen sich nicht mehr beatmen lassen sollen, wenn sie sich nicht gegen Corona impfen lassen. Ich bin ein energischer Impf-Befürworter. Ich glaube an den Impfstoff als Rettung. Aber noch viel mehr glaube ich daran, dass wir den Wert von Menschenleben nicht an persönlichen Ansichten bemessen, die bei einem so schnell entwickelten Impfstoff sogar sehr nachvollziehbar sind. Nicht beatmen heißt ersticken lassen, und um es einmal ganz klar zu sagen: Dieses Land entscheidet nicht, jemanden aufgrund seiner Gesinnung ersticken zu lassen. Dass solche Gedanken im engsten Beraterumfeld der Bundeskanzlerin kursieren, diskutiert und unterstützt werden, lässt mich schaudern. Dass die Bundesregierung zu diesem Vorschlag schweigt, erschreckt mich. Es reicht, dass wir Triage in Krankenhäusern zu befürchten haben. Triage nach Meinung ist schlicht furchterregend.

Wir erleben derzeit viele Pandemien in der Pandemie. Die schlimmsten davon sind der Nationalismus, mit dem EU-Bürgern an Flughäfen verkündet wird, dass sie anders zu behandeln sind als Deutsche. Und das autoritäre Gehabe derer, die in den letzten Monaten schon so verheerend falsch gelegen haben wie beim Schutz der Risikogruppen. Wer sich anmaßt, den Kurs der Regierung und ihr Versagen bei den Todeszahlen in den Pflegeheimen zu kritisieren, mache sich schuldig. Wer nicht mitzieht, soll halt röcheln. Soweit sind wir. Während ich schreibe, höre ich Bing Crosby's „Holy Night" und folgende treffende Zeile: „A thrill of hope, the weary world rejoices." Hoffnung reist uns mit, die müde Welt jubelt. So empfinde ich uns in diesen ersten Wochen des Impfens. Ich hoffe, der Impfstoff beendet den Irrsinn, den die Pandemie uns gebracht hat."

Zweimal Lesen sollte man auch die Nachricht vom 24.12.2020 bei ntv, wonach Hamburgs Bürgermeister Peter Tschentscher hofft auf eine schnelle Durchimpfung der Bevölkerung in der Corona-Pandemie. Bis Ende 2020 will das Mainzer Unternehmen Biontech in drei Tranchen 29 500 Impfdosen in die Hansestadt liefern, danach wöchentlich 14 625 Dosen. Bei 1,85 Millionen Einwohner würde eine gewünschte „Zwei-Drittel-Impfung" 83 Wochen, also bis Sommer 2022 dauern.

Wenn aber die Bundesregierung meint, dass die Impfung ein maßgeblicher Schritt in der Pandemie-Bekämpfung ist, so überrascht, dass ein deutscher Impfstoff in Großbritannien seit dem 08.12.2020 zum Einsatz kommt, während Deutschland Anfang

Dezember 2020 von einem Impfstart in 2021 ausgeht, am 16.12.2020 dann vom 27.12.2020. Hintergrund sei die noch ausstehende EU-Zulassung der EMA (European Medicines Agency, die EU-Arzneiaufsicht), die aber „rund um die Uhr an der Prüfung arbeite", was ein „Bild-Besuch" am 16.12.2020 abends in Amsterdam nicht bestätigte. (bild.de vom 17.12.2020) Dann wurde mit einer Zulassung für den 21.12.2020 gerechnet. Dabei sollte nicht vergessen werden, dass der EMA-Zeitplan schon lange bekannt und mit den EU-Staaten – unter deutscher Führung - abgestimmt war. (faz.de vom 14.12.2020) So schreibt die Zeit am 17.01.2020 unter dem Titel „Deutschland stellt sich hinten an - Die Bundesregierung hat beim Impfen auf Europa gesetzt – und krachend verloren." Michael Theurer, stellvertretender Vorsitzender der FDP-Bundestagsfraktion, verweist darauf, dass wenn „solche Fragen im Bundestag diskutiert werden, die Probleme im Vorgehen sofort auffallen. Hätten Herr Spahn und Frau Merkel die Abgeordneten mit einbezogen, hätten sie sich die Blamage erspart, dass sie ihre zuvor getroffenen Aussagen zum Zeitplan und zur Möglichkeit von Nachbestellungen revidieren mussten." (focus.de vom 22.12.2020)

Ergänzend soll ein Blick auf den Impfstand, hier die Impfquote (Impfungen je 100 Einwohner) in verschiedenen Staaten gerichtet werden (aerztezeitung.de vom 15.02.2021):

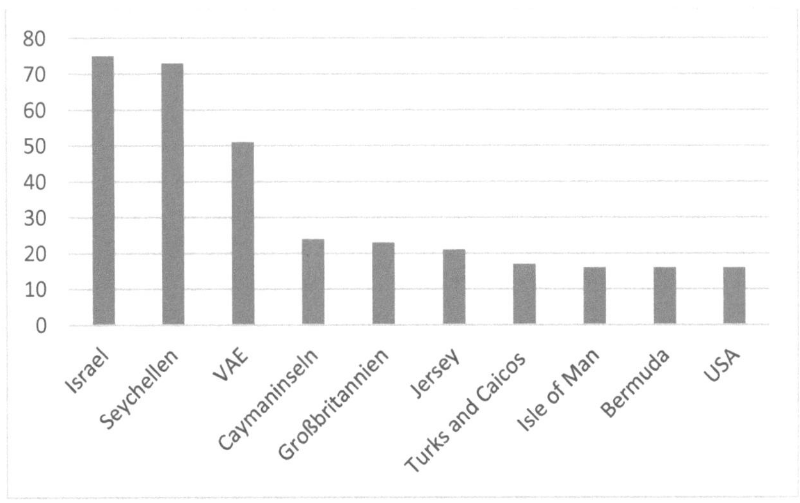

Abb. 12: Impfquoten der 10 führenden Länder am 14.02.2021

Deutschland ist mit 3,3 Prozent nicht mal in den Top 20.

Besondere Aufmerksamkeit verdienen zwei Länder. Zum einen ist das Israel mit aktuell 115.000 Impfungen pro Tag, vom gleichen Impfstoff wie in Deutschland. Bis März sollen 60 Prozent der Bevölkerung geimpft sein. Damit haben sie sehr bald Herdenimmunität erreicht (in Deutschland werden, wenn alles wie geplant läuft, maximal 20.000 Impfungen pro Tag vorgenommen). Ursächlich dürfte sein, dass einerseits die EU ursprünglich davon ausging, dass bald mehrere Unternehmen Impfstoffe produzieren könnten und als sich herausstellte, dass viele nicht zeitig liefern, war es zu erstmal zu spät, woanders nachzuordern (spiegel.de vom 31.12.2020). Zum anderen ist das Großbritannien, wo am 30.12.2020 die nationale Arzneimittelbehörde MHRA dem an der Universität Oxford entwickelten Impfstoff Vakzin des Herstellers AstraZeneca als weltweit erster Aufseher die Zulassung erteilt (ab dem 04.01.2021 sollten wöchentlich bis zu eine Million Bürger ihre erste Dosis erhalten).

Auch wenn Deutschland bis zum 31.01.2021 310 Mio. Impfdosen bestellt hat, so würde die angestrebte Herdenimmunität bei der jetzigen Impfgeschwindigkeit (89.000 Impfungen pro Tag) erst im August 2024 erreicht. (nzz.ch vom 31.01.2021)

Laut Jens Spahn am 18.12.2020 werden im ersten Quartal 11 bis 13 Millionen Impfdosen zur Verfügung stehen, was für 6,5 Millionen reicht – die dringendst zu schützende Gruppe umfasst allerdings schon knapp neun Millionen Menschen. Am 04.01.2021 stellte Jens Spahn in einer digitalen Sitzung der Unionsfraktion im Deutschen Bundestag ein Impfangebot für alle Bürgerinnen und Bürger Deutschlands bereits im zweiten Quartal des Jahres 2021 in Aussicht. (rnd.de vom 04.01.2021). Dagegen sprach Frau Merkel am 21.01.2021 hier vom Sommerende, also den 21.09.2021. Doch im gleichen Atemzug gab es schon eine Einschränkung: „Wenn alles wie zugesagt erfolgt."

Die deutsche Virologin Melanie Brinkmann sieht Deutschland Anfang Februar 2021 im Kampf gegen die Mutationen des Corona-Virus bereits auf verlorenem Posten. „Wir kriegen niemals genügend Menschen geimpft, bevor die Mutanten durchschlagen", sagte Brinkmann im Interview mit dem „Spiegel". „Dieser Wettlauf ist längst verloren. Alles andere entspringt Wunschdenken, genährt von falschen Versprechungen einiger Politiker. Der Impfstoff ist zwar da, die Produktion läuft, aber es wird dauern, bis alle ihn bekommen. Das Impfen wird uns erst aus der Pandemie befreien, wenn sie weltweit abflaut." Die Virologin ist sich sicher: „Corona wird uns 2022 noch beschäftigen – wahrscheinlich darüber hinaus." (welt.de vom 04.02.2021)

Aber die „Corona-Impfung" scheint nur ein Abbild der aktuell medizinischen Versorgung in Deutschland darzustellen. So befindet sich auf der Website vom „Stadtspiegel" aus Gladbeck vom 04.02.2020 ein Artikel mit der Überschrift „Von der Apotheke der Welt zum Notstandsgebiet". Zunehmend beklagen Patienten Lieferengpässe für viele Medikamente, so auch ein Bekannter aus Münster, der im Dezember 2020 seit vier Monaten auf seinen Pneumokokken-Impfstoff wartet. Von Juni bis August 2019 waren insgesamt 2216 teils lebenswichtige Arzneimittel durchgehend nicht lieferbar. Schuld daran sei die Übertragung der Verantwortung für den billigsten Arzneimittelpreis auf die gesetzlichen Krankenkassen durch die Reformen der Jahre 2003 bis 2007.

2.2.3.2.8.6. Impf- Nebenwirkungen

Im Zuge der Impfungen gibt es schnell einige Ergebnisse:

- Anfang Februar 2021 wird berichtet, dass in Bayreuth Corona-Tests des Klinikpersonals positiv ausgefallen sind, obwohl die Betroffenen kurz zuvor geimpft worden waren. Ähnlich ist auch Bewohnern in verschieden Heimeinrichtungen gegangen. (spiegel.de vom 04.02.2021)

- Die US-Behörde CDC (Center for Disease Control) sieht für die Biontech/Pfizer- Impfungen in den USA in einem ersten Review (Daten bis zum 18.12.2020) gravierende gesundheitliche Beeinflussungen bei 2,8 Prozent. (CDC online vom 18.12.2020)

- Auch in Großbritannien wird von allergische Reaktionen auf dem Impfstoff von Biontech und Pfizer berichtet. Bei der Entwicklung des Impfstoffs war dies dagegen nicht als eine der Nebenwirkungen aufgefallen.

- Laut dem Chef des Kölner Gesundheitsamts Martin Oehler „ist das kein Killer-Impfstoff, aber er hat mehr Nebenwirkungen als ein Grippe-Impfstoff." (ksta.de vom 19.12.2020)

- Im US-Bundesstaat Kalifornien hat sich ein Krankenpfleger trotz einer Impfung mit einem Pfizer-Vakzin mit dem Corona-Virus angesteckt. Dem 45-Jährigen war das Serum am 18. Dezember in San Diego verabreicht worden. Am 24. Dezember traten bei ihm Frösteln, Gliederschmerzen und Schwäche auf. Zwei Tage später unterzog sich der Mann einem Corona-Test, der positiv ausfiel. (faz.de vom 31.12.2020)

- In Israel waren im Januar 2021 knapp drei Prozent der Corona-Toten geimpft. (ntv.de vom 09.02.2021)

Sicher werden in den nächsten Jahren weitere Nebenwirkungen bekannt. Schließlich gilt es zu beachten, dass für eine Medikamentenzulassung der Nutzen größer als die Risiken sein muss, also zum Beispiel muss ein Medikament mehr Leben retten, als dass ohne das Medikament Menschen versterben würden.

2.2.3.2.8.7. Impf-Konsequenzen

Obwohl erst weniger als ein Prozent der Deutschen Anfang Februar 2021 ihre Zweitimpfung erhalten haben, Nebenwirkungen, die es bei jeder Impfung gibt, noch nicht umfassend bekannt sind genauso wenig, wie lange die Impfung den Geimpften (auch vor Mutationen) schützt und ob damit eine Übertragung verhindert wird, kommt schon eine Diskussion auf, ob Geimpfte „Sonderrechte", wie Restaurant- oder Konzertbesuche, erhalten sollen.

Die Regierung führt dazu immer wieder aus, dass es keine Impfpflicht geben soll, über Sonderrechte erst gesprochen werden könne, wenn allen Bürgern ein Impfangebot unterbreitet worden sei und obige Fragen geklärt sind - was wieder „alle Türen offenlässt". Doch im ARD-Interview am 02.02.2021 führte Frau Merkel aus, dass „wenn wir später sehr viel Menschen ein Angebot zum Impfen gemacht haben und dann manche Menschen nicht geimpft werden möchten ... können die dann bestimmte Dinge nicht machen." „Was ist das mal eben so hingeworfene Bemerkung", kritisiert Frau Wagenknecht in ihrer Wochenschau am 04.02.2021

Der Deutsche Ethikrat spricht sich am 04.02.2021 gegen Sonderrechte für Geimpfte aus, zumindest vorerst. Vorstöße wie der des Tickethändlers CTS Eventim, der zukünftig nur Geimpfte in Veranstaltungen Einlass gewähren will, betrachtet das Gremium skeptisch. (rbb24.de vom 04.02.2021)

2.2.3.2.9. Testen als Maßnahme

Vernachlässigt wurde in Deutschland die Möglichkeit, das Testen als Maßnahme zur Eindämmung der Infektion zu nutzen, beispielweise über Schnelltests. In Pfaffenhofen, einem Landhreis an der Ilm, können sich Bürger kostenlos und ohne Anmeldung jederzeit testen lassen. Pfaffenhofen hat damit geschafft, wovon die meisten Regionen Deutschlands nur träumen können: Der Landkreis an der Ilm hat seine 7-Tages-Inzidenz der Corona-Fälle binnen eines Monats von mehr als 200 auf unter 50 gedrückt. Aktuell liegt diese dort bei 37,4. Zu Weihnachten schien dieser Wert mit einer Inzidenz von 266 noch in weiter Ferne.

Ein Test kostet sechs Euro, die der Landkreis für die Einwohner bezahlt. Am ersten Tag hatten sich bis zum Mittag bereits 300 Menschen testen lassen. Bis zu einem ersten Ergebnis dauert es etwa 15 Minuten, positive Ergebnisse werden an das Gesundheitsamt Pfaffenhofen gemeldet. (focus.de vom 04.02.2021)

Am 16.02.2021 wird dann (endlich) berichtet, dass ab dem 1. März 2021 jeder Bürger Anrecht auf kostenlose Corona-Schnelltests bekommen soll. Dies sieht eine Erweiterung der Nationalen Teststrategie vor, die Bundesgesundheitsminister

Jens Spahn dem Corona-Kabinett vorlegen will. Die Kommunen könnten geschultes Personal in ihren Testzentren oder in Apotheken mit solchen Angeboten beauftragen (ntv.de vom 16.02.2021) - spät, aber immerhin.

2.2.3.2.10. Beurteilung des Vorgehens der Regierung

Die FAZ fasst das Vorgehen der Regierung in ihrem Leitkommentar vom 16.12.2020 wie folgt zusammen: „Bis dato ist digital wie analog viel zu wenig geschehen, um einen spürbaren Effekt zu haben. Die seit langem unter Politiker zu beobachtende paralysierende Furcht vor einer Hinrichtung im Netz wog dieses Mal sogar stärker als die Furcht vor einer zermürbenden Jahrhundertkrise. Auf beides gibt es nur eine vernünftige Antwort: Hoffentlich macht das keine Schule." Ähnlich sah es schon die „Zeit" am 22.10.2020 „Drohen, bitten, rügen – die Angst der Politik vor den Bürgern wächst."

2.2.4. Spezifische Folgen

2.2.4.1. Krankenhäuser

2.2.4.1.1. Personal

Als »Corona-Helden« wurde den Beschäftigten in Kliniken und Heimen viel versprochen. Im Mai 2020 hatte der Bundestag eine Corona-Prämie für Beschäftigte in der Altenpflege beschlossen. Allerdings warten auch Anfang Februar 2021 noch immer einige Pflegende auf ihren Bonus. Das Gesetz ist hier ganz klar: die durch Bundesmittel zur Verfügung gestellten Beträge zur Corona-Prämie mussten zum 15. Juli 2020, spätestens aber zum 15. Oktober 2020, an alle Pflegeeinrichtungen und Arbeitgeber gezahlt werden. Diese wiederum waren verpflichtet, die Corona-Prämie unverzüglich – spätestens aber mit der nächsten Gehaltszahlung. (bibliomed-pflege.de vom 04.02.2021)

Wenngleich die erste Prämie noch nicht in Gänze angekommen ist, plant Herr Spahn Anfang Februar bereits eine weitere Prämie – bis 1.500 Euro je Mitarbeiter. (ärztezeitung.de vom 08.02.2021)

Kaum eine Berufsgruppe steht in der Pandemie so unter Druck wie die Kranken-, Altenpflegerinnen und Altenpfleger. Manche von ihnen geben auf (morgenpost.de vom 05.02.2021) und die Personalnot wächst statt reduziert zu werden (siehe 2.1.)

2.2.4.1.2. Intensivbetten

Seit Monaten wird vor einer Kollabierung des deutschen Gesundheitssystems gewarnt (womit auch die Lockdowns begründet werden). Auch wenn mittlerweile einzelne Krankenhäuser keine freien Intensivbetten mehr haben, so waren in Deutschland im Durchschnitt jederzeit genügend Kapazitäten vorhanden, auch als die Infektionen ihren Höhepunkt hatten. So waren es am Tag vor Weihnachten immerhin noch 4.829 von vorhandenen 26.721, also 18 Prozent. Dabei ist darauf hinzuweisen, dass die Intensivbetten mit 5.233 Corona-Fällen (20 Prozent) und 16.659 anderen Notfällen (62 Prozent) belegt sind. Zudem gibt es noch eine „Reserve" von 11.015 Intensivbetten ..... wenn mittlerweile endlich Personal eingestellt wäre.

Weil kein Notstand gegeben ist, waren auch Anfang April 2020 mehr als einhundert Intensivbetten mit COVID-Patienten aus Spanien und Italien belegt. „"In der Not helfen Freunde" - mit diesen Worten erklärte Bayerns Ministerpräsident Markus Söder (CSU) damals die Aufnahme aus anderen Ländern. So stellten noch Anfang Oktober 2020 Krankenhäuser in Nordrhein-Westfalen und Niedersachsen erneut 80 Intensivbetten für schwerkranke COVID-19-Patienten, diesmal aus den Niederlanden, zur Verfügung.

Die Kapazität wäre noch deutlich höher, wenn man weitere Betten nutzen könnte, d. h. in den letzten Monaten Pflegekräfte aus der „stillen Reserve" von mindestens 100.000 derzeit nicht aktiven Pflegekräften, die aufgrund der schlechten Bedingungen nicht in ihrem Beruf arbeiten (aerzteblatt.de vom 30.08.2020), wieder eingebunden hätte (in Großbritannien haben sich im Kampf gegen die Corona-Virus-Epidemie im ersten Quartal 2020 bereits 560.000 Freiwillige angeboten, den staatlichen Gesundheitsdienst National Health Service (NHS) zu unterstützen).

Herr Lauterbach hat, trotz des mittlerweile verhängten „harten Lockdowns" am 14.12.2020, eine andere Sichtweise: "Die Lage ist schon sehr dramatisch. Sehr viele Kliniken haben kaum mehr Kapazitäten. Auch das Personal ist einfach erschöpft. Diese Menschen arbeiten am Anschlag über viele Wochen und Monate hinweg. Ich glaube, dass die Situation besonders in der nächsten Woche prekär sein kann. Weil wir in den letzten Tagen sehr viele Infektionen gesehen haben und diese Infektionen verschlechtern sich in dieser Woche und werden in der nächsten Woche auf der Intensivstation sein." (ntv.de vom 14.12.2020). Am 17.12.2020 brachte Herr Lauterbach bei „Maybrit Illner" noch eine Verschärfung ins Gespräch: man solle den harten Lockdown so lange aufrechthalten, bis der 7-Tage-Inzidenzwert unter 25 liege, sich maximal pro Woche also 25.000 Menschen in Deutschland neuinfizieren. Man darf sich aber fragen, warum das im Winter helfen soll, wenn es im Sommer die zweite Welle nicht verhindern konnte. Und so brachte Herr Lauterbach schon eine dritte Welle ins Gespräch. Medizinhistoriker Karl-Heinz Leven meinte Anfang Februar, dass so eine „Dauer-Welle" angekündigt wurde. (Lanz vom 04.02.2021)

Der Vorsitzende der Kassenärztlichen Bundesvereinigung (KBV), Andreas Gassen, hat im Interview mit den RND-Zeitungen am 16.12.2020 den Lockdown als eine Notbremse und keine geeignete langfristige Strategie bezeichnet, um die Zahl der Todesfälle nachhaltig deutlich zu senken. Herr Lauterbach kommentierte das mit „Er spricht hier nicht am Tresen, im

Golfclub oder unter Kollegen, sondern er äußert sich öffentlich in seiner Funktion als Standesvertreter." (focus.de vom 18.12.2020)

2.2.4.2. Schulsituation

Nach dem ersten Lockdown wurde seitens der Regierung großer Wert daraufgelegt, dass zukünftig die Schulen unbedingt weiter ihren Normalbetrieb aufrechterhalten sollen, u. a. durch Wechsel- aus Präsenzunterricht und digitalem Unterricht mit geteilten Klassenzimmern sowie Lüften bzw. Luftreinigung. Als im November die Corona-Zahlen in den Schulen anstiegen, erste Schulen sogar geschlossen wurden, stellte sich aber heraus, dass die Bildungsministerien hierfür aber nicht gesorgt hatten. Neue Lehrstellen und Laptops sind nicht in den Schulen angekommen und Lüftungsanlagen waren zu teuer - so herrscht teilweise Eiszeit in den Klassenzimmern, mit Mützen und Decken. (ksta.de vom 05.11.2020) Und Digitalunterricht ist weiter kaum möglich, da nur 25 Prozent der Schüler an den deutschen Schulen auf WLAN zurückgreifen kann.

Und der „Zwang", Schulen nicht zu schließen, kann schon als krampfhaft bezeichnet werden, wenn beispielsweise die NRW-Landesregierung im November 2020 der Stadt Solingen untersagt, flächendeckend an sämtlichen öffentlichen Schulen ein Wechselschicht-Modell einzuführen, obwohl seinerzeit der Inzidenzwert vor Ort über 280 gelegen hatte. (spiegel.de vom 03.11.2020)

Erst Anfang Februar 2021 wird - von Frau Karliczek - ein wissenschaftliches Schulpapier vorgestellt. Die empfohlenen Maßnahmen für den Schulbetrieb - kleinere Klassen, feste Kohorten, das Tragen von Masken im Unterricht, der richtige Umgang mit Kontakt- und Verdachtsfällen, regelmäßiges Lüften - wurden umfassend wissenschaftlich bewertet, auf Basis der Studienlage. Aus den Empfehlungen geht hervor, welches Maßnahmenbündel den Schulbetrieb in der Pandemie sicherer machen können - und damit möglich. Die Leitlinie ist etwas, auf das die Politik sich berufen kann. Oder besser: könnte. Denn letztlich ist das Ganze auch ein Armutszeugnis. Man fragt sich, warum es so lange gedauert hat, eine solche Leitlinie zu erstellen. Ja, die Studienlage war zu Beginn der Pandemie natürlich dünner als heute. Dennoch ist es vollkommen unverständlich, dass Bund und Länder es in elf Monaten nicht geschafft haben, sich auf einheitliche Maßnahmen für die Schulen zu einigen. (sueddeutsche.de vom 09.02.2021)

In einer OECD-Studie "Education at a Glance" (EAG) aus November 2020 wird der Umgang von 46 Bildungssysteme (von 38 OECD-Staaten sowie acht Partnerländern, darunter Brasilien, Südafrika, Russland und China) im Zuge von COVID-19 zusammengestellt. China war dabei das erste Land, das als Reaktion auf die von dort aus ausgebrochene Pandemie Schulschließungen veranlasst hat – in einigen Teilen des Landes bereits am 16. Februar 2020, eine Woche später im ganzen Land. Ende März gab es aber schon in allen 46 berücksichtigten Ländern in einem gewissen Maße Schulschließungen: in 41 landesweit, in fünf Ländern auf subnationaler oder lokaler Ebene (Australien, Island, Russische Föderation, Schweden und Vereinigte Staaten). Nicht alle von der Corona-Pandemie betroffenen Ländern haben übrigens alle Schulen geschlossen, vor allem im Süden – in Frankreich, Griechenland und Spanien, aber auch in der Schweiz – blieben die Schulen offen, obwohl sich der Rest des Landes im Lockdown befand. Die wichtigsten Gründe dafür waren psychische Belastungen der Kinder durch Fernunterricht, Lernverluste samt späterer Einkommenseinbußen sowie die Benachteiligung von sozial Schwachen, die zu Hause keine eigenen Computer oder keinen schnellen Internetanschluss für den Online-Unterricht besitzen. (handelsblatt.de vom 20.01.2021)

Die Dauer der Corona-bedingten Schulschließungen reichte Ende Juni 2020 von mindestens sieben Wochen (vier Prozent der Länder) über acht bis zwölf Wochen (13 Prozent) bzw. zwölf bis 16 Wochen (52 Prozent) bis hin zu 16 bis 18 Wochen (28 Prozent) und dem Spitzenreiter China, wo die Schulen mehr als 19 Wochen geschlossen waren.

Während des Homeschoolings setzten die Länder auf ganz unterschiedliche Unterrichtsressourcen – von den konventionellen wie Lehrbüchern, Arbeitsblättern und Ausdrucken über Unterricht via Internet bis hin zu Unterricht per Radio oder Bildungsfernsehen. Laut "Education at a Glance" waren in den OECD- und Partnerländern "Onlineplattformen das beliebteste während der Schulschließungen eingesetzte Instrument". Hier reichte die Palette wieder von Lernprogrammen, die die Schüler in ihrem eigenen Tempo nutzen konnten, bis hin zu Echtzeitunterricht über Videokonferenzplattformen.

Insgesamt waren die Lehrkräfte wenig vorbereitet auf Distanzunterricht. Ein Viertel der Direktorinnen und Direktoren in den OECD-Ländern sagten, dass inadäquate technologische Voraussetzungen das Lernen ziemlich stark oder stark behindert hätten – die Spannweite reichte von zwei Prozent in Singapur bis 30 Prozent in Frankreich.

In vielen Ländern habe man die Schulen im Zuge der Corona-Pandemie dazu angehalten, die Klassengröße zu reduzieren oder sogar zu halbieren, um den erforderlichen Sicherheitsabstand zwischen den Schülern zu gewährleisten. (derstandard vom 08.12.2020)

2.2.4.3. Akzeptanz in der Bevölkerung

„Wir vermuten, dass sich eine Pandemiemüdigkeit eingestellt hat und die Menschen daher anders auf die Beschränkungen und auch auf die Krankheit selbst reagieren", meint Frank

Schlosser von der Humboldt-Universität Berlin. (tagesspiegel.de vom 07.12.2020) Das sieht man auch an ausgewerteten Mobilitätsdaten. So lag die Mobilität der Menschen in Deutschland im Lockdown von Mitte März bis Anfang April etwa 40 Prozent, nach den Anfang November erneuten, aber weniger strengen Mobilitätseinschränkungen etwa zehn Prozent unter den Normalwerten.

„Die Bevölkerung erreicht man nur am Anfang einer Pandemie mit Drohgebärden, jetzt nicht mehr, sondern eher indem man sie ernst nimmt, auf sie und ihre Werte eingeht, für sie maßgeschneiderte Verhaltensvorschläge macht und sie bei der Änderung des Verhaltens unterstützt. Die Menschen lassen sich zudem besser überzeugen, wenn man sie als Partner behandelt. Das dauert natürlich, da haben wir über den Sommer viel Zeit vertan.", meint der Medizinsoziologe Holger Pfaff. (ntv.de vom 07.01.2020)

Dabei wird die Corona-Politik der jeweiligen Landesregierung sehr unterschiedlich beurteilt (tagesspiegel.de vom 07.12.2020): in fünf Bundesländern (Bayern, Hamburg, Schleswig-Holstein, Niedersachsen und Mecklenburg-Vorpommern) ist man zufrieden, in Berlin unzufrieden, in den anderen elf Bundesländern „unentschieden".

Schon titelt „Der Tagesspiegel" am 12.12.2020: „Je lauter Müller schreit, desto mehr stumpfen die Berliner ab". Das Problem ist der Ton, das Schrille, das Übertriebene. Berlins Regierender Bürgermeister hatte am 10.12.2020 zur Rechtfertigung seiner Pläne für einen härteren Lockdown im Abgeordnetenhaus gerufen: „Wie viele Tote ist uns denn ein Shopping-Erlebnis wert?" Dieses dauernde Weichgeklopftwerden mit dem großen Lebensrettungshammer hat die Hornhaut wachsen lassen. Je eindringlicher politische Entscheidungsträger wie Bundeskanzlerin, Landesregenten und -innen oder ein Regierender Bürgermeister jetzt flehen, barmen, anklagen, desto stumpfer werden die Blicke der Adressierten. Motto: Wieso werden wir jetzt von Müller & Co. fürs Shoppen angemotzt, wenn doch Müller & Co. höchstselbst dafür gesorgt haben, dass die Läden geöffnet sind?

„Nimmt man die Stimmung in der Bevölkerung zum Maßstab, ist die deutsche Corona-Strategie gescheitert. Nur noch jeder fünfte Deutsche schaut zuversichtlich in die Zukunft, zeigt eine Allensbach-Umfrage." (faz.de vom 03.12.2020) unter den 30 – 59-jährigen, dem Rückgrat der Gesellschaft – vor einem Jahr waren es noch annähernd die Hälfte.

Für den dramatischen Stimmungseinbruch machen die Meinungsforscher das Gefühl verantwortlich, dass ein Ende der Corona-Krise für die meisten nicht in Sicht ist. An eine Rückkehr zur Normalität binnen mehrerer Monate glaubt nur jeder Fünfte. Über 70 Prozent stellen sich hingegen auf eine länger andauernde Ausnahmesituation ein. Die Ungewissheit wiegt damit schwerer als konkrete Einschränkungen wie Besuchsverbote (50 Prozent) oder auch faktische Verbote von Auslandsreisen (16 Prozent).

Zudem konstatiert eine Mehrheit der "Generation Mitte" eine starke (49 Prozent) oder sogar sehr starke Veränderung (11 Prozent) unserer Gesellschaft - und zwar nicht zum Besseren:

- mehr 70 Prozent haben mehr Ängste und klagen über zunehmende Aggressivität und Ungeduld,

- rund zwei Drittel sehen zunehmende Aggressivität gegenüber Polizisten bzw. Rettungskräften und abnehmende Beachtung von Regeln,

- mehr als die Hälfte beklagt wachsenden Egoismus und hat den Eindruck, dass die Meinungsfreiheit abgenommen hat,

- vier von zehn Befragten sagen, dass gutes Benehmen und gute Manieren an Bedeutung verloren haben.

Eine zunehmende Hilfsbereitschaft erkennen demgegenüber nur 13 Prozent der Befragten. "Corona wirkt wie ein Spaltpilz - die große Mehrheit sieht mehr Aggressionen und Egoismus als wachsende Solidarität", sagte Renate Köcher, Geschäftsführerin des Instituts für Demoskopie Allensbach, bei der Vorstellung der Studienergebnisse. (ntv.de vom 03.12.2020)

2.2.5. Nationale Folgen

2.2.5.1. Deutschland

Ob Norden oder Süden, Osten oder Westen: die <u>Politik</u> hat in den vergangenen Monaten keine gute Figur abgegeben und wirkt auch Anfang 2021 ziemlich ratlos. Die lange weitgehend gültige Aussage, Deutschland sei gut durch diese Zeit gekommen, lässt sich längst nicht mehr aufrechterhalten. Das liegt auch daran, dass der Sommer nicht genutzt wurde, um sich auf die zweite Welle vorzubereiten, von der immer klar war, dass sie kommen würde.

Wenn hierzulande ein Schwachpunkt offensichtlich ist, dann ist es die Zuständigkeit der Bundesländer für die Bekämpfung einer globalen Pandemie. Die unterschiedlichen Regeln, die zwischen Flensburg und Fichtelberg, zwischen Kap Arkona und Oberstdorf gelten und die kaum jemand noch durchblickt, haben ihren Grund nicht in regionalen Besonderheiten oder unterschiedlichen Inzidenzwerten. Auch für ein großes Land wie die Bundesrepublik wäre es möglich, einen Stufenplan zu entwickeln. Dann wäre klar, wann ungefähr der Schritt in die nächste Stufe nötig ist, und auch hier könnte man regionale Unterschiede machen - wenn man es denn vorher geschafft hätte, sich auf einen bundesweiten Plan zu einigen, statt nur so zu tun. (ntv.de vom 11.12.2020)

Die <u>wirtschaftlichen Folgen</u> sind schon jetzt unübersehbar. Da wäre zunächst die Kurzarbeit, die mit den neuen Beschränkungen, mit denen die Corona-Pandemie eingedämmt werden soll, wieder ansteigt. Der Anteil der Unternehmen mit Kurzarbeit ist laut Ifo-Institut im November 2020 von 24,8 Prozent im Vormonat auf 28,0 Prozent gestiegen. Besonders deutliche Anstiege verzeichneten laut Hotels (von 62,9 auf 91 Prozent), die Gastronomie (von 53,4 auf 71,7 Prozent) sowie Reisebüros und -veranstalter (von 88,0 auf 91,1 Prozent). Und die Zahlen steigen weiter: im Januar 2021 waren nach Berechnungen der Münchner Wirtschaftswissenschaftler 2,6 Millionen Arbeitnehmer in Kurzarbeit, 400.000 mehr als im Dezember. Damit waren 7,8 Prozent aller sozialversicherungspflichtig beschäftigten Arbeitnehmer in Kurzarbeit. (wz.de vom 01.02.2021)

Um Entlassungen vorzubeugen, hat der Bund Anfang November die Kurzarbeitsregelung schon bis Ende 2021 (also nach der nächsten Bundestagswahl) verlängert. Und Finanzminister Scholz betonte am 07.12.2020, dass Deutschland besser durch die Krise kommt als von Experten vorausgesagt. Vor allem auf dem Arbeitsmarkt sei die Beschäftigung nicht so stark eingebrochen wie gedacht. Es gilt abzuwarten, wie die Situation sich nach dem Auslaufen der Kurzarbeitsregelung und der Aussetzung der Insolvenzantragspflicht darstellt. Creditreform erwartet jedenfalls für 2021 24.000 Insolvenzen, 23 Prozent mehr als 2018. (faz.de vom 09.12.2020) Und so verwundert es wenig, dass die große Koalition im Dezember 2020 beschloss, die Insolvenzantragspflicht auch im Januar 2021 auszusetzen. (ksta.de vom 15.12.2020)

Aber infolge Kurzarbeit bzw. Arbeitslosigkeit werden die Bruttolöhne und -gehälter in 2020 um ein Prozent unter dem Wert von 2019 liegen. Eigentlich müssten die Renten der Entwicklung folgen, wodurch sich für 2021 rechnerisch eine negative Rentenanpassung ergäbe. Das hätte eine Kürzung um gut vier Prozent im Westen zur Folge, etwas weniger im Osten. Doch Rentenkürzungen sind gesetzlich verboten und so gibt es zwar keine Rentenerhöhung in Westdeutschland und eine Steigerung von 0,72 Prozent in Ostdeutschland. (Deutsche Rentenversicherung vom 16.11.2020)

Doch schon heute stehen viele Menschen am Rande ihrer Existenz. "Mal eben" für viele Monate als Angestellter auf im Durchschnitt mehr als 20 Prozent des Einkommens zu verzichten oder als Selbständiger gar keine Einkünfte mehr zu haben (da werden die Überbrückungshilfen für November und Dezember, die im Februar 2021 laut welt.de vom 118.02.2021 noch zu 37 Prozent nicht ausgezahlt waren, nicht oder zu spät helfen), treibt so manchen in den Ruin. Dass es auch anders geht, zeigt Österreich, wo entsprechende Hilfsgelder innerhalb von 14 Tagen nach Beantragung (via Finanzamt) ausgezahlt werden.

So stieg im Zeitraum April bis November 2020 im Vergleich zum gleichen Zeitraum des Vorjahres die Zahl der Soloselbständigen, die Harz IV beantragt haben, von elf auf 79 Tausend.

So ist es wenig überraschend, dass die Bürger 2020 sprunghaft deutlich mehr gespart als in den Jahren zuvor - und zwar fast überall in den wohlhabenden Ländern. In der Eurozone und den USA haben sich 2020 die Sparquoten laut OECD mehr als verdoppelt, in Großbritannien verdreifacht, in Kanada gar verfünffacht. In Deutschland ist der Anstieg weniger stark, aber auch hier legen Privatleute nun im Schnitt 16,6 Prozent von ihren verfügbaren Einkommen zurück, fünf Prozentpunkte mehr als in 2019.

Die große Frage lautet, wie nachhaltig diese Verhaltensänderungen sind. Davon hängt viel ab für die weitere wirtschaftliche

Entwicklung. Bleiben die Bürger vorsichtig, könnte das die ökonomische Schwächephase um Jahre verlängern. Geben sie nach dem Ende der Pandemie ihre Zurückhaltung auf und genehmigen sich womöglich zusätzlich aufgestaute Konsumwünsche, ist sogar eine wirtschaftliche Überhitzung möglich." (spiegel.de vom 06.12.2020)

Auch verschiedene <u>gesundheitliche Folgen</u> sind schon jetzt deutlich zu erkennen:

- Während der Corona-Pandemie gehen viele Menschen auch mit einem Herzinfarkt nicht ins Krankenhaus. Nach einer weltweiten Umfrage der Europäischen Gesellschaft für Kardiologie zufolge habe sich die Zahl der Hilfesuchenden während der Pandemie erheblich verringert, viele Betroffene seien zudem später als gewöhnlich im Krankenhaus angekommen, was die Therapiechancen verschlechtere. (rndr.de vom 04.04.2020)

- Operationen werden verschoben; so haben zum Beispiel Krebsexperten vor einer »bedrohlichen Situation« für Krebspatienten durch die steigende Zahl von Corona-Infektionen in Deutschland gewarnt. Die Corona-Pandemie beeinträchtige die Versorgung von Menschen mit schwerwiegenden Erkrankungen wie Krebs, erklärten das Deutsche Krebsforschungszentrum (DKFZ), die Deutsche Krebshilfe und die Deutsche Krebsgesellschaft. (spiegel.de vom 14.12.2020)

- Menschen sterben allein zu Hause, weil sie wohl aus Angst vor einer Corona-Ansteckung nicht zum Arzt gegangen sind, so eine Schlussfolgerung aus einer Studie des Klinikums Hochrhein in Waldshut-Tiengen. Der Untersuchung zufolge starben im Landkreis Waldshut im April in den Jahren 2016 bis 2019 im Durchschnitt etwa 165 Menschen. Im April 2020 dagegen gab es 227 Tote.

Von den 62 zusätzlichen Todesfällen lassen sich nur 34 mit dem Corona-Virus in Verbindung bringen. (heute.at vom 11.11.2020)

- Im Uni-Klinikum Tübingen hat man in der psychiatrischen Akutstation seit Oktober 2020 täglich vier bis fünf Fälle von Essstörungen und so ein dramatische, mittlerweile zu den Vorjahren mehr als doppelt so hohes Notfallaufkommen. (zeit.de vom 04.02.2021).

- Der Verzicht auf eine mittlerweile meist gesunde Betriebsgastronomie ist ein oft unterschätztes Problem, weil viele nicht oder nicht gut kochen (meinen zu) können und stattdessen Fast Food oder Tiefkühlpizza einnehmen, ggf. noch vor dem Bildschirm, sodass Arbeit und Ernährung vermengt werden und kein Abschalten gegeben ist. (faz.de vom 12.12.2020)

- Die selbsteingeschätzte allgemeine Gesundheit verschlechtert sich im Vergleich zu den Nichtgetesteten. Insgesamt deuten negative gesundheitliche Effekte in der Bevölkerung hin, die deutlich über die direkten gesundheitlichen Auswirkungen von COVID-19 hinausgehen. (NAKO-Gesundheitsstudie)

- Die Vergiftungsgefahren durch Infektionsmittel im Haushalt haben sich deutlich erhöht. So hatte zum Beispiel das Giftinformationszentrum in Erfurt in 2020 ein Drittel mehr Anrufe als im Durchschnitt der letzten Jahre erhalten. (ntv.de vom 24.12.2020)

Umgekehrt haben anscheinend die AHA-Regeln zu einer drastischen Reduktion der Influenza geführt. Als Grippesaison gilt die Zeit zwischen der vierzigsten Kalenderwoche des eines Jahres und der zwanzigsten des Folgejahres. Sie reicht diesmal vom 28. September 2020 bis zum 23. Mai 2021. Bis Ende

2020 wurden dem Robert-Koch-Institut ein Achtel so viel labordiagnostisch bestätigte Influenza-Fälle gemeldet wie im Vorjahr. (faz.de vom 18.12.2020)

Daneben sind soziale Folgen ablesbar. „Corona ist der Funke am Pulverfass" titelt der Kölner Stadtanzeiger am 12.12.2020 einen Beitrag über kriselnde Beziehungen, denen die Pandemie oft den letzten Rest gibt.

Dabei wird der Umgang mit Kleinkindern besonders stark negativ beeinflusst, sei es, dass professionelle Betreuung in Kitas und Schulen reduziert oder gar ausgesetzt wird, oder dass Eltern in kaum zu bewältigende Einzelsituationen geraten - so zum Beispiel ein Vater (mit Gewerbeschein), der kurz vor Weihnachten mit seiner dreijährigen Tochter einen Baumarkt betreten wollte – ihm wurde Eintritt gewährt, dem Kind nicht. So fuhr er zu einem anderen Markt der gleichen Kette – da war auch der Eintritt für das Kind möglich. Eine Rückfrage beim Marktleiter ergab, dass der einzelne Baumarkt sich nur nach dem zuständigen Gesundheitsamt richten würde. (oli auf Youtube am 30.12.2020)

Kritisch zu würdigen ist aber auch, dass „Keile in die Gesellschaft getrieben" werden, beispielsweise, wenn Bürger andere Bürger denunzieren sollen. So bietet die Stadt Essen auf ihrer Homepage an: „Hier haben Sie die Möglichkeit, die Nichteinhaltung der neuen Regelungen der CoronaSchVO des Landes NRW anzuzeigen." (www.servce.essen.de/detail/-/vr-bis-detail/dienstleistung/101301/show).

Später zog die Stadt Dresden nach, wo man sogar „Beweismaterial" hochladen kann. (https://www.dresden.de/de/rathaus/dienstleistungen/owi_privatanzeigen.php)

Letztlich gibt es psychische Folgen zu beobachten:

- <u>Ältere Menschen vereinsamen</u>. "Am besten du bleibst sitzen und wartest auf das Ende", sagt die 93-Jährige in ihrem Fernsehsessel. Mehr als Fernsehen bleibt der Frau nicht als Abwechslung, wie der Kommentator einer aktuellen ARD-Dokumentation über Not und Hoffnung von Senioren erläutert. Die Corona-Pandemie verschärft ein wachsendes gesellschaftliches Problem wie ein Brennglas: Einsamkeit im Alter. Rund 5,8 Millionen Single-Haushalte werden von Bürger über 65 Jahre geführt, wovon wahrscheinlich 80 Prozent für sich selbst sorgen, autark. Aber es bleiben mehr als eine Million, ohne Kontakte, aber in Gefahr, physisch und psychisch irgendwann nicht mehr fähig oder nicht willens zu sein, regelmäßig das Haus zu verlassen, unter Menschen zu sein. Aus Einsamkeit könne Depression entstehen. Schließlich werden zunehmend Menschen sterben, ohne dass es jemand zeitnah gemerkt hat. (tagesspiegel.de vom 09.11.2020) Eine Konsequenz von Vereinsamung ist auch die Demenz.

- Auch das Besuchsverbot in den meisten Krankenhäusern, das im Gegensatz zu der Ankündigung von Herrn Spahn ist („Besuche in Krankenhäusern sollten möglich sein") dürfte manche <u>Genesung negativ beeinflussen</u>, v. a. bei den Älteren.

- <u>Jungen Menschen schlägt die Pandemie</u> mehr <u>auf das Gemüt</u> als den Alten (nzz.ch vom 05.1.2020) – 67 Prozent geben an, dass sie durch die Corona-Maßnahmen psychisch belastet werden. Und in 2020 haben sich ein Drittel mehr Kinder an das Kummertelefon (Nummer gegen Kummer) gewandt als in 2019. (Marlene Lufen vom 01.02.2021 auf YouTube).

- Die Pandemie sorgt bei Arbeitnehmern auch für massive <u>psychische Belastungen</u>. Laut einer internationalen

Untersuchung sehen sich 22 Prozent an der Schwelle zum Burnout. (ntv.de vom 11.12.2020)

- Laut NAKO-Gesundheitsstudie nehmen depressions- und angstassoziierte Symptome bei Teilnehmenden unter 60 Jahren zu, insbesondere bei jungen Frauen; eine Pronova-Studie aus Oktober/November 2020 kommt zu dem Ergebnis, dass 82 Prozent der Ärztinnen und Ärzte bei ihren Patienten zunehmend Probleme mit Angstzuständen feststellen; knapp 80 Prozent diagnostizieren öfter als zuvor Depressionen; auch die Fälle somatischer Beschwerden – also psychische Beeinträchtigungen, die sich auf die körperliche Gesundheit auswirken – nehmen zu: Müdigkeit, Erschöpfung und Schmerzen ohne organische Ursache. (tagesspiegel.de vom 08.12.2020)

- Die Zahl der Terminanfragen bei Psychiatern und Psychotherapeuten nahm im Frühjahr 2020 um 24 Prozent im Vergleich zum Vor-Corona-Niveau zu, seit Oktober 2020 sind es 45 Prozent – dies zeigt eine Umfrage unter 154 niedergelassenen und klinisch tätigen Psychiatern und Psychotherapeuten im Oktober und November 2020. (faz.de vom 17.1.2.2020)

- Die Gewalt gegen Frauen hat in 2020 zum Vorjahr um 20 Prozent zugenommen. (Marlene Lufen vom 01.02.2021).

- Die Berliner Feuerwehr verzeichnet im laufenden Jahr einen extremen Anstieg bei Einsätzen unter dem Stichwort „Beinahe Strangulierung/ Erhängen, jetzt wach mit Atembeschwerden“. Im Jahr 2018 gab es sieben, in 2019 waren es nach Angaben der Senatsinnenverwaltung drei, in 2020 waren es allein bis Oktober bereits 294 Einsätze. (berliner-zeitung.de vom 10.11.2020)

2.2.5.2. Außerhalb Deutschlands

Die Corona-Virus-Pandemie führt (zumindest) in den USA nach Einschätzung von CDC zu einer Zunahme der Zahl der Drogentoten. In den zwölf Monaten bis Ende Mai dieses Jahres seien mehr als 81.000 Tote an einer Überdosis gestorben, teilt die CDC mit - mehr als je zuvor in einem solchen Zeitraum. Brüche im Alltag wegen der Pandemie hätten Süchtige besonders hart getroffen, sagte CDC-Direktor Robert Redfield der Mitteilung zufolge. "Während wir den Kampf zur Beendigung dieser Pandemie fortsetzen, ist es wichtig, die verschiedenen Gruppen nicht aus den Augen zu verlieren, die auf andere Weise betroffen sind." (ntv.de vom 18.12.2020)

Die Welthungerhilfe befürchtet eine drastische Zunahme von Hunger und Armut durch die Corona-Pandemie, v. a. in Afrika und Südasien. Laut Welthunger-Index steigt die Zahl der Hungernden seit fünf Jahren, aber COVID-19 wirkt wie ein Brandbeschleuniger. (ksta.de vom 13.10.2020) Wenn die Gesundheit wirklich über allem steht, wie oft angeführt wird, dann dürfte es allerdings dazu nicht kommen.

Corona verschärft aber auch die Armut in den weniger entwickelten Staaten. „Laut einem Bericht der Welthandels- und Entwicklungskonferenz erleben viele Länder in Afrika die schlimmste Rezession seit 25 Jahren. Demnach könnte es im Jahr 2020 auf dem Kontinent rund drei Millionen mehr extrem arme Menschen geben, die ein Einkommen von weniger als 1,90 USD am Tag haben." (faz.de vom 04.12.2020)

Aber infolge des im Vergleich zu Asien weniger erfolgreichen Pandemie-Managements verliert Europa auch wirtschaftlich weiter an Boden. Do verliert die Schweiz vorübergehend einen ihrer wichtigsten Magneten: das Weltwirtschaftsforum (WEF) in Davos, das für 2021 sowohl zeitlich als auch örtlich verlegt wurde – nach Singapur. Grund dafür sind strenge Maßnahmen,

wie sie viele asiatische Länder ergriffen haben: Temperatur-
messungen, Maskenpflicht, lückenlose Kontaktverfolgung. Das
Motto der Zusammenkunft steht ganz im Zeichen der Pandemie: »The Great Reset« will die Krise als Chance für einen großen Neuanfang nutzen. (spiegel.de vom 07.12.2020)

2.3. Ernährung

Gesund ernähren kann sich heute jeder. Die Lebensmittel in
Deutschland sind sicherer und qualitativ hochwertiger als je zuvor. Verständliche Kennzeichnungen ermöglichen dem Verbraucher eine selbstbestimmte Entscheidung beim Einkauf. Die
Bundesregierung setzt sich dafür ein, dass das so bleibt und
wirbt für eine gesunde Ernährung und mehr Bewegung. So
steht es auf der Website der Bundesregierung unter „Ernährung
und Gesundheit". Doch die Realität sieht etwas „nuanciert
aus":

- Lebensmittelrückrufe: „Mehr Lebensmittelrückrufe als je
  zuvor" (wiwo.de vom 09.01.2020). In 2019 wurden
  durch das Bundesamt für Verbraucherschutz und Lebensmittelsicherheit insgesamt 236 Mal vor gefährlichen oder unhygienischen Produkten gewarnt – ein
  neuer Negativrekord. Seit 2013 hat sich die Zahl der
  Warnhinweise damit mehr als verdreifacht. Die spekta-
  kulärsten Fälle betrafen im Herbst Listerien-Keime, die
  in Produkten des Fleischherstellers Wilke entdeckt worden waren - „sicherer und qualitativ hochwertiger als je
  zuvor" sieht anders aus.

- Einsatz umstrittener Pestizide in der Landwirtschaft:
  Landwirtschaftsministerin Julia Klöckner betont es
  gerne und oft, dass die Regierung die Anwendung von
  Glyphosat minimieren wolle, mit dem Ziel des vollkom-
  menen Ausstiegs bis Ende 2022. Doch den schönen
  Worten folgen keine Taten - im Gegenteil: Am

06.12.2019 hat das Bundesamt für Verbraucherschutz und Lebensmittelsicherheit den Herstellern von Glyphosat-Pestiziden die Zulassungen für ein weiteres Jahr gewährt. (spiegel.de vom 13.12.2019) Anfang Februar 2021 eskaliert der Streit zwischen den beiden zuständigen Ministerinnen, der Umweltministerin Svenja Schulze (SPD) und Agrarministern Julia Klöckner (CDU), die die Interessen der Landwirtschaft nicht ausreichend berücksichtigt sieht. Bauern wie Umweltschützer sind wütend auf die Agrarministerin. (spiegel.de vom 10.02.2021)

- <u>Steuerung des Lebensmittelkonsums</u> über Steuern:
    - Zucker: Die Schädlichkeit überhöhter Zuckerzufuhr ist unbestritten. In Großbritannien wird seit April 2018 eine Abgabe je nach Zuckergehalt des Getränkes fällig. Bei mehr als 5 Gramm Zucker in 100 Millilitern beträgt sie 18 Pence (21 Cent), ab 8 Gramm dann 28 Pence (33 Cent). Laut einer Studie der Oxford Universität ist der durchschnittliche Zuckergehalt der Softdrinks 2015 bis 2018 von 4,4 auf 2,9 Gramm pro 100 Milliliter gesunken. Das entspräche einer Zuckerreduktion von 30 Prozent pro Kopf und Tag. Diese Entwicklung habe sich zwischen 2017 und 2018 durch die Ankündigung und das Inkrafttreten der Steuer beschleunigt.
    Ganz ohne Steuern und Strafzahlungen und in Austausch mit der Industrie soll es in Österreich funktionieren. Hier wird jährlich der Zuckergehalt von 500 alkoholfreien Getränken im Handel erhoben und in „Checklisten" veröffentlicht. Um dort als vorbildlich gelistet zu sein, seien Getränkehersteller bereit, den Zuckergehalt in ihren Produkten zu reduzieren. Allerdings lag der

durchschnittliche Zuckergehalt zuletzt immer noch bei 6,80 Gramm pro 100 Milliliter. Die Deutsche Diabetes Gesellschaft wirbt seit Jahren für eine ähnliche Steuer in Deutschland – leider anhaltend erfolglos.

  o Salz: 75 Prozent der Männer und fast 70 Prozent der Frauen hierzulande essen mehr als die von der Deutschen Gesellschaft für Ernährung (DGE) empfohlenen sechs Gramm Salz (ca. ein Teelöffel) täglich. Doch in Deutschland wurde die Salzsteuer mit Wirkung ab dem 01.01.1993 aufgehoben.

  o Andere Lebensmittel: Australien erwägt die Einführung von Steuern nicht nur auf Zucker, sondern auch auf Fett und Salz. Die Menschen würden dadurch vermehrt zu gesünderen Lebensmitteln greifen und dem australischen Gesundheitssystem auf lange Sicht umgerechnet 2,5 Milliarden Euro sparen - weil, so die Schlussfolgerung, theoretisch weniger Menschen infolge von Übergewicht an Herz-Kreislauf-Problemen oder Diabetes erkranken und somit weniger auf medizinische Versorgung zurückgreifen müssen.

- <u>Förderung gesunder Lebensmittel</u>: die WHO empfiehlt seit Jahren für ein gesundes Leben einen täglichen Pro-Kopf-Verbrauch von Obst und Gemüse von 650 Gramm – von diesem Wert ist Deutschland mit (seit zehn Jahren nahezu konstanten) 360 Gramm weit entfernt – es führt Griechenland mit 945 Gramm pro Kopf und Tag. Hier könnte beispielsweise der Wegfall der Mehrwertsteuer in Kombination mit verstärkter Aufklärung den Konsum fördern.

3. Infrastruktur und Wohnungsbau

3.1. Öffentlicher Verkehr

3.1.1. Straßenverkehr

Deutschland rühmt sich oft seines Straßennetzes. Richtig ist, dass es hier mit rund 12.800 Autobahnkilometern auch das drittlängste Autobahnnetz der Welt gibt. Allerdings waren 2019 davon mehr als 2.500 Kilometer sanierungsbedürftig. So kann es kaum verwundern, dass laut ADAC-Staubilanz insgesamt in 2019 zwar die Anzahl der bundesweiten Staus (rund 708.500) als auch deren Gesamtlänge mit rund 1.423.000 Kilometer gegenüber 2018 um fünf Prozent abnahm (fünf Jahre zuvor waren es noch 960.000 Kilometer), doch deren Dauer um 14 Prozent auf 521.000 Stunden anstieg – fünf Jahre zuvor waren es noch 285.000 Stunden.

Häufig werden die Staus u. a. mit der gestiegenen Fahrleistung begründet. Ein Blick in die relevante Statistik vom Umweltbundesamt zeigt aber, dass seit 2015 die Gesamtfahrleistung stagniert.

Keinen nennenswerten Einfluss auf den Straßenverkehr hat wohl der Onlinehandel. Dekra führt dazu am 04.10.2020 aus, dass die Lieferungen von Online-Bestellungen nur einen marginalen Anteil am Verkehr einnehmen. Im Mittel seien es nur 0,1 Prozent des Verkehrs pro Quadratkilometer. Meines Erachtens reduziert der Onlinehandel sogar den Straßenverkehr: ein Paketzustellungsfahrzeug beliefert in der Regel mehrere Kunden in einer Straße mir einer Fahrt, statt dass jeder Kunde – teilweise, wenn der Artikel bestellt werden muss, zweimal – alleine zu einem stationären Händler fährt.

So verbleiben die Baustellen als Kernursache der Staus. Deren Anzahl steigt nahezu kontinuierlich, im Sommer 2020 auf mehr als 700. Einige Autobahnen sind deswegen sogar zeitweise gesperrt. Der Verkehrsfunk im Sommer 2020 bestätigt die Baustellen auch als Haupt-Stauursache: zwei von drei Staus waren Baustellen-bedingt.

Ärgerlich ist an Baustellen häufig, dass man keine Arbeiter sieht. „Zum vereinbarten Baubeginn muss etwas auf der Baustelle passieren", erklärt Verkehrsexperte Prof. Schreckenberg. Das Aufstellen einer Absperrung ist da ein adäquates Mittel der Betriebe, nicht vertragsbrüchig zu werden, auch wenn der eigentliche Bau aufgrund fehlender Kapazitäten noch lange nicht beginnen kann. Das sind dann die Baustellen, auf denen sich keine Baumaschine bewegt.

Hinzu kommt nicht selten mangelhaftes Baustellen-Management, so dass sich die Arbeiten in die Länge ziehen und auf einer Autobahnbaustelle nichts passiert: Materiallieferungen verzögern sind, wichtige Baumaschinen sind noch auf anderen Baustellen im Einsatz. Dabei sind Baustellen als Ursache für Staus keine Randerscheinung. „Mindestens 25 Prozent der Staus werden direkt von Baustellen verursacht, rund 60 Prozent von Überlastungen", hat Prof. Schreckenberg errechnet. „Wie viele Überlastungen jedoch von Baustellen verursacht werden, lässt sich kaum sagen, dementsprechend hoch ist die Dunkelziffer der indirekten Baustellenstaus."

Mitursächlich für die Staus ist aber auch, dass das deutsche Straßennetz gar nicht so dicht wie vermutet ist. Setzt man alle Straßenkilometer in Relation zu den Einwohnern, ergeben sich im Durchschnitt in Europa 11.140 km pro eine Million Einwohner, in Deutschland lediglich 7.540 Kilometer. So sieht man an vielen Stellen einen Straßenausbau. Doch ob der zum Zeitpunkt der Fertigstellung noch erforderlich ist, kann zumindest bezweifelt werden - laut Shell-PKW-Szenarien der Individualverkehr in 2022 seinen Höhepunkt haben, dann aber leicht zurückgehen.

3.1.2. Schienenverkehr

Das Schienennetz der Eisenbahnen in Deutschland hat derzeit eine Streckenlänge von rund 38.500 km – im Bahnreform-Jahr 1994 waren es noch 44.600 km (allianz-pro-schiene.de/themen/infrastruktur/schienennetz). Größter Netzbetreiber war in 2017 die Deutsche Bahn mit ca. 33.500 km. Dieses öffentliche Schienennetz, die Bundesschienenwege, steht allen Eisenbahnverkehrsunternehmen zur Nutzung offen. Die übrigen Strecken gehören verschiedenen nichtbundeseigenen Eisenbahnen.

Mit einer daraus abgeleiteten Schienennetzdichte von 405 Km pro einer Million Einwohner liegt das deutsche Netz aber ebenfalls unter dem EU-Durchschnitt von 455 km pro einer Million Einwohner.

Je nach Nutzung unterscheidet man zwischen dem Nah- und dem Fernverkehrsnetz. Während das Fernverkehrsnetz meist für höhere Geschwindigkeiten ausgelegt ist – auf einigen Neubaustrecken sind Höchstgeschwindigkeiten von bis zu 300 km/h möglich – zählen zum Schienennetz des Nahverkehrs auch die S-Bahnnetze. Der Schienengüterverkehr wird überwiegend auf dem Fernverkehrsnetz durchgeführt.

Rund 60 Prozent des Schienennetzes sind elektrifiziert, also mit einer Oberleitung ausgestattet und damit für den Betrieb von E-Loks geeignet. Der Anteil der Elektrifizierung steigt stetig, aber langsam: laut Bundesregierung sollen bis zum Jahr 2025 mindestens 70 Prozent des Schienennetzes über eine Oberleitung verfügen.

Der Verkehr auf dem öffentlichen Schienennetz wächst zusehends: von 1994 bis heute ist die Verkehrsleistung im Eisenbahnpersonenverkehr um über 40 Prozent gewachsen, die Verkehrsleistung im Eisenbahngüterverkehr sogar um rund 65 Prozent. Inzwischen legen allein auf dem Streckennetz der

DB Netz AG die Züge pro Jahr mehr als eine Milliarde Kilometer zurück. Und – vor Corona – sollte die Verkehrsleistung auch in den nächsten Jahren sollte die Verkehrsleistung „vor Corona" weiterwachsen, laut Statistischem Bundesamt von 2019 bis 2023 um rd. neun Prozent.

Neben einem gezielten Ausbau ist ein guter Zustand der Schieneninfrastruktur eine Grundvoraussetzung, um mehr Verkehr auf die Schiene zu bringen und das Verlagerungspotenzial auf die Schiene tatsächlich auszuschöpfen. Die Fahrgäste, aber auch die verladende Wirtschaft erwarten einen Netzzustand, der erlaubt, dass Reise- und Güterzüge rasch und zuverlässig ihr Ziel erreichen. Im Vergleich zu unseren europäischen Nachbarn wird in Deutschland allerdings nur mager in das Schienennetz investiert: Pro Kopf flossen 2019 76 Euro in die Schieneninfrastruktur. In Schweden etwa sind die Pro-Kopf-Ausgaben rund drei Mal höher und in der Schweiz liegen die Pro-Kopf-Ausgaben sogar bei 362 Euro – rund fünf Mal mehr als in Deutschland. Letztlich sorgen aber die geringen Investitionen aber dafür, dass die Deutsche Bahn in den letzten zehn nur in 2015 einen Verlust abgeliefert hat. Dabei sind im EU-Vergleich die Fahrpreise eher günstig, allerdings ist die Kundenzufriedenheit v. a. wegen der häufig geringen Pünktlichkeit eher gering: in einem Drei-Länder-Vergleich (Deutschland, Österreich und Schweiz) stellt sie das Schlusslicht. Im Jahr 2018 waren laut eigenen Angaben im Nahverkehr 94 Prozent der DB-Züge pünktlich, bei den ÖBB waren es 96 Prozent und bei den SBB 97 Prozent. Pünktlich heißt in Deutschland übrigens mit weniger als sechs Minuten Verspätung ankommen, in der Schweiz und in Österreich mit weniger als fünf Minuten. Und im Fernverkehr müsste die DB nun wirklich einen Zacken zulegen: jeder vierte Zug war unpünktlich (zeit.de vom 17.04.2019). Eine Ursache liegt in den mehr als 800 Baustellen, wofür Jahr für Jahr mehrere Milliarden Euro ausgegeben werden. Doch das alles reicht nicht, glaubt die Eisenbahn- und Verkehrsgewerkschaft.

Der EVG-Vorstand hat jetzt ein Positionspapier verabschiedet, das der F.A.Z. vorliegt. Darin heißt es: „Um das System Schiene wieder in einen soliden Zustand zu bringen und die im Koalitionsvertrag vorgegebenen Verkehrsverlagerungen auf die Schiene realisieren zu können, ergibt sich insgesamt ein zusätzlicher Finanzbedarf bis 2030 von jährlich durchschnittlich fast 10 Milliarden Euro." Aufgrund fehlender Ersatz- und Modernisierungsinvestitionen komme es zu einer zunehmenden Überalterung der Schieneninfrastruktur, kritisieren die Gewerkschafter. Den „Rückstau" von Ersatzinvestitionen beziffern sie auf insgesamt 57 Milliarden Euro. (faz.de vom 04.03.2019)

Aber nicht nur die unterdurchschnittlichen Investitionen sind ein Hindernis, sondern auch die Umsetzungsgeschwindigkeit. Die FAZ führt dazu am 30.09.2020 ein Beispiel von der Schnellfahrstrecke von Mannheim nach Stuttgart aus, die seit dem 10. April 2020 komplett gesperrt und soll nach einer umfangreichen Sanierung am 01.11.2021 wieder in Betrieb gehen sollte. In dieser Zeit sollen auf 99 Kilometer Strecke fast 380 Kilometer neue Schienen im gründlich aufgearbeiteten Schotterbett verlegt worden sein. Dazu kommen zahlreiche weitere Arbeiten.

Wenn man 15 Jahre für den Bau einer Bahnstrecke braucht, wie lange dauert dann eine Generalsanierung nach drei Jahrzehnten intensivem Gebrauch der der Kursbuchstrecke 770? Das Ergebnis: bei einer Vollsperrung ist das mehr als 180 Millionen Euro teuren Vorhaben in 205 Tagen zu schaffen. Weil die mit bis zu 280 km/h befahrene Strecke zum ersten Mal seit dem Betriebsstart im Mai 1991 über längere Zeit stillgelegt war, wurden zum Beispiel auch Kabel erneuert, Oberleitungsmasten ausgetauscht, Tunneldrainagen ertüchtigt und Weichen ausgetauscht.

Und wie lange dauert es, das gesamte deutsche Schienennetz zu überholen, vorausgesetzt die traditionelle Eisenbahn ist noch ein Massenverkehrsmittel für die Zukunft. Diese Frage

stellte sich man in Deutschland bereits vor rund 60 Jahren...
und entwickelte mit dem Transrapid eine Magnetschwebe-
bahn für den Hochgeschwindigkeitsverkehr. Nach dem Beginn
der staatlich finanzierten Entwicklung im Jahr 1969 wurden
1979 erste Prototypen vorgestellt. Im Jahr 1991 wurde die An-
wendungsreife anerkannt Mit einer „Systemgeschwindigkeit"
von 550 km/h war bereits damals eine nahezu doppelte Geschwindigkeit gegenüber dem ICE möglich. Doch letztlich wurden alle Projekte (Transrapid Berlin–Hamburg, Metrorapid und
ein Flughafenzubringer in München) nach langjährigen Pla-
nungsphasen abgebrochen.... obwohl zudem im Fernverkehr
der Energieverbrauch des ICEs bei vergleichbarer Geschwindigkeit um 30 Prozent höher als der des Transrapids ist, im
Kurzstreckenflugverkehr bei nicht vergleichbarer Geschwindigkeit sogar 400 Prozent höher.

Anders in China, wo am 31. Dezember 2002 der Probebetrieb
auf einer 30 km langen Strecke von Shanghai zum Flughafen
Pudong gestartet wurde. Am 12. November 2003 erzielte der
Transrapid in Shanghai einen neuen Geschwindigkeitsrekord
von 501 km/h als schnellste kommerzielle Magnetbahn. Anfang
2004 wurde der Regelbetrieb als das fahrplanmäßig schnellste
spurgebundene Fahrzeug der Welt aufgenommen. Mittlerweile
haben die Chinesen den Zug bzw. die Technik weiterentwickelt.
Chinas staatliches Bahntechnikunternehmen CRRC hält dazu
alle nötigen Patente selbst, was auch den Export erleichtert. In
Kenia und Thailand hat das chinesische Staatsunternehmen
eine erste Strecke bereits fertiggestellt, Saudi-Arabien hat die
chinesische Zugtechnik bestellt, ebenso Russland, Brasilien
und die USA. Allein 2016 verkaufte CRRC weltweit Züge im
Wert von rund sieben Milliarden US-Dollar. Im vergangenen
Jahr lag der weltweite Marktanteil des chinesischen Staatsun-
ternehmens bei 46 Prozent. Und selbst die Deutsche Bahn
kauft beim chinesischen Hersteller CRRC Spezialloks für die
Infrastrukturtochter DB Netz. Im August hat CRRC zudem die

Dieselsparte des deutschen Eisenbahntechnikunternehmens Vossloh gekauft. Dass ausgerechnet die Deutsche Bahn dem chinesischen Zughersteller den Sprung nach Deutschland ermöglicht, hat allerdings einen simplen Grund: CRRC war schlicht der einzige Bieter. Das Auftragsvolumen liegt bei rund zehn Millionen Euro. Siemens und anderen westlichen Herstellern war dieser Auftrag zu mickrig.

Dem chinesischen Hersteller kommt zweifelsohne zugute, dass Regierung und Staatsbahn in den vergangenen zehn Jahren so viel in den Ausbau des Streckennetzes investiert haben wie kein anderes Land.

Der „Superzug" Fuxing, was so viel bedeutet wie Erneuerung, befährt inzwischen viele Strecken in China. (zeit.de vom 02.10.2020) Schon heute verfügt China mit mehr als 20.000 Kilometern Länge über das größte Hochgeschwindigkeitsnetz der Welt und bis 2030 sollen weitere 10.000 Kilometer hinzukommen.

Aber nicht nur das deutsche Streckennetz weist Optimierungspotential auf. So zeigt ein Leserbrief von Herrn Peters im Kölner Stadtanzeiger vom 29.09.2020 „dringende Verbesserungsvorschläge" auf. Zum Beispiel sollte das „viele Geld, das man für die völlig unsinnige Namensänderung des Bahnhofs Leverkusen- Schlebusch ausgeben will, viel besser in die regelmäßige Säuberung und technische Instandhaltung des Bahnhofs Opladen stecken. Die alle paar Wochen ausfallenden Rolltreppen und Aufzüge, der Müll in den Ecken und neben den Gleisen sowie die Verschmutzung des (eigentlich überflüssigen) Verbindungstunnels von Gleis 1 zu 2 durch Drogenabhängige mit Spritzen und Fäkalien muss dringend angegangen werden." Hier wird leider ein Zustand beschrieben, der kein Einzelfall ist. – man muss sich nur mal den Bahnhof Hagen ansehen. Und so kann es schließlich nicht verwundern, dass von den 57 Mrd. €

Investitionsstau (siehe oben) sieben Milliarden auf die Bahnhöfe entfallen, zzgl. erhöhter laufender Kosten zur Wartung und Pflege.

3.1.3. ÖPNV

Der öffentliche Nahverkehr, also der Personenverkehr als Teil des öffentlichen Verkehrs auf Straße, Schiene, Wasser und mittels Luftseilbahn, gilt als das Rückgrat für die Mobilität der Bevölkerung. Mit rund 5,8 Milliarden beförderten Fahrgästen und 77,5 Milliarden Personen-Kilometern allein in der ersten Hälfte des Jahres 2018 verzeichnete der öffentliche Personennahverkehr (ÖPNV) in Deutschland einen absoluten Fahrgast-Rekord (Statistisches Bundesamt 2018). Im Vergleich zum Vorjahr 2017 stieg die Zahl der Fahrgäste – bezogen auf das ganze Jahr – auf 10,38 Milliarden respektive um 0,6 Prozent. Um diese Leistung erbringen zu können, waren 2017 täglich über 35.000 Linienbusse und 16.000 Eisenbahnzüge im Einsatz. Die entsprechenden Einnahmen in Höhe von 12,8 Milliarden Euro sind mit dem jährlichen Gesamtumsatz der deutschen Textilindustrie vergleichbar, welche zu den zehn wichtigsten Industriebranchen der Bundesrepublik zählt. Als Arbeitgeber trägt er dementsprechend zum Wohlstand bei. Insgesamt sind 236.000 Arbeitnehmer direkt bei Verkehrsunternehmen sowie 157.000 indirekt bei zuliefernden Dienstleistern beschäftigt. Im Gegensatz zu vielen anderen Branchen sind diese Arbeitsplätze zu großen Teilen fest in Deutschland verankert und können nicht in andere Länder verlagert werden.

Doch im September 2020 wird berichtet (ksta.de vom 22.09.2020), dass sich beispielsweise die NRW-Verkehrsbetriebe auf einen dauerhaften Fahrgastschwund von bis zu 30 Prozent einstellen. Gründe hierfür seien (Mehrfachnennungen möglich):

- zu viele Personen in Bussen und Bahnen (51 Prozent)
- unzureichendes Hygienekonzept (41 Prozent)
- Maskenpflicht schränkt zu sehr ein (34 Prozent)
- weniger Reisebedarf (31 Prozent)

Die den Prognosen zugrundeliegenden Analysen und Umfragen des Nahverkehr Rheinland decken sich mit den bundesweiten Erhebungen des Verbands deutscher Verkehrsunternehmen und des Deutschen Instituts für Urbanistik. Aber sind obige Ursachen nicht überwiegend abstellbar?

Auch technische Probleme beeinflussen die Nachfrage. Beispielhaft sei hier die Wuppertaler Schwebebahn angeführt, die immer wieder mit Unfällen und Stillstand aufwartet:

- 1999 kommen auf der Schwebebahnstrecke fünf Menschen ums Leben, 47 werden schwer verletzt. Der Schwebebahnbetrieb kommt rund acht Wochen zum Stillstand.

- 2018 stürzt ein Stück Stromschiene herab. Neun Monate dauert es, bis die Bahn nach dem Einbau eines neuen Sicherungssystems wieder in Betrieb gehen darf. In dieser Zeit werden sämtliche alten Fahrzeuge gegen neue Züge ausgetauscht.

- Im September 2020 pausiert die Schwebebahn unter der Woche und fährt nur noch an Samstagen sowie Sonn- und Feiertagen. Grund sind vor allem Schäden an den Rädern der 131 neuen Züge (für 120 Mio. €). Bis zum Sommer 2021 soll das Problem behoben werden. So lange müssen rund 85.000 Fahrgäste auf den Bus umsteigen.

3.1.4. Luftverkehr

Das Luftverkehrsaufkommen ist in den letzten Jahren kontinuierlich gewachsen. Trotzdem sind die meisten der 38 Verkehrsflughäfen schon heute defizitär.

Insgesamt gab es 2017 in Deutschland nur acht Flughäfen (Frankfurt, München, Düsseldorf, Köln/Bonn, Hamburg, Hannover, Nürnberg, und Memmingen) die Überschüsse erwirtschaften konnten. Bei der Betrachtung ergibt sich selbst unter den großen Standorten eine generelle Regel: je weniger Passagiere, desto geringer die Margen. Operieren die größeren Standorte mit Gewinnmargen um die zehn Prozent, erwirtschaften die nach Passagierzahlen kleineren Standorte im Verhältnis zum Umsatz meist weitaus weniger oder sind sogar auf Zuschüsse angewiesen.

Und Corona wird die Situation noch einmal verschärfen. Während man „vor Corona" noch von einem weiteren Anstieg aus ging, hat sich dies mittlerweile geändert. So schreibt die FAZ am 25.09.2020, dass „der globale Luftverkehr durch die internationale Virus-Krise völlig neu dimensioniert wird." Dies hat natürlich auch einen massiven Einfluss auf die 38 Verkehrsflughäfen in Deutschland.

Der endlich am 31.10.2020 eröffnete BER-Flughafen wird demnächst, wenn es gut läuft, 25.000 Passagiere am Tag zählen, ein Viertel der üblichen Auslastung in Tegel. Frühere Kalkulationen führten dazu, dass angebaut wurde. Terminal 2 ist fertig, wird aber im Moment nicht gebraucht, genauso wie Terminal 3, der 2025 fertig werden sollte.

Aber der BER-Flughafen ist viel mehr durch seine Bauzeit und Kostenexplosion bekannt. Die FAZ bezeichnet ihn als „Symbol für Inkompetenz in Planen, Genehmigen, Bauen und Finanzieren. Auf Ingenieur.de wird am 21.10.2020, kurz vor der offiziellen Eröffnung, die Historie.

Nach der Wiedervereinigung sollte ein großer und moderner Hauptstadtflughafen her. 1992, also vor knapp drei Jahrzehnten, beginnen die Planungen, der potentielle Standort Schönefeld fällt bald aus - die Planer halten ihn für den am schlechtesten geeigneten Ort. Die Gegend um den ehemaligen russischen Militärflughafen Sperenbeg beziehungsweise Jüterbog-Ost gelten als Top-Standorte für den Berliner Flughafen.

Mit der Entscheidung der Landesregierungen von Berlin und Brandenburg von 1996 kommt die erste Merkwürdigkeit in der Geschichte des Flughafens BER: entgegen allen Empfehlungen beschließen sie, dass der Flughafen Berlin-Brandenburg doch in Schönefeld gebaut werden sollte. Die Kosten schienen aus damaliger Sicht im Vergleich zu den anderen Standorten geringer, was wohl unter anderem ausschlaggebend für die Wahl von Schönefeld-Süd gewesen sein dürfte. Die Berliner Flughäfen Tempelhof und Tegel sollen schließen, sobald der neue Hauptstadt-Flughafen in Betrieb ist.

Die BBF (Berlin Brandenburg Flughafen Holding GmbH) beziffert die Kosten für den Bau des BER damals auf umgerechnet etwa 800 Millionen Euro. Mit dieser Summe lagen die Planer ein bisschen daneben, wie man heute weiß …

Den Bau des Flughafens soll ein privates Unternehmen übernehmen. Damals rechnete man damit, dass der neue Berliner Flughafen nach einer Bauzeit von etwa zehn Jahren 2007 eröffnet werden wird. Doch bei der geplanten Zusammenarbeit mit dem Bauspezialisten Hochtief (der rund zehn Jahre später wegen des Skandals um die Kölner U-Bahn noch oft in die Schlagzeilen geraten sollte) hapert es.

1999 bekommt Hochtief den Zuschlag. Doch weil es Verfahrensfehler gibt, kippt das Oberlandesgericht Brandenburg die Entscheidung. Auch der zweite Anlauf 2002, diesmal mit Hochtief und dem Immobilienkonzern IVG, klappt nicht – aus finanziellen Gründen. Regierende und Wirtschaftsvertreter zerstreiten sich. 2003 erklären der neue Berliner Bürgermeister Klaus Wowereit und Brandenburgs Ministerpräsident Platzeck: es wird kein Projekt mit Hochtief geben. Eine teure Entscheidung – für den Steuerzahler: 40 Millionen Euro Entschädigung aus Steuergeldern müssen für den entgangenen Auftrag an die Unternehmen gezahlt werden.

Derweil klagen Bürgerinitiativen gegen den Bau in Schönefeld vor dem Verwaltungsgericht. Sie wollen den Flughafen am Berliner Stadtrand nicht. Die Richter verhängen einen vorläufigen Baustopp: Ohne neues Lärmschutz-Konzept soll es keinen Flughafen geben. Unter Lärmschutz-Auflagen kann der Flughafenbau im September 2006 doch begonnen werden – voller Optimismus: „Berlin-Brandenburg wird sich entwickeln zu einem Drehkreuz. Mit unserem Spatenstich leiten wir eine neue, wichtige Etappe ein", sagte der damalige Verkehrsminister Wolfgang Tiefensee. Ebenfalls dabei ist Rainer Schwarz von Geschäftsführung des Flughafens, Berlins Bürgermeister Klaus Wowereit (SPD), Brandenburgs Ministerpräsident Matthias Platzeck (SPD) und Hartmut Mehdorn (der in den nächsten Jahren zum vielleicht umstrittensten Bahnchef aller Zeiten wurde). Rainer Schwarz verkündet bei einem Festakt: „Die Baukosten liegen unter dem Niveau anderer Flughafenprojekte." Weniger als 2 Milliarden Euro sollte der Flughafen kosten, der am 31. Oktober 2011 feierlich eröffnet werden würde. Doch schon im März 2007 werden die Ausschreibungen für das Terminal des neuen Flughafens auf Eis gelegt. Die Flughafengesellschaft schätzt die Kosten dafür auf 630 Millionen Euro, doch die Baukonzerne rechnen mit einer Milliarde Euro. Bund und Länder wollen den Bau jetzt in Eigenregie (mittels einer durch Gesellschafter koordinierte Einzelausschreibung der unterschiedlichen Bereiche) übernehmen.

2008 schließ der Flughafen Tempelhof nach 85 Jahren seines Bestehens und entgegen den Bestrebungen einer Bürgerinitiative, die den traditionsreichen Flughafen per Volksentscheid gern gerettet hätte.

Unterdessen beginnt der Bau des Flughafenterminals. Eine der Planungsfirmen geht allerdings in 2010 in die Insolvenz – und damit ist erst mal Baustopp und die für 2011 geplante Eröffnung wird um ein Jahr verschoben. In dieser Zeit sollten auch notwendige Anpassungen vorgenommen werden, um die neuen Sicherheitsanforderungen der EU erfüllen zu können.

2011 beginnt die immer wiederkehrenden Probleme des Flughafen Berlin-Brandenburg mit dem Brandschutz - der TÜV verweigert die Bauabnahme wegen unterschiedlicher Löschsysteme, die durch fünf verschiedene Unternehmen installiert worden waren. Der zuvor auf 440 Millionen Euro berechnete Eigenfinanzierungsbeitrag der Berliner-Flughäfen stieg unterdessen auf 530 Millionen Euro. Streit gibt es auch wegen der geplanten Flugrouten. Anwohner wollen ein Nachtflugverbot. Außerdem missfällt vielen, dass die Maschinen beim Starten und Landen direkt über den beliebten Müggelsee donnern sollen. Erneut beschäftigt der BER die Gerichte.

Anfang 2012 ist man sich (fast) sicher, dass am 3. Juni 2012 wird der BER eröffnet wird. Die Einladungen für die Eröffnungssause sind schon verschickt. Dabei sieht es auf der Baustelle noch nicht nach Finale aus. Trotzdem stellen Komparsen die Check-in-Abläufe nach – zum Unmut der Bauarbeiter, die sich in ihrer Arbeit behindert fühlen. Es kommt zum nächsten Streit. Kurz vor dem offiziellen Termin folgt eine eilige Pressekonferenz: es wird tatsächlich keine Eröffnung geben, wegen technischer Probleme.

Die Kosten steigen unterdessen immer weiter. EU-Beihilfen waren nötig, um den Betrieb am Laufen zu halten. Weit mehr als eine Milliarde Euro ist bis jetzt in das Projekt geflossen und mit weiteren 4,5 Milliarden rechnet man. Klaus Wowereit sagt: „Wir erwarten, dass der Flughafen so schnell wie möglich eröffnet wird. Realistischerweise kann das nicht sein vor Ende der Sommerferien. Also, im August 2012." Aber dazu kommt es nicht. Als neuer Termin wird März 2013 ausgerufen. Doch auch im März wird der Eröffnungstermin erneut verschoben.

Der Aufsichtsrat feuert unterdessen den Planungsstab sowie viele der beteiligten Architekten und Planer – die kurzerhand ihre Unterlagen und Planungsdaten mitnehmen. Weitere Probleme beim Brandschutz und die nur 95-Prozentige Fertigstellung der Gebäude sorgten erneut für eine Verschiebung der geplanten Eröffnung. Als neuer Termin wird der 27. Oktober 2013 ausgerufen.

Doch da die finanziellen Mittel des Flughafens schon im November 2012 keine Weiterführung des Projekts erlaubten, soll nun Ex-Bahnchef Hartmut Mehdorn als Oberplaner das Projekt endlich zu Ende führen. Er gibt sich durchsetzungsfähig: „Sie dürfen als Bauherr dem Architekten das Feld nicht kampflos überlassen, sonst laufen Ihnen am Ende Zeitplan und Kosten weg", sagt er bei einem Pressetermin. Und weiter: „Der BER wird ein Schmuckstück. Wir machen jetzt fertig."

Anfang 2014 beschließt Mehdorn zusammen mit dem Aufsichtsrat einen neuen Zeitplan. 2017 soll die Eröffnung sein – man geht gewissermaßen auf Nummer sicher, denn baulich ist der BER im März 2016 fertig. Der Finanzplan muss rasch geändert werden – denn in dem kommt das Jahr 2017 bis zu diesem Zeitpunkt noch gar nicht vor.

2015 wirft Hartmut Mehdorn dann hin, er scheitert. So auch sein Nachfolger, der Industriemanager Karsten Mühlenfeld. Engelbert Lütke-Daldrup wird nun der vierte BER-Chef innerhalb weniger Jahre. Nun wird festgestellt, dass sich der Flughafen im Sanierungszustand befindet, obwohl er noch gar nicht fertiggestellt ist. Und die Ausbesserungen dauern allmählich länger als der eigentliche Bau. So werden 2016 29.000 Sprinklerköpfe ausgetauscht, die sind größer sind und im Brandfall mehr Wasser durchlassen – deshalb müssen größere Leitungen her. So müssen in 2017 zwei Kilometer Wasserleitungen in den Decken ausgetauscht werden.

2018 macht Lufthansa-Vorstand Thorsten Dirks den Vorschlag, den Bau komplett abzureißen und komplett neu aufzubauen. Denn die Sanierung und Ausbesserung verschluckt Hunderte Millionen von Euro. Weil sich der Bau immer länger zieht, ist die Technik im Airport längst veraltet. So liefen zu Beispiel 750 Monitore, über die Fluggastinformationen eingeblendet werden sollten, sechs Jahre lang mit der Stromversorgung des Flughafens mit: Ihre maximale Lebensdauer war bereits überschritten. Die Kosten für einen Austausch: 500.000 Euro.

Ein geplantes, zweites Terminal treibt die Kosten noch einmal rasant in die Höhe: 100 Millionen Euro waren für den Bau vorgesehen, doppelt so teuer wird es tatsächlich. Dies geht auf ein Gutachten des Wirtschaftsprüfungsunternehmens PwC zurück. Demnach gab es erheblich Mängel bei der Planung. Insgesamt 250 Änderungen mussten an die Pläne angefügt werden.

Anfang Oktober 2020 muss die staatliche Betreibergesellschaft wegen Corona mit 552 Millionen Euro gestützt werden. Allerdings hatte das Unternehmen schon vor der Corona-Krise einen Bedarf von etwa 375 Millionen Euro für 2021 angemeldet, vor allem, weil dann noch Rechnungen für den BER zu begleichen sind.

Parallel kommt eine überhöhte Bezahlung zweier Betriebsräte ans Licht. Der damalige Personalchef Manfred Bobke-von Camen hatte die beiden Aufsichtsratsmitglieder auf deren Wunsch hin tariflich höher eingruppiert, wie der Vorsitzende des Kontrollgremiums, Rainer Bretschneider, erläuterte. In dem Fall ermittele die Staatsanwaltschaft Neuruppin. Bretschneider

kündigte Rückforderungen an. Und schon bald dürfte der Flughafen laut Herrn Scheuer frisches Staatsgeld benötigen (spie-
gel.de vom 27.10.2020). Man „müsse sich die Wirtschaftspläne
für die nächsten Jahre noch einmal intensiv anschauen."

Schon vor der Eröffnung ist der BER mit mindestens acht Milliarden Euro 1000 Prozent teurer als ursprünglich geplant ... und
dreizehn Jahr später fertiggestellt. Und pro Tag verschlingt der
Bau umgerechnet durchschnittlich mehr als eine Million Euro.

3.2. Datenübertragung

3.2.1. Festnetz

In Deutschland gab es 1877 die ersten Versuche, Sprache über
ein Kabel via Telefonvermittlung zu übertragen. Fast 100 Jahre
lang änderte sich am Prinzip wenig. Erst 1972 wurde in
Deutschland eines vollautomatischen Vermittlungssystems eingeführt. Seither gehörte praktisch zu jedem Haushalt ein Telefon. Auch wenn dieses, dank günstiger Smartphones-Flatrates,
in vielen Haushalten bereits wieder auf dem Rückzug ist.

In den 1960er Jahren nahm die Computertechnologie langsam
Formen an. Mit einher ging der Bedarf, Daten auch über die
Ferne übertragen zu können, statt Magnetbänder oder Disket-
ten per Post zu versenden. Als Basis wurde damals das fast
schon überall verfügbare Telefonnetz genutzt - die Datenfern-
übertragung über das Telefonnetz war geboren. 1960 wurde
auch das erste Modem vorgestellt. Die Bitrate lag bei etwa 300
Bit/s.

2006 begann in Deutschland mit der Einführung von DSL ein
neues Zeitalter in puncto Internetgeschwindigkeit. Seitdem stehen Tarife mit 50 MBit/s zur Verfügung. 2010 wurde die regionale Maximalbandbreite für Privatkunden auf 100 MBit/s erhöht. 2012 offerierte Unitymedia seinen Teilnehmern sogar bis

zu 150 MBit/s im Download.2015 wurden 200 MBit/s angeboten und ab 2016 gar 400 MBit/s. Jedoch war Mitte 2018 eine bundesdeutsche Flächenversorgung (zu 99,8 Prozent) nur mit 6 MBit/s gegeben:

Und nur 4,1 Prozent aller stationären Breitbandanschlüsse in Deutschland waren laut veröffentlichten Daten der OECD im Dezember 2019 mit einem Glasfaserkabel verbunden – das bedeutet Platz 34 des Länderrankings (selbst Kolumbien hat mit 13,8 Prozent mehr als dreimal so viele Glasfaseranschlüsse). Fast nirgendwo in den Industriestaaten ist der Glasfaseranteil derartig niedrig. Aktuell werden rund 83 Prozent aller Breitbandanschlüsse in dem ostasiatischen Land per Glasfaser realisiert und in China verfügen 90 Prozent der Haushalte schon heute über einen Glasfaseranschluss. Die Situation in Deutschland ist umso beachtlicher, als dass schon 1983 japanische Unternehmen das Festhalten am Kupferkabel statt auf Glasfaser umzustellen als Fehlentscheidung titulierte. Alle Warnungen vor verbauten Zukunftschancen, die Schwarz-Schilling auch von deutschen Kabelherstellern zu hören bekam, schlug der Minister in den Wind. Sein Standard-Argument: "Die Kupferkabel schaffen uns die Arbeitsplätze jetzt." Selbst spätere Doppelinvestitionen schließt er nun offenbar nicht mehr aus. "In Großstädten und Ballungsräumen, die sich innerhalb des nächsten Jahrzehnts am ehesten für eine Glasfaserverkabelung anböten", trug er seinem Verwaltungsrat vor, werde die Post "Vorkehrungen treffen, dass später neben der Kupferkabeltechnik auch die Glasfasertechnik installiert werden" könne. (spiegel.de vom 31.01.1983)

Bis 2025 möchte die Bundesregierung einen flächendeckenden Glasfaserausbau realisiert haben, ein ambitioniertes Ziel. Der vorherige Kurs sah mindestens 50 MBit/s für alle Haushalte Deutschlands vor, was bislang immer noch nicht erreicht wurde. Mitte 2018 waren 82,9 Prozent der Haushalte mit dieser Download-Geschwindigkeit (oder höher) unterwegs. Absolute

Weltspitze ist in dieser Hinsicht Südkorea mit einem Glasfaseranteil von 83 Prozent. In Europa sind die Schweden mit 71,2 Prozent führend.

"Was den Digitalausbau in Deutschland angeht, war Alexander Dobrindt mit seinem Ministerium für digitale Infrastruktur ein Totalausfall", meint Torsten Gerpott, Professor für Telekommunikationswirtschaft an der Universität Duisburg-Essen. Er kritisiert die "zu späte, zu knappe und zu bürokratische Vergabe von Breitband-Fördermittel durch den Bund". Erst 2015 wurde ein Förderprogramm mit vier Milliarden Euro gestartet, was jedoch viel zu komplex sei. Denn drei Jahre später sind lediglich drei Milliarden Euro für Projekte zugesagt und erst ein Bruchteil tatsächlich verbaut, laut Bitkom wegen langer Antragsverfahren und zu weniger Tiefbaukapazitäten. Eine Vereinfachung fordert auch die FDP: "Das Antragsverfahren muss so sein, dass gut strukturierte Gemeinden Anträge ohne Hilfe stellen können", sagt Daniela Kluckert, die stellvertretende Vorsitzende im Ausschuss für Digitale Infrastruktur.

Dabei ist bekannt, dass im Zuge der Bedarfsentwicklung der Industrie 4.0 bei der Standortwahl vieler Produzenten nicht mehr ausschließlich auf niedrigste Lohnkosten geachtet wird (klassische Arbeiter spielen in einer automatisierten Produktion nicht mehr die entscheidende Rolle), sondern viel mehr auf eine Highspeed-Digitalumgebung. Damit ist es durchaus denkbar, dass Industrieunternehmen künftig individualisiert dort produzieren, wo ihre Kunden sitzen und die Entwicklung der Produkte stattfindet – beispielsweise in Deutschland ... wenn man nicht so weit hinterherhinken würde.

Doch es gibt noch ein weiteres Problem: die Abhängigkeit von ausländischen IT-Produkten, digitalen Plattformen und Infrastrukturen, die in Deutschland mittlerweile so groß geworden ist, dass selbstbestimmte Entscheidungen im digitalen Raum kaum noch getroffen werden können (so Christoph Meinel vom

Hasso-Plattner-Institut in der FAZ vom 05.10.2020). Mit den USA und China haben aktuell nur zwei Staaten die Fähigkeit, politisch in den Digitalraum hineinzuwirken und diesen nach ihren eigenen Vorstellungen mit der Macht des Faktischen ihrer innovativen Digitalkonzerne zu gestalten. Denn Software und Internetplattformen sind längst zu Mitteln der Außenpolitik geworden, siehe die Auseinandersetzungen um Huawei und Tiktok.

„Dagegen ist Deutschland und insbesondere im staatlichen Bereich bisher noch fast jeder Versuch gescheitert, in der digitalen Welt Fuß zu fassen. Schonungslos sichtbar geworden ist das infolge der Corona-Pandemie:

- Die im Zuge des Lockdowns geschlossenen Schulen konnten nicht auf digital umschalten - der seit Jahren zur Digitalisierung der Schulen abgeschlossene „Digitalpakt Schule" hatte keine Wirkung gezeigt. Für die Unterrichtsforscherin Felicitas Thiel „haben die Kultusminister keinen Plan B als Alternative zum Präsenzunterricht. Viele Schulleitungen haben gute Konzepte für Hybrid- oder Distanzunterricht entwickelt. Sie sind aber zu Recht unzufrieden mit der Ausstattung und Unterstützung. Es gibt keine gemeinsamen Lernplattformen, zu wenig Endgeräte und zu wenig auf ihre Wirksamkeit geprüfte Lernsoftware. Internationale Studien zeigen, dass bei der digitalen Ausstattung deutscher Schulen großer Nachholbedarf besteht. Ohne diese Grundvoraussetzungen lässt sich ein Plan B nicht realisieren." (faz.de vom 10.12.2020)
  Für tausende Schüler und Schülerinnen begann der erste Tag im Homeoffice mit Problemen. Nachdem Bildungssenatorin Sandra Scheeres (SPD) im Bildungsausschuss von einer guten Vorbereitung gesprochen und insbesondere die digitale Lernplattform „Lernraum

Berlin" gelobt hatte, versagte diese kurz nach dem sonst regulären Schulbeginn den Dienst.

Bereits am frühen Morgen trudelten die ersten Störungsmeldungen betroffener Schüler und Eltern ein, von Anmeldeproblemen war die Rede. Wenig später reagierte auch die Bildungsverwaltung. „Derzeit kommt es zu Verzögerungen bei der Anmeldung im Lernraum Berlin. Es wird mit Hochdruck an einer Lösung gearbeitet", twitterte die Behörde am Mittag. Behoben war die Störung auch am frühen Abend noch nicht. Allerdings stand Berlin mit den Problemen nicht alleine da. Die kurz darauf bundesweit in Kraft getretene Schließung der Schulen, von der Bildungsverwaltung als „präsenzfreie Unterrichtstage" bezeichnet, zwang die digitalen Lernportale mehrerer Länder in die Knie. Betroffen war neben Bayern, Sachsen-Anhalt und Schleswig-Holstein auch Brandenburg. (tagesspiegel.de vom 16.12.2020)

- Verwaltungen und Behörden waren überwiegend nicht in der Lage, den Bürgern ihre Dienste digital anzubieten – Führerscheine oder Kfz-Papiere wurden nicht mehr ausgestellt.

- Gesundheitsämter kämpfen sich durch analoge Adressformulare, um Infektionsketten nachzuweisen und Ergebnisse von Corona-Tests kommen erst nach einigen Tagen oder gar nicht bei den Betroffenen an.

So lassen die deutschen Behörden, Schulen und Unternehmen, die in täglichen Geschäftsprozessen anfallenden Daten von chinesischen oder amerikanischen Konzernen bedenkenlos verarbeiten und verwalten, ohne dass es irgendwelche Löschkonzepte gibt. Und wenn ein webgestütztes Video-Meeting eines Bundesministeriums, eines Mittelständlers oder eines DAX-Unternehmens stattfindet, werden sämtliche Video-

und Audiodaten über Rechenzentren des (meist amerikanischen) Videokonferenz-Anbieters an alle Konferenzteilnehmer geschickt, auch wenn es sich nur um Meetings mit Kollegen im eigenen Haus handelt. Das bedeutet, dass wenn ausländische Dienste ein Interesse an den besprochenen Inhalten haben und sich diese ansehen, bekommen das die Teilnehmer nicht mit, könnten es aber auch nicht verhindern. Es ist schon absurd, dass Deutschland (auch vertrauliche) Gespräche über ausländische Cloud-Dienste führen lässt, parallel aber jeder Nutzer wegen jeden noch so kleinen Datenschutz-Fauxpas gerügt wird.

Aber nicht nur die Datenübertragungsgeschwindigkeit ist ein Problem. Fast jeder kennt Situationen, wo die Leitung zusammenbricht oder bei Betätigung der Rückruftaste die Ansage erfolgt, dass die Nummer nicht vergeben sei.

3.2.2. Mobilfunk

Das erste flächendeckende Mobilfunknetz (1G) in Deutschland wurde1958 eingerichtet. Dabei wurde noch analog gefunkt in allen drei Entwicklungsstufen: im A-, B- und C-Netz. Im A-Netz mussten die Gespräche 1958 noch von Hand vermittelt werden. Verließ der Anrufer während des Telefonats die Funkzelle, wurde das Gespräch abgebrochen. Im Jahr 1972 wurde dann das B-Netz in Betrieb genommen, wobei es sich hier um das erste Selbstwahlnetz handelte. Nutzer hatten damit die Möglichkeit, die Gesprächspartner direkt anzurufen. Das C-Netz, das ab 1985 zu Verfügung stand, war das erste Mobilfunknetz, das auch von einer breiteren Öffentlichkeit genutzt werden konnte. Im A- und B-Netz waren sowohl die Kosten für die Geräte als auch die Gebühren so hoch, dass sie sich nur wenige leisten konnten.

Das 2G-Netz war das erste digitale Mobilfunknetz und wurde 1992 in Betrieb genommen. Es besteht bis heute und ist fast flächendeckend verfügbar.

2004 startete die dritte Mobilfunkgeneration in Deutschland. Die Technik dahinter nennt sich UMTS, die Kurzform für „Universal Mobile Telecommunications System". Mit dieser Technik wurde der Grundstein für mobiles Surfen im Internet gelegt. Dank der größeren Bandbreite sind wesentlich höhere Datenübertragungsraten möglich (348 Kbit/s). Auf Grund der hohen Nachfrage und dem rasanten Anstieg an internetfähigen Mobilgeräten wurde das 3G-Netz weiterentwickelt.

2006 wurde erstmals der Mobilfunkstandard 4G präsentiert, auch unter der Bezeichnung LTE bekannt, der 2010 in Deutschland eingeführt wurde. LTE ist der erste weltweit einheitliche Mobilfunkstandard mit einer Übertragungsgeschwindigkeit von 348 Kbit/s. Im ersten Ausbauschritt waren das bis zu 150 Mbit/s. Mit „LTE-Advanced" erreichen Endgeräte heute sogar Downloadgeschwindigkeit von bis zu 500 Megabit pro Sekunde.

Auch wenn 4G bei uns in Deutschland noch nicht flächendeckend verfügbar ist (wie man immer wieder sowohl im Straßenverkehr wie auch bei Bahnfahrten leidvoll miterleben muss), steht die nächste Mobilfunkgeneration bereits in den Startlöchern. 5G wird bis zu 100-mal schneller sein als das heutige LTE. Downloads mit einer Geschwindigkeit von 10 Gigabit pro Sekunde sind dann möglich. Der 5G-Ausbau ist die Grundvoraussetzung für die künftige Wettbewerbsfähigkeit Deutschlands, denn die neue Mobilfunkgeneration bildet die Basis eines neuen wirtschaftlichen Ökosystems.

Ende 2020 konnten rund die halbe Bevölkerung in Deutschland auf 5G zurückgreifen, doch wo 5G in Deutschland bereits vermarktet wird, steckt der superschnelle Mobilfunkstandard noch nicht drin. Ländliche Regionen und weite Flächen sind noch lange nicht an die Highspeed-Leitungen angebunden. „Hier können sich die Leute wahrscheinlich freuen, wenn sie ein bisschen mehr Power als den LTE-Standard bekommen", sagt Rusche vom Institut der Deutschen Wirtschaft. Deutschland hat ein Reichweitenproblem – und damit einen (weiteren) Standortnachteil.

3.3. Wohnungspolitik

In Deutschland steigt laut Statistischem Bundesamt seit Jahren die Anzahl der Wohngebäude auf in 2019 19,2 Millionen (mit 3,78 Milliarden Quadratmeter) und weist damit rund eine halbe Million mehr auf als Ende 2011. Die prozentual größten Zuwächse sind bei den Wohngebäuden mit einer Wohnung also in der Regel Einfamilienhäuser, zu beobachten. Deren Bestand stieg prozentual stärker an als der Bestand an Wohngebäuden mit mehr als einer Wohnung, unabhängig von der betrachteten Region.

Die Zahl der Wohnungen hat sich von 2013 bis 2019 laut Statistischem Bundesamt um 3,5 Prozent auf 42,5 Mio. erhöht, womit die Wohnungen je 1000 Einwohner konstant geblieben sind, genauso wie die Wohnfläche je Wohnung oder je Einwohner.

Trotzdem herrscht akute Wohnungsnot, vor allem wegen

- steigender Studentenanzahl, in den letzten zehn Jahren um 37 Prozent auf 2,90 Mio. zum Wintersemester 2019/20;

- steigender Anzahl von Single-Haushalten: während 1985 ihr Anteil an allen Haushalten noch 27 Prozent betrug, lag er Ende 2018 mit rund 17,5 Millionen bei rund 42 Prozent und soll bis 2040 gar auf mehr als 45 Prozent steigen.

- Wanderungen zwischen Deutschland und dem Ausland: über die vorrangig durch Flüchtlingsstrom gesteuerten Zuzüge (in 2015 2,15 Mio.) wird häufig berichtet, nicht aber über Fortzüge, v. a. von höher Qualifizierten, die in den letzten Jahren auf 1,2 Mio. p. a. angestiegen ist.

Aus den drei oben genannten Ursachen ergibt sich ein zusätzlicher Wohnungsbedarf in den letzten zehn Jahren aus

- der Zunahme der Studenten unter der Annahme, dass ein Drittel weiter zu Hause wohnt und ein weiteres Drittel in eine Drei-Personen-WG zieht, ergibt 0,36 Millionen Apartments bzw. Wohnungen,

- der Steigerung der Single-Haushalte unter der Annahme, dass Nicht-Single-Haushalte im Durchschnitt 2,5 Personen beherbergen, ergibt 4,42 Millionen Single-Wohnungen und

- dem Saldo aus Zu- und Abwanderung unter der Annahme, dass ein durchschnittlicher Zuwanderungshaushalt 1,5 Personen beträgt, ergibt 2,67 Millionen Apartments bzw. Wohnungen,

zusammen rund 7,45 Millionen zusätzliche Apartments oder Wohnungen. Die Anzahl der neu errichteten Wohnungen im gleichen Zeitraum betrug aber nur rund zwei Millionen. So kommt es zu einem Defizit von rund 5,5 Millionen Wohnungen – Tendenz steigend.

Das wichtigste Rezept gegen die Wohnungsnot, so schreibt die Welt am 20.05.2019 unter der Überschrift „So viel Dummheit in Berlin, das ist schon erschreckend", ist laut Expertenmeinung der Bau neuer Wohnungen. Mit einer Eigentumsquote von 51,4 Prozent lag Deutschland laut statista unter 27 europäischen Ländern auf dem vorletzten Platz. Nur in der Schweiz ist die

Eigentumsquote noch niedriger. In Spanien beispielsweise liegt der Wert bei 77,1 Prozent, in Polen gar bei 84,2 Prozent.

Trotz dieser Erkenntnis geht es mit dem Bau neuen Wohnraums nur langsam voran. Statt Investoren zu fördern, werden sie als Spekulanten beschimpft. Tatsächlich sind es staatliche Behörden, die Bauzeiten verlangsamen, zu wenig Bauland ausweisen und damit mitverantwortlich für steigende Preise und letztlich für die Wohnungsnot sind.

Wer in Berlin ein baureifes Grundstück bebauen will, muss eineinhalb Jahre auf die Genehmigung seines Bauantrages warten, bis er dann feststellt, dass der Preis für Grundstück stärker gestiegen ist als die Rendite einer Bebauung über mehrere Jahre. Statt den Bau zu beginnen, verkauft er das Grundstück und kassiert lieber den Gewinn, als zu bebauen. Die lange Bearbeitungszeit des Bauantrages ist also die eigentliche Ursache, nicht eine Spekulation.

Der Tübinger Bürgermeister Palmer, der Eigentümer von unbebauten Grundstücken zum Bauen zwingen will, beschreibt die schwierige, teilweise paradoxe Suche nach Wohnmöglichkeiten für Flüchtlinge. Wenn beispielsweise endlich ein größeres Wohnhaus gefunden wurde, wird festgestellt, dass das Baurecht im Wege steht: den Flüchtlingen sei es aus Lärmschutzgründen nicht zuzumuten, in der Nähe eines Tennisplatzes zu wohnen.

Eine „besondere Lösung" zur Vergrößerung des kommunalen Wohnungsbestandes hat die Berliner Koalition im Auge – man will Enteignung von Immobilienkonzernen (mit mehr als 3.000 Wohnungen) verhandeln. Die Linke ist dafür, nun zeigen sich auch Grüne und SPD offen. (tagesspiegel.de vom 1.12.20)

Selbstredend, wenn die Nachfrage größer als das Angebot ist, steigen natürlich die Mieten. Doch die Steigerung wird noch getrieben durch den sukzessiven Abbau von Sozialwohnungen.

Gab es1987 noch 4,0 Millionen Sozialwohnungen, so waren es 2017 nur noch 1,22 Millionen.

Im Zeitraum 2017 bis 2020 werden nach Berechnungen der Förderstellen der Länder jedes Jahr weitere 43.000 Mietwohnungen der Ende 2017 noch 1,22 Millionen Sozialwohnungen aus der sozialen Bindung fallen.

Aber es kommt noch einige wichtige Faktoren erschwerend hinzu:

- Durch die Niedrigzinspolitik können sich Bürger höhere Preise leisten. Niedrige Bauzinsen – Anfang Februar 2021 liegen sie schon unter einem Prozent – ermöglichen höhere Tilgungen und die tragbare Finanzierung höherer Preise. Das führte zu einem Bauboom höherpreisiger Objekte und zu einer großen Nachfrage nach Bauleistungen.

- Die Bauwirtschaft ist inzwischen bis zum Anschlag ausgelastet – auch das treibt die Preise.

- Und dann ist da noch die Grundsteuer: Auf Vorschlag von Bundesfinanzminister Olaf Scholz sollen künftig vor allem der Wert des Bodens und die durchschnittliche Miete bei der Berechnung der Grundsteuer Vorrang haben. Das Aufkommen von 14 Milliarden Euro jährlich (2007 betrug es noch weniger als fünf Milliarden Euro) soll erhalten bleiben. Gegen diese Änderung hat die CSU bereits Einspruch erhoben. Doch solche Änderungen zwingen die Immobilienbranche wieder zu einer Neuausrichtung, ohne dass klar ist, wer betroffen ist.

So sind die Mieten laut Forschungsinstitut empirica (zeit.de vom 17.09.2020) in den letzten Jahren in Frankfurt a. M. um 30 Prozent, Mannheim 37 Prozent, Berlin 41 Prozent und München gar um 44 Prozent gestiegen. In München beträgt die durchschnittliche Neuvertragsmiete etwa 17,50 Euro pro Quadratmeter.

Die steigenden Mieten werden nicht selten „ausgenutzt", zum Beispiel bei Studenten. Infolge der Wohnungsnot in Tübingen wird ein Gewerberaum von neun Quadratmetern in Untermiete für 425 Euro warm vermietet. (youtube vom 30.09.2020)

Damit die Mieten nicht noch weiter in astronomische Höhen steigen, wurde zum 01.06.2015 die sogenannte Mietpreisbremse eingeführt. Sie sollte verhindern, dass bei Wiedervermietung in angespannten Wohnlagen die Mieten um nicht mehr als 10 Prozent gegenüber der ortsüblichen Vergleichsmiete erhöht werden dürfen. Deren Effekt liegt laut dem Deutschen Institut für jedoch nur in einer Größenordnung von zwei bis vier Prozent. Zudem stellten die Forscher fest, dass die Mieten in Gebieten mit Mietpreisbremse stärker gestiegen sind als in Städten ohne Mietdeckel.

Um die Wirksamkeit zu verstärken, hatten Union und SPD im Koalitionsvertrag vereinbart, die Mietpreisbremse und Modernisierungsumlage anzupassen. Zum 01.01.2019 wurden die geplanten Änderungen umgesetzt. Nun müssen Vermieter unaufgefordert und schriftlich offenlegen, wie viel Miete vom Vormieter verlangt wurde. Maßgeblich ist die Miete, die ein Jahr vor Beendigung des vorangegangenen Mietverhältnisses verlangt wurde. Die Regelung gilt in allen Fällen, in denen der Vermieter eine Miete verlangt, die mehr als zehn Prozent über der ortsüblichen Vergleichsmiete liegt.

Der Vermieter muss über diesen Umstand vor Vertragsabschluss informieren, die Vormieter entsprechend offenlegen und angeben, von welcher gesetzlichen Ausnahmeregel (z. B. Modernisierungsumlage) er dabei Gebrauch macht. Tut er das nicht, kann er sich hinterher nicht mehr darauf berufen. In diesem Fall kann der Mieter die unzulässig hohe Miete formlos rügen. Bisher mussten Mieter noch sehr detailliert begründen, wo die Rechtsverletzung des Vermieters liegt. In Zukunft genügt im Prinzip ein Schreiben mit dem Satz "Ich rüge die Verletzung der Mietpreisbremse" an den Vermieter.

Im April 2020 wurden die Regelungen ein weiteres Mal nachgebessert. Bislang hatten Vermieter, die gegen die Mietpreisbremse verstoßen haben, die Miete erst ab dem Zeitpunkt zu senken, in dem sie aufgeflogen sind. Mieter konnten zu viel bezahlte Miete somit nicht rückwirkend zurückverlangen. Das hat die Bundesregierung inzwischen geändert. Mieter können zu viel gezahlte Miete jetzt auch rückwirkend für die ersten zweieinhalb Jahre des Mietverhältnisses zurückfordern. Zudem wurde die Mietpreisbremse bis Ende 2025 verlängert werden. Die Änderungen sind seit dem 01.04.2020 in Kraft.

Darüber hinaus haben sich Union und SPD darauf verständigt, dass die ortsübliche Vergleichsmiete nicht mehr anhand der letzten vier, sondern der letzten sechs Jahre bestimmt wird. Auf diese Weise sollen Mietpreiserhöhungen stärker eingedämmt werden. Der entsprechende Paragraph im Bundesgesetzbuch (§ 558 Absatz 2 Satz 1 BGB) wurde zum 1. Januar 2020 geändert. Bis Ende 2020 können Mietspiegel mit Stichtag vor dem 01.03.2020 allerdings noch nach der alten Regelung erstellt werden.

Aber verschiedene Schlupflöcher bleiben bestehen (DHZ vom 01.04.2020):

- Möblierte Wohnungen: bietet der Vermieter eine Einliegerwohnung oder eine auf Zeit vermietete Wohnung möbliert an, kann er einen Aufschlag für die bereitgestellten Möbel verlangen. Wie hoch die Mieterhöhung ausfallen darf, ist gesetzlich nicht geregelt.

- Käufliche Übernahme von Einrichtungsgegenständen: der Vermieter vermietet die Wohnung an den Mieter,

der den höchsten Preis für das bestehende Mobiliar bezahlt.

- Garage oder Stellplatz: da die Miete für einen Pkw-Stell-
  platz nicht der Mietpreisbremse unterfällt, kann diese
  frei bemessen werden und so in Kombination mit der
  Wohnungsmiete zu einer indirekten Mieterhöhung führen.

Zudem gibt es weiteres Problem. Denn auch wenn der Vermieter erst einmal nur die zulässige Miete verlangt, so fixiert er häufig im Vertrag, dass die Differenzbeträge nachzuzahlen sind,
falls der Mietendeckel verfassungswidrig ist. Da hilft auch erst
einmal nicht viel, dass manche eine Klausel im Mietvertrag zi-
vilrechtlich für nicht zulässig erachten.

Mehr als umstritten ist auch der Alleingang des Berliner Senat
aus SPD, Linken und Grünen mit dem Gesetz zur Mietenbe-
grenzung im Wohnungswesen in Berlin, kurz Mietendeckel genannt. Seit dem 23.02.2020 sind die Kaltmieten von rund 1,5
Millionen Berliner Wohnungen eingefroren. Zusätzlich gibt es
Obergrenzen, um Wuchermieten den Kampf anzusagen. Doch
sowohl beim Bundesverfassungsgericht wie auch beim Berliner
Verfassungsgerichtshof wird geklagt, dass das Land Berlin
überhaupt solch ein Gesetz zum Wohnungsmarkt erlassen
durfte. Dies sei durch die Mietpreisbremse des Bundes ausgeschlossen. Der Mietendeckel könnte somit an einer Formalität
scheitern und wäre unwirksam.

Doch es zeichnet sich schon ein neuer Trend ab: Verkauf
schlägt Vermieten. Während plötzlich rund 30 Prozent mehr Ei-
gentumswohnungen mit Baujahr vor 2014 auf dem Markt angeboten werden als noch 2019, verringert sich laut Immobilien-
scout24 das Mietangebot von Wohnungen, die vor 2014 gebaut
wurden, um 55 Prozent. Für den Eigentümerverband Haus und
Grund führt das Gesetz zu noch mehr Elend auf dem Woh-

nungsmarkt. Den durchschnittlichen Vermieter führe der Deckel sofort ins Minus. Für 40 Prozent aller privaten Vermieter sei die Eigentumswohnung eine Altersvorsorge. Die gedeckelte Miete reiche jedoch nicht zum Leben und nimmt häufig nicht Großinvestoren den Gewinn, sondern Rentnern ihren Lebensunterhalt. Das führe zum Verkauf vieler Wohnungen. Und so sind die Kontaktanfragen pro Inserat innerhalb eines Jahres um 119 Prozent gestiegen." Mehr als doppelt so viele Leute kämen auf eine verfügbare Mietwohnung. Mieten ist demnach nicht einfacher geworden, sondern doppelt so schwer.

Nun wird in Berlin über Enteignungen (siehe oben) diskutiert. Der Berliner Senat hatte vor einiger Zeit Tausende staatseigene Wohnungen privatisiert. Als Privatinvestoren diese Wohnungen übernahmen, befanden sie sich in ausgesprochen schlechtem Zustand. Jahrelang war nichts investiert worden. Die neuen Eigentümer haben dann einiges modernisiert, um die Wohnungen attraktiver zu machen. Jetzt fordern Berliner Gruppen, diese Firmen zu enteignen. Sie sammeln dafür Unterschriften. Neuer Wohnraum wird dadurch nicht geschaffen. Trotzdem haben die Berliner Grünen auf ihrem Parteitag einstimmig beschlossen, sich diesem „Volksbegehren" anzuschließen, während die SPD noch gespalten ist.

Richtig wäre, den sozialen Wohnungsbau zu reaktivieren. Das gilt für jede Stadt. In Mainz beispielsweise werden größere Wohnungsbauprojekte nur genehmigt, wenn ein gewisser Anteil als Sozialwohnung berücksichtigt wird - das scheint ein vernünftiger Weg zu sein.

Die Konsequenzen der steigenden Mieten bzw. verfehlten Wohnungspolitik sind einerseits, dass rund 14 Prozent der Deutschen oder 11,4 Millionen in einem Haushalt leben, der unter zu hohen Wohnkosten leidet, also mehr als 40 Prozent seines Einkommens für Miete, Strom und Heizung ausgeben muss (ntv.de vom 29.10.2020) - damit liegt Deutschland im EU-

Vergleich Deutschland über dem Durchschnitt von 9,3 Prozent. Nur in Griechenland, Bulgarien und Dänemark war die Quote der durch ihre Wohnkosten überlasteten Haushalte höher.

Doch in Deutschland wird nicht generell zu wenig gebaut, sondern am Bedarf vorbei. Während in Berlin und anderen Metropolen Wohnungsnot herrscht, stehen bundesweit immer mehr Häuser leer. Laut der letzten Studie des Bundesinstituts für Bau-, Stadt- und Raumforschung (BBSR) standen 2017 2,14 Millionen Wohnungen oder 5,2 Prozent leer. Im Jahr zuvor waren es noch 4,8 Prozent beziehungsweise 1,98 Millionen Wohnungen. Die Entwicklung zu immer mehr leerstehenden Wohnungen hält laut BBSR seit Jahren an.

Andererseits führen hohe bzw. unbezahlbare Mieten zu einer Verstärkung der Wohnungs- oder sogar Obdachlosigkeit (siehe Kapitel 6).

4. Sicherheit und Migrationsmanagement

4.1. Innere Sicherheit

"Innere Sicherheit" bezeichnet eine Vielzahl von Maßnahmen und Instrumenten, die auf das Ziel gerichtet sind, den Staat und seine Bürger vor Bestrebungen zu schützen, welche die Sicherheit, Stabilität und Funktionsfähigkeit der staatlichen Institutionen, die rechtliche, politische, ökonomische und soziale Ordnung eines Staates sowie den Einzelnen als Träger von Bürger- und Menschenrechten gefährden (bpb.de).

4.1.1. Bedrohungen

In 2019 sagten in Deutschland 72,5 Prozent das Sie sich sicher fühlen, das sind mehr als der OECD-Durchschnitt von 68,4 Prozent. Allerdings liegen 17 Länder vor Deutschland, angeführt von den skandinavischen Staaten.

Doch täglich geschehen zehntausende Straftaten in Deutschland, die nicht angezeigt werden und deshalb in keiner Statistik auftauchen. „Die Opfer schweigen aus Angst. Oder weil es sich für sie nicht lohnt, zur Wache zu gehen, nur weil ein altes Fahrrad gestohlen wurde. So weiß (wie in manch anderem Staat auch) niemand, wie sicher oder unsicher Deutschland tatsächlich ist, wie viele Straftaten begangen werden, wo die Polizei stärker hinschauen müsste. Ein Land, das die Schlachtpreise von Schweinen peinlich genau statistisch erfasst, ist fast blind, wenn es um Alltagskriminalität geht. Denn es mangelt an Daten.", schreibt der Spiegel am 26.10.2020. Und bedenkliche Anzeichen gibt es einige, z. B. in Berlin, wo Wachdienste den geregelten Schulbetrieb sichern müssen (zeit.de vom 08.10.2020).

Wahrscheinliche die höchste Bedrohung resultiert aus der <u>Kriminalität</u>, angeführt von der Ermordungsgefahr. Die Mordrate, also der Anzahl der Morde je 100 000 Einwohner, die im Gegensatz zu anderen Delikten normalerweise bei der Polizei gemeldet werden, beträgt in Deutschland laut er jüngsten OECD-Daten beträgt 0,5 und liegt damit deutlich unter dem OECD-Durchschnitt (3,7). Weniger Morde passieren nur in UK, Norwegen und Island.

Bei den Einbrüchen, hier die Anzahl auf 100.000 Einwohner, lag Deutschland 2018 laut Weltdatenatlas (knoema.de/atlas/topics/Kriminalit%c3%a4tsstatistiken/Einbruch-Autodiebstahl-und-Einbruchdiebstahl/Einbruch-Quote) auf Platz 14, bei den Körperverletzungen je 100.000 Einwohner auf Platz 12, bei den Entführungen auf Platz 4, beim Raub, also dem Diebstahl von Eigentum einer Person unter Anwendung von Gewalt oder Androhung von Gewalt, allerdings nur auf Platz 25.

Aber es gibt durchaus hervorstechende Herausforderungen, beispielsweise die Clan-Kriminalität. Kriminelle Clans definiert das BKA als ethnisch abgeschottete Subkulturen, die in der Regel patriarchalisch hierarchisch organisiert sind und einer eigenen Werteordnung folgen. Die Täterkreise gehören Großfamilien und Clans an, die zumeist aus dem arabischen Kulturkreis oder Kleinasien stammen.

Bekanntgeworden sind die Clans Abou-Chaker, Miri, Remmo, Al-Zein und weitere wie die Familien Ali-Khan, Berjaoui, Chahrour, Kaval und Goman aus Leverkusen. Eine Spiegel-TV-Reportage, siehe https://www.youtube.com/watch?v=WeQO35Wo3Tc „zeigt symptomatisch, wie eine kriminelle Familie es schaffen kann, ein Millionen-Vermögen anzuhäufen, ohne von unserem Rechtssystem gestoppt zu werden."

Kriminelle Großfamilien siedeln sich vor allem in Ballungszentren an. Als besonders betroffen gilt Berlin, wo die Polizei von 15 bis 20 entsprechenden Clan-Gruppierungen ausgeht, wozu auch der bekannte Abou-Chaker-Clan und die Rammo oder

Remmo(s) zählen. In der Hauptstadt wird mindestens ein Fünftel der organisierten Kriminalität Clan-Strukturen zugerechnet. Als weitere Schwerpunkte gelten die Bundesländer Bremen, Nordrhein-Westfalen und Niedersachsen. In NRW ist das Phänomen dabei vor allem im Ruhrgebiet (v. a. in Duisburg, Essen, Dortmund und Gelsenkirchen) gegeben. Hier wurden bis Anfang 2019 rund 100 verschiedene kriminelle Clans dokumentiert. Zwischen 2016 und 2018 registrierte die Polizei in NRW mehr als 14.225 Straftaten mit rund 6.449 tatverdächtigen Clanmitgliedern. Von den 6.449 Tatverdächtigen sind 360 Intensivtäter für ein Drittel aller Straftaten verantwortlich. Jeder fünfte Verdächtige war weiblich. Unter den 14.225 Straftaten waren 26 Tötungsdelikte oder versuchte Tötungsdelikte, 5.600 Gewaltdelikte, 2.600 Betrugsfälle, 2.600 Eigentumsdelikte und 1.000 Drogendelikte. Von Sommer 2018 bis Januar 2019 wurden in NRW über 100 Razzien durchgeführt. In dieser Zeit durchsuchte die Polizei mehr als 1.000 Gebäude. Es kam zu über 100 Festnahmen und zur Schließung von 60 Shisha-Bars.

Im Mai 2019 wurde in NRW das bundesweit erste Lagebild zur Clan-Kriminalität von NRW-Innenminister Herbert Reul vorgestellt. Unter den von 2016 bis 2018 festgestellten rund 14.000 Straftaten mit Clan-Hintergrund waren 26 versuchte und vollstreckte Tötungsdelikte. Rund 30 Prozent der erfassten Straftaten wurden zehn Clans zugeordnet. 36 Prozent der Verdächtigen mit Clan-Hintergrund sind deutsche Staatsbürger, 31 Prozent Libanesen, 15 Prozent Türken und 13 Prozent Syrer.

Spektakuläre kriminelle Aktivitäten durch Clan-Angehörige sind Anlass für überregionale und internationale Berichterstattung. In Berlin sorgten für Aufsehen:

- 2003 die Erschießung des SEK-Beamten Roland Krüger durch ein Clan-Mitglied. Krüger und sein Team sollten nach einer Messerstecherei in einer Diskothek einen

Clan-Angehörigen festnehmen, dieser eröffnete jedoch das Feuer und verletzte Krüger tödlich.

- 2010 ein Überfall auf ein Pokerturnier im Berliner Hyatt-Hotel, wobei 242.000 € geraubt wurden.

- 2014 ein Raubüberfall auf die Schmuckabteilung des Kaufhauses des Westens.

- 2017 der Diebstahl einer Goldmünze im Wert von rund 3,75 Millionen Euro aus dem Berliner Bode-Museum.

- 2018 der Überfall auf einen Geldtransporter in Berlin-Mitte, der mit Clan-Kriminalität in Verbindung gebracht wird. Hierbei nahmen die Täter einen verfolgenden Streifenwagen mit einem automatischen Sturmgewehr vom Typ Kalaschnikow unter Beschuss und zwangen ihn zum Abbrechen der Verfolgung.

- 2019 der Diebstahl eines Kunstwerks aus Gold aus der Grundschule am Fuchsberg.

Für die Clans ist Deutschland ein „Paradies, wo es alles im Überfluss gibt. Und in neunzig Prozent der Fälle wird man nicht erwischt und wenn doch, werden die Verfahren eingestellt oder man bekommt maximal ein paar Stunden Freizeitarbeit erzählt Kahlil O. aus Beirut in Radio Gütersloh am 05.10.2020.

Doch nach mehr als drei Jahrzehnten der Ignoranz bzw. Wegsehens wird der Staat zumindest tätig:

- In <u>Niedersachsen</u> ist seit dem 01.03.2018 eine Landesrahmenkonzeption zur Bekämpfung krimineller Clanstrukturen in Kraft. Zudem existiert seit dem 01.07.2017 bundesweit, mit dem Gesetz zur Reform der strafrechtlichen Vermögensabschöpfung, die Möglichkeit, Vermögen aus Straftaten einzuziehen.

- In <u>NRW</u> wurden in der Zeit von Juli 2018 bis Mai 2019 gemeinsam mit den Kommunen und Finanzbehörden über 500 Kontrollaktionen durchgeführt, bei denen mehr als 1.600 Objekte durchsucht wurden. Die Polizei NRW verzeichnet in diesem Zeitraum etwa 700 Strafanzeigen, 1.700 Ordnungswidrigkeitsanzeigen, 5.000 Verwarngelder sowie knapp 1.000 Sicherstellungen in Zusammenhang mit der Clankriminalität. Und Kommunen und Finanzbehörden haben im selben Zeitraum 2.800 Strafanzeigen, Ordnungswidrigkeitsanzeigen oder Verwarngelder erstellt und mehr als 1.500 Sicherstellungen durchgeführt. Über 100 kontrollierte Objekte wurden unmittelbar geschlossen. Um die Clans auch finanziell belangen zu können, wurde eine gemeinsame Task-Force Finanzermittlungen beim Landeskriminalamt eingerichtet, die illegale Finanzmittel und Geldströme feststellen und bekämpfen.

- In <u>Berlin</u> beschlagnahmte die Polizei am 20.07.2018 aufgrund der neuen Gesetzeslage 77 Immobilien im Wert von zehn Millionen Euro, die dem Berliner Remmo-Clan zugerechnet werden. Für das ganze Jahr 2019 gab es 382 Polizeieinsätze gegen Clankriminalität und damit im Durchschnitt täglich etwa einen Einsatz. Insgesamt gingen fast 1.000 Strafanzeigen und mehr als 5.900 Anzeigen zu Ordnungswidrigkeiten ein. Kontrolliert wurden mehr als 700 Objekte, darunter rund 300 Cafés und Bars, fast 200 Shisha-Bars sowie Wettbüros, Spielstätten, BarberShops und Juweliere. Beschlagnahmt wurden 35.000 Euro aus Drogengeschäften, etwa 970 Verkaufseinheiten Betäubungsmittel, mehr als 30.000 unversteuerte Zigaretten, rund 550 Kilo unversteuerter Wasserpfeifentabak, 104 Waffen sowie 123 Autos und 2 Motorräder.

Doch noch nimmt die Clan-Kriminalität weiter zu, wie die Ruhr-Nachrichten am 17.08.2020 titeln. Gegenüber dem bundesweit ersten Clan-Lagebild aus dem Vorjahr stieg die Zahl der Straftaten um 12,7 Prozent und die der Verdächtigen mit Clan-Hintergrund um 13,4 Prozent. Auch die Zahl der kriminellen Familienclans ist größer geworden: Inzwischen gehen die Ermittler in NRW von 111 kriminellen Clans aus. Im Vorjahr waren es 104. „Das Lagebild ist enttäuschend. Bisher ist kein einziger Boss verhaftet worden", kritisierte der SPD-Fraktionsvizechef im Landtag, Sven Wolf.

Und Clan-Kriminelle nutzen jede Möglichkeit, um lange in Deutschland bleiben zu können, wie das Beispiel Mahmoud al-Zein zeigt. Al-Zein kam Anfang der achtziger Jahre aus Libanon nach Deutschland. Sein Asylantrag wurde abgelehnt. Die Abschiebung scheiterte vor allem daran, dass er als Staatenloser galt. In Deutschland lebte er als Geduldeter. Al-Zein galt in rund siebzig Verfahren als Tatverdächtiger und wurde elf Mal verurteilt, unter anderem wegen Drogenhandel, Körperverletzung und Widerstand gegen Vollstreckungsbeamte.

«Der Pate von Berlin: Mein Weg, meine Familie, meine Regeln» – unter diesem Titel veröffentlichte al-Zein 2020 eine Biografie. Darin erfährt man, dass er den deutschen Staat verachtet, obwohl dieser ihn, seine Frau und seine neun Kinder mit Sozialhilfe unterstützte. «Ich habe vor niemand Angst, nur vor meinem Gott», sagte al-Zein einmal zu Reportern, die ihn begleiteten.

Laut der Senatsverwaltung recherchierte die Berliner Polizei, dass al-Zein die türkische Staatsangehörigkeit besitzt, was schließlich seine Abschiebung ermöglichen konnte. Er versuchte aber, familiäre und gesundheitliche Gründe geltend zu machen, damit er in Deutschland bleiben darf. Es kam zum Rechtsstreit über alle Instanzen, der schließlich für das Land

Berlin mit einem Erfolg vor dem Bundesverfassungsgericht endete. (nzz.ch vom 29.01.2021) Am 29.01.2021 reiste Al-Zein aus und kam damit einer Abschiebung zuvor - doch viele mutmaßen, dass er bald wieder zurück in Deutschland sein wird.

Eine andere Bedrohung ist der <u>Terrorismus</u>, also die Anwendung von Gewalt zur Durchsetzung politischer Ziele. Obwohl Terror auch staatlich organisiert sein kann, handelt es sich bei Terroristen in der Regel um nichtstaatliche Akteure. Terroristen organisieren sich häufig in militanten Gruppierungen. Zu den wohl bekanntesten dieser Gruppierungen gehören der sogenannte Islamische Staat, Al Qaida und Boko Haram. Die Häufigkeit der terroristischen Anschläge hat besonders in den westlichen Demokratien in den letzten Jahren stark zugenommen. So gab es in den Jahren von 2013 und 2017 schon eine Reihe von Anschlägen mit einer Vielzahl von Todesopfern und Verletzten, auch in Deutschland:

Ziel	Anschläge	Getötet	Verletzt	Geiseln
Zivilpersonen	27	27	98	1
Regierung	14	0	3	0
Religiöse Einrichtung	13	0	3	0
Transport	12	0	0	0
Wirtschaft	8	1	16	0
Polizei	7	1	2	0
Journalisten	1	0	0	0

Abb.: 13: Terroranschläge in Deutschland zwischen 2013 und 2017 (laut laenderaten.info)

Der Anschlag am 19. Dezember 2016 in Berlin ist mit zwölf Toten und über 50 Verletzten der bislang schwerste islamistisch motivierte Terroranschlag in Deutschland. Alle sieben Anschläge der Jahre 2016 und 2017 sind der Terrororganisation „Islamischer Staat" (IS) zuzurechnen.

Seit August 2017 ist es in Deutschland nicht mehr zu einem islamistisch-terroristischen Anschlag gekommen. Die Gefährdungslage in Deutschland wurde im Jahr 2019 im Wesentlichen durch dieselben Strukturen und Einflussfaktoren bestimmt wie in den Vorjahren. Die Bedrohung durch den islamistischen Terrorismus war im vergangenen Jahr weiterhin hoch, auch wenn Anschläge und Anschlagsvorhaben in Deutschland und Europa insgesamt rückläufig sind. Trotzdem wird Deutschland von jihadistischen Organisationen aber nach wie vor als Feind wahrgenommen und steht unverändert in deren Zielspektrum.

Auch die islamistisch motivierte Reisebewegung in Richtung Syrien/Irak nimmt immer weiter zu und hat sich in den letzten sechs Jahren mehr als verdreifacht. Zu etwa der Hälfte der ausgereisten Personen liegen konkrete Anhaltspunkte vor, dass sie auf Seiten des Islamischen Staates und der al-Qaida oder denen nahestehenden Gruppierungen sowie anderer terroristischer Gruppierungen an Kampfhandlungen teilnehmen bzw. teilgenommen haben oder diese in sonstiger Weise unterstützen bzw. unterstützt haben. Etwa ein Drittel dieser ausgereisten Personen befindet sich momentan wieder in Deutschland. Zu über 100 der bislang zurückgekehrten Personen liegen den Sicherheitsbehörden Erkenntnisse vor, wonach sie sich aktiv an Kämpfen in Syrien oder im Irak beteiligt oder hierfür eine Ausbildung absolviert haben. Diese Personen stehen unverändert im Fokus polizeilicher und justizieller Ermittlungen, deren Erfolg aber begrenzt ist, wie der Fall Anis Amri zeigt, der in Wikipedia detailliert aufgearbeitet ist.

Anis Amri wurde 1992 als jüngstes von neun Kindern in Tunesien geboren. Seine Familie zog kurz nach seiner Geburt in eine Hochburg des Salafismus. Mit 15 Jahren brach Amri die Schule ab, ging Gelegenheitsarbeiten nach, rutschte in die Kriminalität ab und beging mehrere Diebstähle und Drogendelikte.

2011 setzte er sich mit Hilfe von Schleppern per Boot nach Italien ab, wo er Asyl beantragte. Ein Gericht in Tunesien verurteilte ihn in Abwesenheit zu fünf Jahren Haft wegen Raubes.

Amri gab fälschlich 1994 als sein Geburtsjahr an, so galt er als minderjähriger unbegleiteter Flüchtling. Er kam zunächst in eine katholische Stiftung in Belpasso, wo er eine öffentliche Schule besuchte. Dort terrorisierte er seine Mitschüler und war gewalttätig. Amri und vier weitere tunesische Flüchtlinge protestierten gegen angeblich schlechtes Essen, zu geringe Zuteilung von Zigaretten, Alkohol und Telefonkarten und die lange Dauer des Asylverfahrens. Am 22.10.2011 legten die fünf in Räumen des Heims Feuer und verprügelten einen Erzieher. Der damals 19-jährige Amri wurde wegen Körperverletzung und Brandstiftung zu vier Jahren Haft verurteilt und inhaftiert. Weil er andere Häftlinge bedrohte, schikanierte, sich mit ihnen prügelte, Wärter angriff und seine Zelle verwüstete, verlegte man ihn immer wieder in andere Gefängnisse. Nach seiner Entlassung im Mai 2015 berichtete die Strafvollzugsbehörde über Einzelheiten seiner Haft. Dort habe Amri bereits Zeichen von Radikalisierung und Annäherung an die Ideen des islamistischen Terrorismus gezeigt. Einem christlichen Mithäftling soll er gedroht haben: „Ich schlage dir den Kopf ab."

Die Abschiebung nach Tunesien scheiterte, weil die tunesische Regierung erklärte, Amri sei kein Tunesier, und deshalb die Ausstellung von Ausweispapieren verweigerte. Tatsächlich hatte das tunesische Konsulat in Palermo die Geburtsurkunde Amris, ausgestellt am 24.06.2011, bereits offiziell an die italienischen Behörden übermittelt. Amris Identität war somit geklärt und seine Abschiebung nach Tunesien möglich, sie wurde jedoch nicht eingeleitet. Am 17.06.2015 wurde Amri wieder auf freien Fuß gesetzt mit der Auflage, Italien binnen sieben Tagen zu verlassen. Italienische Sicherheitskreise berichteten, dass der Inlandsgeheimdienst Amri nach seiner Entlassung überwachte mit dem Ziel, den bereits als radikalen Islamisten erkannten Tunesier auf seinem erwarteten Weg in die italienische Dschihadistenszene zu beobachten. Die Überwachung scheiterte jedoch, als man Amri wegen einer Panne aus den Augen verlor. Italienische Behörden übermittelten laut eigenen Angaben alle relevanten Informationen, etwa über Amris Verurteilung, sein Verhalten in Haft und die gescheiterte Abschiebung, in das Schengener Informationssystem.

Amri reiste illegal in die Schweiz ein und hielt sich dort bis zu seiner Ausreise nach Deutschland im Juli 2015 auf. Er versteckte sich im Untergrund und wurde von den Schweizer Behörden weder registriert noch erfasst. In der Schweiz soll Amri sich auch die Pistole beschafft haben, mit der er einen Lkw-Fahrer erschoss und die er in Mailand mit sich führte.

Mit dem Beginn der Flüchtlingskrise am 6.07.2015 reiste Amri illegal nach Deutschland ein. Er meldete sich auf dem Polizeirevier Freiburg-Nord, gab an, er komme aus Tunesien und wolle Asyl beantragen. Sein Name sei „Anis Amir" und er sei am 23.12.1993 geboren Wie sich später herausstellte, war Amri im Besitz eines tunesischen Reisepasses, den er aber nicht vorlegte. So wurde Amri unter dem Namen „Anis Amir" in Freiburg registriert und erkennungsdienstlich behandelt. Durch den Buchstabendreher „Amir" erhielten die Beamten, die in Folge unter diesem Namen im Schengener Informationssystem nachsahen, ob gegen ihn etwas vorlag, keine Warnung. Hätten sie Amris richtigen Namen eingegeben, wäre die von den italienischen Behörden zwei Wochen zuvor ins Informationssystem eingegebene Information erschienen, dass es sich bei Amri um einen Kriminellen handelte, der in Italien bereits inhaftiert war und nach Tunesien abgeschoben werden sollte und dem die Einreise in das Schengener Gebiet oder der Aufenthalt dort zu verweigern ist". So erhielt er aber am 28.07.2015 eine Bescheinigung über die Meldung als Asylsuchender (BüMA) und wurde nach Karlsruhe weiterverwiesen. Zugleich wurde ein Ermittlungsverfahren wegen unerlaubter Einreise ins Bundesgebiet nach AufenthG eingeleitet. Am 31.07.2015 wurde das Verfahren wegen unbekannten Aufenthalts gemäß StPO zunächst eingestellt und Amri zur Aufenthaltsermittlung ausgeschrieben. Amri befand sich zu diesem Zeitpunkt bereits in Berlin, um sich dort erneut registrieren zu lassen. Sechs Tage später erhielt er von der Zentralen Aufnahmeeinrichtung Berlin eine weitere BüMA auf den Namen „Mohammad Hassan" und wurde aufgefordert, sich bei der zuständigen Erstaufnahmeeinrichtung Dortmund zu melden. Am 30.07.2015 erschien Amri bei der Zentralen Ausländerbehörde in Dortmund, wo ihm eine dritte BüMA auf den Namen „Mohamed Hassa" (* 22.10.1992 in Cafricik/Ägypten) ausgestellt wurde. Am 04.08.2015 wurde Amri von der EAE Dortmund wegen fehlender Kapazitäten der Zentralen Unterbringungseinrichtung (ZUE) Hemer zugewiesen und von dort an die ZUE Rüthen weiterverwiesen. Am 18.08.2015 folgte eine Zuweisung der Bezirksregierung Arnsberg an die Ausländerbehörde Kleve. Kleve schickte ihn weiter in eine Flüchtlingsunterkunft in Emmerich. Die Ausländerbehörde in Kleve war bis zuletzt für ihn zuständig.

Schon am 27.10.2015 unterrichtete die Ausländerbehörde Kleve die Polizei über die Aussage eines Zimmernachbarn des in Emmerich untergebrachten „Mohamed Hassa", dass dieser auf seinem Mobiltelefon „Fotos von schwarz gekleideten Personen, die mit Schnellfeuerwaffen bewaffnet waren und mit Handgranaten posierten", angesehen habe. Die Polizei Krefeld leitete daraufhin einen „Prüffall Islamismus" ein. Es gelang ihr aber nicht, der Aliasperson „Mohamed Hassa" Anis Amri zuzuordnen. In einem Chat von 2016 soll er das Wort *do[u]gma* als Metapher für „Selbstmordanschlag" benutzt haben.

In der Folgezeit reiste Amri ungehindert durch die Bundesrepublik und beantragte unter mindestens 14 verschiedenen

Alias-Namen Asyl oder Sozialleistungen, z. B. am 28.10.2015 bei der ZAB Dortmund. Dort wurde ihm eine BüMA auf die Aliaspersonalie „Ahmed Almasri" (geboren am 01.01.1995) ausgestellt. Als solcher wurde er der Zentralen Unterbringungseinrichtung in Neuss und von dort der Gemeinde Bestwig zugewiesen. Bereits am nächsten Tag meldete Amri sich bei der Registrierstelle Münster. Hier wurde ihm eine weitere BüMA – wiederum als „Ahmed Almasri" – ausgehändigt, mit dem Vermerk, dass eine Wohnsitznahme ausschließlich in Oberhausen erlaubt ist. In Oberhausen blieb Amri bis zum 18.03.2016 als „Ahmed Almasri" gemeldet.

Am 28.04.2016 stellte Amri in Dortmund einen Asylantrag unter dem Namen „Ahmed Almasri" als tunesischer Staatsangehöriger und wurde vom Bundesamt für Migration und Flüchtlinge erkennungsdienstlich behandelt. Bei der AFIS-Abfrage im Bundeskriminalamt wurden die zahlreichen (bis dahin acht) Alias-Personalien von Amri bekannt. In der Folge hatte Amri Anspruch auf Zahlungen nach dem Asylbewerberleistungsgesetz. In Zusammenarbeit der Sicherheitskonferenz NRW und des BAMF wurde darauf hingewirkt, Amris Asylverfahren beschleunigt durchzuführen.

Am 30.05.2016 wurde Amris Asylantrag (unter dem Alias-Namen „Ahmed Almasri") als offensichtlich unbegründet abgelehnt, am 11.06.2016 trat der Entscheid in Kraft. Fünf Tage später wurde die für Amri zuständige Ausländerbehörde in Kleve durch das BAMF über Amris Status informiert. Für Amri bestand seitdem Ausreisepflicht. Am 16.08.2016 erhielt er noch eine Duldung der Klever Ausländerbehörde, gültig bis zum 16.09.2016.

NRW verständigte sich mit Berlin am 19.08.2016 darauf, dass trotz des überwiegenden Aufenthaltes Amris in Berlin das Verfahren zur Aufenthaltsbeendigung (insbes. Beschaffung von

Passersatzpapieren/PEP) weiterhin durch NRW vorangetrieben werden sollte. Eine Abschiebung würde aber nur möglich sein, wenn Amris Identität eindeutig geklärt werden konnte, Tunesien die Rücknahme akzeptierte und die dafür erforderlichen Passersatzpapiere/PEP ausstellen würde.

Wegen unvollständiger Unterlagen konnten zunächst bei den tunesischen Behörden keine Passersatzpapiere beantragt werden, da neben den regelmäßig erhobenen erkennungsdienstlichen Daten (Fingerabdrücke, biometrisches Lichtbild) zusätzlich die Handflächenabdrücke für die eindeutige Identifizierung verlangt wurden. Diese wurden Amri aber erst bei seiner Festnahme in Friedrichshafen/Justizvollzugsanstalt Ravensburg am 30.07./01.08.2016 abgenommen, von der JVA Ravensburg an die ABH Kleve und von dieser wiederum an die ZAB in Köln geschickt. Erst danach wurden beim tunesischen Generalkonsulat in Bonn PEP beantragt, allerdings mit diffusen Angaben: „Das sind die Unterlagen von Ahmed ALMASRI alias Amir alias Anis AMRI, geb. am 22.12.1992; beigefügt Fingerabdrücke und Handflächenabdrücke von Amir." Bis dahin waren die deutschen Behörden nicht in der Lage, Amris Identität eindeutig zu bestimmen, und so lehnte das tunesische Generalkonsulat den Antrag mit der Mitteilung ab: „Das ist kein tunesischer Staatsbürger".

Die endgültige Bestätigung, dass es sich bei Amri um einen tunesischen Staatsbürger handelte, erfolgte durch das BKA, dass am 18.02.2016 ein Ersuchen an Tunesien gerichtet. Beamte des BKA waren im Mai 2016 nach Tunesien gereist, zunächst ohne konkrete Ergebnisse zu erreichen. Vier Tage nach der Ablehnung des tunesischen Generalkonsulats, Amri als Staatsbürger anzuerkennen, bestätigte Interpol Tunis dem LKA NRW am 24.10.2016, dass es sich bei Anis Amri um einen Tunesier handelte. Vom LKA NRW wurde dies an das Innenministerium NRW (MIK) und von dort an die ZAB Köln weitergeleitet.

Daraufhin konnte am 27.10.2016 durch die ZAB Köln ein erneutes PEP-Verfahren eingeleitet werden. Am 21.12.2016 – zwei Tage nach dem Anschlag in Berlin – erreichte die ZAB in Köln dann die Bestätigung des tunesischen Generalkonsulats, dass Amri auch durch die entsprechende tunesische Zentralstelle identifiziert worden und damit eine Ausstellung von PEP möglich sei.

In seiner Zeit in Deutschland war Amri durchaus verhaltensauffällig:

- Im Frühsommer 2015, verkehrte Amri regelmäßig im Netzwerk der Moschee des „Deutschsprachigen Islamkreises Hildesheim" (DIK) und sprach mehrfach von möglichen Attentaten.

- Im März 2016 initiierte das Landeskriminalamt NRW ein Verfahren gegen Amri wegen des Verdachts der Vorbereitung einer schweren staatsgefährdenden Gewalttat. Er wurde als Gefährder eingestuft und ab dem 14.03. 2016 verdeckt observiert. Auch seine Kommunikation wurde überwacht. Da sich Amri überwiegend in Berlin aufhielt, wurde die Observierung von dort übernommen In Berlin verkaufte Amri Drogen im Görlitzer Park. An einem Busbahnhof in Berlin wurde er kontrolliert, aber wieder laufen gelassen.

- Ende Mai 2016 sprach Amri mit einer Vertrauensperson des Landeskriminalamts Düsseldorf und unterrichtete sie von seinen Anschlagsplänen.

- Im Juli 2016 wurde nach einer Messerstecherei in einer Neuköllner Bar gegen Amri wegen einer gefährlichen Körperverletzung ermittelt. Die Ermittlungen waren folgenlos, da er zu diesem Zeitpunkt untergetaucht war.

- Im September wurde die Observierung eingestellt, weil laut Generalstaatsanwaltschaft Berlin „die umfangreichen Überwachungsmaßnahmen keine Hinweise erbracht hatten, um den ursprünglichen Vorwurf zu verifizieren oder diesen oder einen anderen staatsschutzrelevanten Tatvorwurf zu erhärten.

- Anfang Dezember 2016 bewertete das LKA Dortmund Amri als „einen Salafisten und radikalen Fundamentalisten" und das Dortmunder Polizeipräsidium stufte als Sympathisanten des Islamischen Staates ein. Es soll außerdem bekannt gewesen sein, dass „er nach Bombenbauanleitungen suchte und sich als Selbstmordattentäter anbot".

- Am 19.12.2016 kurz nach 15 Uhr brachte Amri einen Sattelzug in Berlin in seine Gewalt, indem er den Fahrer mit einer kleinkalibrigen Pistole erschoss. Er versuchte noch vor 16 Uhr, das Fahrzeug zu lenken, blieb aber zunächst weiter am Friedrich-Krause-Ufer stehen. Zwischen 18:38 Uhr und 19:07 Uhr hielt sich Amri in der Moschee des Vereins Fussilet 33, einem salafistischen Treffpunkt, auf. Wieder im LKW chattete Amri mit Glaubensbrüdern aus Berlin und dem Ruhrgebiet. Um 19:30 Uhr fuhr Amri los und gegen 20 Uhr am Breitscheidplatz in den dort stattfindenden Weihnachtsmarkt. Dabei tötete er elf Menschen und verletzte weitere 55, einige von ihnen schwer. Anschließend floh er zunächst zu Fuß vom Tatort. Irrtümlich als Täter verdächtigt wurde zunächst ein pakistanischer Asylbewerber.

- Einen Tag später wurde bei erneuter Untersuchung des Tatfahrzeugs eine vom Kreis Kleve ausgestellte Duldungsbescheinigung des tunesischen Staatsbürgers

Anis Amri gefunden. Auch Amris Mobiltelefone der Marken HTC und Samsung wurden am 20. Dezember 2016 sichergestellt.

- Am 21.12.2016 nachmittags erklärte der Innenminister von Nordrhein-Westfalen, in einer Pressekonferenz, aus dem Fund eines Ausweisdokuments Amris im Tat-Lkw lasse sich „nicht schließen, dass Amri auch an der Tat beteiligt war" Erst am Abend des schrieb der Generalbundesanwalt eine Öffentlichkeitsfahndung aus. Das Bundeskriminalamt setzte für zur Ergreifung Amris führende Hinweise eine Belohnung von bis zu 100.000 Euro aus.

- Am 23.12.2016 gegen drei Uhr morgens wurde Amri in der Nähe von Mailand erschossen.

Es sollte eine Aufarbeitung an allen Stellen folgen. Doch der bekannte Vertuschungsversuch beim LKA Berlin lässt Zweifel an der Ernsthaftigkeit aufkommen. Mitte Mai 2017 wurde bekannt, dass Amri möglicherweise bereits vor dem Anschlag hätte festgenommen werden können. Ein Sonderermittler war bei seinen Recherchen im LKA Berlin im polizeilichen Informationssystem auf Ungereimtheiten gestoßen. Zwei Dokumente, dass eine digital, das andere ausgedruckt auf Papier, die mit demselben Datum versehen waren, enthielten zwei Versionen eines LKA-Abschlussberichts, der von Ermittlern nach der Beendigung der telefonischen Überwachung Amris von März bis September 2016 erstellt worden war. In dem ersten vierseitigen Bericht stand, Amri habe nur Kleinsthandel mit Drogen betrieben Auf der Basis dieses Berichts waren der Innenausschuss des Berliner Senats sowie die Öffentlichkeit bis dato informiert worden. Die Berliner Behörden hatten mit Hinweis auf diesen Bericht mehrfach beteuert, Amri sei bei Überwachungsmaßnahmen im Sommer 2016 lediglich als „Kleindealer im Zusammenhang mit dem Görlitzer Park" aufgefallen. Doch das digitale, bis dahin unbekannten 12-seitigen Dokument unterschied sich erheblich. Es handelte sich um den ursprünglichen LKA-Abschlussbericht zur telefonischen Überwachung Amris. Dieser Bericht lag nicht ausgedruckt vor und gelangte somit auch nicht in die offizielle Papier-Ermittlungsakte. Hieraus ergab sich ein völlig neues Bild. Danach hatten die Ermittler im Laufe von Amris Telefonüberwachung festgestellt, dass sich zwar keine Anschlagspläne nachweisen ließen, Amri aber gewerbs- und bandenmäßigen Handel mit Betäubungsmitteln betrieben hatte. Die Ermittler hatten darauf verzichtet, diese Informationen weiterzugeben und für Amri einen Haftbefehl zu erwirken. Sie waren offensichtlich allein auf Amris Aktivitäten im Bereich des islamistischen Terrorismus fixiert gewesen.

Nach dem Anschlag erkannten die Ermittlungsbeamten ihren Fehler und entschlossen sich, diesen zu vertuschen und einen neuen, manipulierten Bericht zum Vorgang der Telefonüberwachung zu erstellen, um sich selbst zu entlasten: In dem von einem Kriminaloberkommissar des Berliner LKA 544 am 17.01.2017 neu verfassten und auf den 01.11.2016 rückdatierten Bericht hieß es nun verharmlosend, im Rahmen der Telefonüberwachung des Amri sei aufgefallen, dass dieser „seit Mai 2016 möglicherweise Kleinsthandel mit Betäubungsmitteln betrieben haben könnte". Ein Antrag auf einen Haftbefehl wäre damit aussichtslos gewesen. In dem gegenüber dem ursprünglichen Dokument deutlich „abgespeckten" Bericht fehlte auch der Name eines Verdächtigen aus dem Drogenmilieu, und von ursprünglich 73 Protokollen abgehörter Telefonate waren nur noch sechs enthalten. Die Berliner Landesregierung erstattete daraufhin Strafanzeige gegen LKA-Mitarbeiter wegen Urkundenfälschung und Strafvereitelung im Amt. Betroffen waren unter anderem zwei junge beim Berliner Staatsschutz eingesetzte Kommissare.

Ob „Amri" ein Einzelfall ist, darf zumindest bezweifelt werden, spätestens in Kenntnis eines anderen Falls: ein polizeibekannter islamistischer Gefährder aus Syrien konnte kurz nach seiner Haftentlassung in 2019 im Dresdner Stadtzentrum einen 55-jährigen Mann erstechen und seinen 53-jährigen Kollegen schwer verletzen.- dabei stand er unter „Führungsaufsicht". (faz.de vom 23.10.2020)

Zunehmend ins Blickfeld gerät auch der <u>Rechtsradikalismus</u>, wobei die Begriffe Rechtsextremismus, Neonazis, Rechtsradikalismus in der politischen Alltagssprache häufig durcheinandergebracht werden. Als ein Rechtsextremismus gilt ein Extremismus im Sinne der Ideologie der äußersten Rechten. Rechtsextremisten lehnen, so die Bundeszentrale für politische Bildung, die freiheitliche demokratische Grundordnung ab und wollen – auch unter Anwendung von Gewalt – ein autoritäres oder gar totalitäres staatliches System errichten, in dem nationalistisches und rassistisches Gedankengut die Grundlage der Gesellschaftsordnung bilden sollen. Dagegen sind Rechtsextreme als rechtsgerichtete Demokratiefeinde, dabei allerdings im Rahmen der Verfassung bleiben. Mit dem Begriff "Neonazismus" werden innerhalb des Rechtsextremismus Personenzusammenschlüsse und Aktivitäten charakterisiert, die ein Bekenntnis zur Ideologie des Nationalsozialismus enthalten und auf die Errichtung eines totalitären Führerstaats nach dem Vorbild des "Dritten Reiches" ausgerichtet sind.

Nach einem deutlichen Rückgang der rechtsextremistischen Straf- und Gewalttaten in dem Jahr 2017 und einem in etwa gleichbleibenden Niveau 2018 stieg die Gesamtzahl der Straftaten im Jahr 2019 um knapp zehn Prozent auf 21.290 Delikte. Dabei wurden 2019 fünf versuchte und zwei vollendete Tötungsdelikte als rechtsextremistisch kategorisiert.

Fremdenfeindlichkeit bleibt laut Verfassungsschutz weiterhin das ausschlaggebende Motiv für die Begehung rechtsextremistischer Gewalt. Trotz der gesunkenen Asylbewerberzahlen ist die Anti-Asyl-Agitation das beherrschende Themenfeld in der rechtsextremistischen Szene, wo es immer wieder zu rechtsextremistisch motivierten Straf- und Gewalttaten kommt. Im Zusammenhang mit rechtsextremistischen Gewalttaten stieg der Anteil von Gewalttaten mit fremdenfeindlicher Motivation an der Gesamtzahl rechtsextremistischer Gewalttaten von knapp 52 Prozent in 2014 auf 75 Prozent in 2019.

Aber auch im Rechtsextremismus macht sich eine Clan-Kriminalität breit. Ein Beispiel, den „Clan von Cottbus", beschreibt die Zeit in ihrer Ausgabe vom 08.10.2020 als „ein Milieu aus 200 Rechtsextremen, Hooligans, Kampfsportlern und Rockern. Ermittler befürchten, dass diese kriminelle Bande bald die Macht in der Lausitzer Stadt übernehmen wird. Es ist eine einzigartige Parallelwelt am östlichen Rand der Republik. Die Polizei geht davon aus, dass diese Leute für rund 80 Prozent der milieutypischen Straftaten verantwortlich sind – Waffen-, Drogen- und Menschenhandel sowie Körperverletzung". ... aber in Kombination mit legalen Geschäftsbereichen – sie betreiben in mehreren Städten Bekleidungsgeschäfte, Sicherheitsdienste, Abenteuercamps, eine Bowlingbahn, sind in der Immobilienbranche tätig ... und zahlen auch Steuern.

Typisch für ihre Machtdemonstration ist deren Weihnachtsfeier mit dem „who is who" der Szene am 07.12.2018 in der Diskothek Sound in Cottbus. Auf einer eigens für den Abend angefertigten Getränkekarte ist im Hintergrund ein fast seitengroßes Hakenkreuz abgedruckt. Für die Beamten zeigt die Veranstaltung die menschenverachtende Ausrichtung und Verfassungsfeindlichkeit der Gruppe – vor den Augen der Polizei.

„Die meisten Menschen in Cottbus können unbehelligt leben, einige weniger „Linke" werden drangsaliert, Flüchtlinge zusammengeschlagen, Journalisten bedroht. Die Botschaft ist so einfach wie furchterregend: „Ihr könnt hier in Ruhe leben, aber wir bestimmen die Regeln."

Der Gegenpol zum Rechtextremismus ist der <u>Linksextremismus</u>. Linksextremisten wollen die bestehende Staats- und Gesellschaftsordnung und damit die freiheitliche Demokratie beseitigen und diese durch ein kommunistisches beziehungsweise anarchistisches, „herrschaftsfreies" System ersetzen. Aber auch hier kommt es zu Straftaten, insgesamt zwar deutlich weniger, jedoch umso starker steigend. So wurden in 2019 mit insgesamt 6.449 Straftaten mit extremistischem Hintergrund rund 40 Prozent mehr als in 2018 registriert, davon 921 Gewalttaten. Die mit Abstand meisten linksextremistischen Straftaten entfielen auf die Bundesländer Nordrhein-Westfalen (1.391) und Sachsen (1.286).

Leider gibt es weder zum Rechts- noch zum Linksradikalismus oder Terrorismus eine einheitliche Erfassung innerhalb der EU. Doch ein Bericht von Europol gibt zumindest einen Überblick über das Ausmaß rechtsextremer Gewalt in Europa. Die Experten schreiben unter anderem, dass eine zunehmende internationale Vernetzung rechter Organisationen wahrgenommen werden könne.

Eine kriminelle Grauzone, aber mit Sicherheit ein Problem der inneren Sicherheit, stellen die „No-Go-Areas" dar, also Örtlichkeiten mit angeblich rechtsfreien Räumen oder zum Teil gefühlt erhöhter Kriminalität. Es ist nur eingeschränkt bekannt, wo genau die örtlichen Polizeibehörden die "gefährlichen Orte" vermuten. In Bayern, Baden-Württemberg und Niedersachsen veröffentlichen die Landesregierungen weder Anzahl noch konkreten Standpunkt dieser Orte. Sie werden teils gar nicht landesweit erfasst, teils nur wenig kommuniziert. Andere Länder gehen mit diesen Informationen offener um. Bei jeder Zahl und jedem Standort allerdings handelt es sich um Momentaufnahmen, weshalb die folgenden Angaben nur Größenordnungen wiedergeben:

- <u>Berlin</u> listet mit Stand von Frühjahr 2019 sieben Straßen, Plätze und Gebiete als "gefährliche Orte" auf. Sie umfassen die Bereiche Alexanderplatz, Görlitzer Park, Warschauer Brücke, Kottbusser Tor, Teile der Hermannstraße, den Hermannplatz sowie Teile der Rigaer Straße.

- <u>Hamburg</u> weist hier laut Innenbehörde die Stadtteile St. Georg und St. Pauli aus.

- <u>NRW</u> listet in den Städten Dortmund, Essen, Hagen, Köln (14 Zonen alleine hier), Mettmann, Mönchengladbach, Oberhausen und Wuppertal insgesamt 22 Bereiche als "gefährliche und verrufene Orte".

- <u>Sachsen</u> ist der Rekordhalter in Sachen "gefährliche oder verrufene Orte": in Chemnitz sind das 14 Straßen und Plätze, in Dresden acht, in Leipzig sechs. Auch in kleineren Städten wie Freiberg, Aue, Annnaberg, Rochlitz, Stollberg und Görlitz sind solche Bereiche festgelegt.

- <u>Sachsen-Anhalt</u> weist 22 "gefährliche Orte" aus – darunter vier in Magdeburg, fünf in Halle (Saale) und weitere im Jerichower Land, Salzlandkreis, Bördekreis, Saalekreis, Burgenlandkreis, im Harz sowie im Kreis Mansfeld-Südharz.

- <u>Bremen</u> führt vier Gebiete als "gefährliche Orte" an: die Gegend um den Hauptbahnhof, die Bereiche Ostertor und Steintorviertel sowie Gröpelingen-Mitte und die St.-Gotthard-Straße.

- <u>Schleswig-Holstein</u> listet zehn Orte als gefährlich, drei
  davon in der Landeshauptstadt Kiel unter anderem am
  Hauptbahnhof und im Zentrum von Kiel-Gaarden.

Aber einmal mehr wird aber über Datenschutz (zwischen Polizei einerseits und Datenschützer sowie Bürgerrechtler andererseits) diskutiert und letztlich hingenommen, dass es in Deutschland mehr als einhundert „Bereiche gibt, wo der Rechtsstaat handlungsunfähig ist", sagt Bodo Pfalzgraf, Berliner Landeschef der Deutschen Polizeigewerkschaft bzw. „Polizisten sich kaum noch hin trauen" (ga.de vom 27.01.2017), z. B. in das Duisburger Stadtviertel Marxloh, einem der ärmsten Stadtviertel Deutschlands mit 16 Prozent Arbeitslosigkeit, 19 000 Einwohnern, 64 Prozent davon mit ausländischen Wurzeln. Zu sehen sind verwahrloste Familien, Straßenkriminalität und Gewaltexzesse (focus.de vom 30.07.2017).

Ein immer noch nur sporadisch aufgegriffenes Thema ist der <u>Kindesmissbrauch</u>, zuletzt der „Komplex Bergisch Gladbach". Hier deckte die Polizei Ende Oktober 2019 einen Fall von schwerem Kindesmissbrauch auf und brachte eine Ermittlung in Gang, dessen ganze Dimension immer noch nicht absehbar ist. An der Spitze des Eisbergs steht ein 43 Jahre alten Familienvater, Jörg. L. aus Bergisch-Gladbach, der seine kleine Tochter und weitere 50 Kinder wiederholt vergewaltigt und schwer sexuell missbraucht hat, kinderpornografischer Schriften erstellt, beschafft, in Umlauf gebracht und Verabredungen zum Verbrechen getroffen hat. Die gerichtlichen Aufarbeitungen geben bestürzende Einblicke in eine andere, finstere Welt, die viel größer ist, als viele bisher glaubten. Der Angeklagte, der vor seiner Festnahme als Pförtner im Schichtdienst eines Krankenhauses arbeitete, hat nach Überzeugung des Gerichts seine Tochter dutzendfach missbraucht. Meist in den Morgenstunden, zwischen Frühstück und dem Weg zur Kita. Das Mädchen war bei der ersten nachgewiesenen Tat ein Jahr und drei Monate alt. Mindestens anderthalb Jahre dauerte ihr Martyrium.

Missbrauch im elterlichen Schlafzimmer, im Wohnzimmer und auf der Wickelkommode, das Kind hatte dabei noch den Schnuller im Mund. In drei Fällen soll es auch zum Eindringen gekommen sein. Bilder und Videos seiner Taten teilte L. in diversen Chatgruppen, in denen sich Gleichgesinnte trafen. Dabei hat die eigene Tochter nicht gereicht - systematisch hat er über Messengerdienste nach weiteren Opfern und Mittätern gesucht. Einer von ihnen ist Bastian S., ehemaliger Zeitsoldat aus Kamp-Lintfort. Auch er war Mitglied der Chatgruppe mit dem Namen "Freunde von ..." mit 76 Mitgliedern. Die beiden trafen sich, um gemeinsam ihre Töchter zu missbrauchen. Einmal in einer Essener Wellnessoase mit Whirlpool und Massageliege.

Die Zeugenaussagen von Freunden und Verwandten haben während des Verfahrens zu erschütternden Szenen geführt. Da war zum Beispiel L.'s ehemaliger Arbeitgeber, der ihn als seinen besten Mann bezeichnet hat. Noch nie in seinem Leben sei er so getäuscht worden, sagte er vor Gericht. Der vorsitzende Richter spricht von einem perfekt organisierten Doppelleben, das auch beim Ranzoomen keine Risse offenbart habe. L.'s Leben sei von außen betrachtet eine "runde Sache" gewesen. L.'s Frau, die wie die meisten Zeugen aus Gründen des Opferschutzes unter Ausschluss der Öffentlichkeit ausgesagt hat, nahm Kaufmann ausdrücklich in Schutz. "Meine Frau wusste nichts und konnte auch nichts wissen." (zeit.de vom 06.10.2020).

Der Täter wurde im Oktober 2020 zu zwölf Jahren Haft verurteilt. Zudem ordnete das Gericht die Unterbringung in der Sicherungsverwahrung an.

Allein in den Chats und Netzwerken des jetzt Verurteilten finden sich mehr als 30.000 Datenspuren, die zu neuen Ermittlungen führen können, es gibt schon mehr als 200 Verdächtige. Die Spur des sexuellen Missbrauchs an Kindern zieht sich durch das ganze Bundesgebiet bis ins angrenzende Ausland. Und der nächste Prozess im Missbrauchskomplex Bergisch Gladbach vor dem Kölner Landgericht hat schon begonnen. Der 33 Jahre alte Dachdecker Sven K., ebenfalls aus Bergisch Gladbach, soll seinen zweijährigen Neffen und seine sechsjährige Nichte sexuell missbraucht haben. Darüber hinaus soll er knapp 25.000 kinder- und jugendpornografische Bilder und Videos besessen und einige davon auch in eine Chatgruppe hochgeladen haben.

Statistisch gesehen sitzt in jeder Schulklasse mindestens ein Kind, das Opfer sexueller Gewalt geworden ist. Jeden Tag werden Kinder missbraucht, überall, mitten unter uns, vielleicht im Nachbarhaus. (Deutschlandfunk vom 06.10.2020). Eine Million Kinder in Deutschland sind Opfer sexueller Gewalt (augsburger–allgemeine.de vom 10.08.2018), am häufigsten innerhalb der Familie, auch wenn das Internet die „Spielwiese" der Täter ins Unendliche vergrößert hat. Oft leiden die Kinder unbemerkt von Lehrern, Eltern und auch der Polizei. Deren jährliche Kriminalstatistik zeigt nur einen kleinen Teil der Taten – nämlich die, die angezeigt werden. Die Zahl der Sexualdelikte gegenüber Kindern und Jugendlichen, bestätigt das BKA, sei „in den vergangenen Jahren relativ gleichgeblieben". 2017 wurden demnach 13.539 Kinder unter 14 Jahren Opfer. Gleichzeitig betonen die Ermittler, dass die Dunkelziffer „sehr groß" ist – nur ein Fall von 75 wird also aufgedeckt.

Dass auch Frauen, sogar Mütter zu solchen Gräueltaten fähig sind, war in der Öffentlichkeit bis zum Staufener Missbrauchsfall kaum ein Thema. Ab Februar 2015 wurde ein dreijähriges Mädchen, ab Frühsommer 2015 dann ein zu Beginn der Taten siebenjähriger Junge von seiner Mutter und ihrem Lebensgefährten sexuell missbraucht. Die Frau und ihr Lebensgefährte vollzogen sowohl einzeln als auch gemeinsam sexuelle Handlungen an den beiden Opfern, vermittelten darüber hinaus den Jungen gezielt und gegen Geld an weitere Täter, die das Kind missbrauchten, quälten, erniedrigten und dabei filmten. Der Lebensgefährte und die Mutter waren teilweise selbst an den Übergriffen durch Dritte beteiligt. Der Junge ist vor der Kamera mit roher Gewalt misshandelt und vergewaltigt worden, auch von seiner Mutter. Neben körperlicher Gewalt wurde er auch mit der Drohung unter Druck gesetzt, er müsse ins Erziehungsheim, wenn er nicht tue, was die Mutter und ihr Lebensgefährte verlangten. Zu den Motiven des Täterpaares gehörten neben der Befriedigung von sexuellen und Machtbedürfnissen die hohen Geldbeträge, die sie mit dem Missbrauch des Jungen durch Dritte sowie durch Videos erzielen konnten. Dabei wurden auch Videos, in denen die Mutter den Jungen missbraucht, auf Bestellung angefertigt. Nach Angaben des Partners der Mutter haben die beiden mit dem Geld, das die Freier für Vergewaltigungen zahlten, ihren „Lebensunterhalt bestritten". Im August 2018 wurde die Mutter zu zwölfeinhalb, ihr Lebensgefährte zu zwölf Jahren Haft verurteilt.

Ob die Forderung einiger Politiker nach härteren Strafen für die Täter (wdr.de vom 11.06.2020) reicht, darf bezweifelt werden, zudem damit auch nicht die extreme Dunkelziffer reduziert wird. Zielführender wäre sicherlich, die Forderung der Gewerkschaft der Polizei zu folgen nach mehr Personal und mehr Online-Zugriffsrechte, um mehr Täter im Internet aufzuspüren und die großen Datenmengen schneller bearbeiten zu können. Warum es im Fall Münster ein Jahr gedauert hat, die Daten zu entschlüsseln, erklärte der Vizevorsitzende des Bunds deutscher Kriminalbeamter, Oliver Huth, in einer "Aktuellen Stunde" so: "Die Täter nutzen hohe IT-Technik, die die Daten kryptiert. Wir müssen uns Expertise auf dem freien Markt kaufen, und der Markt ist sehr schnelllebig. Wir haben Möglichkeiten, Daten zu entschlüsseln, aber das dauert. Wir brauchen Experten beim Land. Die sind sehr teuer. Das ist eine Ressourcenfrage, eine

Frage der Kapazitäten." Und auch die zuständigen Jugendämter und Familiengerichte sind zuständig klagen häufig darüber, dass sie überlastet seien.

Aber es gibt noch weiteren Handlungsbedarf, zumindest für den Bund Deutscher Kriminalbeamter (BDK), der kritisiert, dass Personen, die bereits vorbestraft sind, weil sie Kinderpornographie besessen und verbreitet haben, trotzdem mit einem Kind in einem Haushalt leben dürfen. "Es ist ein Unding, dass Leute mit kinderpornographischem Material noch ein Erziehungsrecht haben", sagte BDK-Vize Huth.

Neben den sexuellen Übergriffen auf Kinder gerät manchmal die ausgeübte Gewalt auf sie in den Hintergrund. Die Kriminalitätsstatistik zeigt aber, dass Gewalt gegen Kinder alltäglich ist. 2019 gab es 4.055 (gemeldete) Fälle von Kindesmisshandlung (ähnlich viel wie im Vorjahr), dazu 112 Tötungsdelikte. DAuch hier ist die Dunkelziffer extrem hoch – das BKA schätzt, dass nur jeder 15. Fall angezeigt wird (also mehr als 60.000 Fälle jedes Jahr) und davon nur jeder fünfte Fall verhandelt wird, d. h. nur etwa ein Prozent der polizeilich erfassten Fälle landet vor Gericht.

Zudem kommen durch die Corona-Pandemie weitere Risikofaktoren hinzu, welche Gewalt bzw. Kindesmissbrauch gegen Kinder wahrscheinlicher machte: Jobverlust der Eltern oder Kurzarbeit durch die Corona-Krise, akute finanzielle Sorgen und Quarantäne zuhause führten eher zu Gewalt gegen Kinder. Insgesamt erfahren laut TUM 6,5 Prozent aller Kinder während der Corona-Pandemie häusliche Gewalt, am stärksten bei Haushalten in Quarantäne und wo einer der Partner Angst oder Depressionen hatte (14 Prozent).

So berichtet Europol, dass die Fälle von sexuellem Kindesmissbrauch im Internet im Corona-Jahr deutlich zugenommen haben. „Die Verbreitung sei jetzt viel größer als vor der Pandemie. Und die Täter versuchen, auch direkt Kinder zu kontaktieren." (ntv.de vom 28.12.2020)

Im weiteren Sinne eines Kindesmissbrauchs ist auch die Zwangsverheiratung von Kindern einzuordnen. Eigentlich gibt es seit 2017 ein Gesetz, das junge Mädchen und Frauen gerade davor schützen soll, gegen ihren Willen in arrangierte Ehen gezwungen zu werden. Das „Gesetz zur Bekämpfung von Kinderehen" legt das Mindestalter zur Heirat ohne Ausnahme auf 18 Jahre fest. Außerdem sieht es vor, dass Ehen, die zum Beispiel im Ausland geschlossen wurden, von einem Richter aufgehoben werden, wenn die minderjährigen Partner bei der Hochzeit 16 oder 17 Jahre alt waren. Eheschließungen unter 16 Jahren sind sogar generell unwirksam.

„Diese Regelungen sind in der Praxis noch gar nicht angekommen. Viele Behörden wissen überhaupt nicht, wie das Gesetz umzusetzen ist", sagt Monika Michell von Terre des Femmes. Die Organisation hat 2019 eine Studie zu dem Phänomen durchgeführt. Die erschütternde Bilanz: Seit Inkrafttreten des neuen Gesetzes wurden deutschlandweit 813 Ehen mit Minderjährigen gemeldet. Nur zehn davon wurden aufgehoben. (focus.de vom 18.12.2020)

Aber auch <u>Gewalt gegen Frauen</u> ist ein anhaltendes Problem. Jede dritte Frau in Deutschland ist mindestens einmal in ihrem Leben von physischer und/oder sexualisierter Gewalt betroffen. Etwa jede vierte Frau wird mindestens einmal Opfer körperlicher oder sexueller Gewalt durch ihren aktuellen oder früheren Partner. Betroffen sind Frauen aller sozialen Schichten. Laut der letzten kriminalstatistischen Auswertung zur Partnerschaftsgewalt des Bundeskriminalamtes wurden 2019 insgesamt 140.755 Frauen Opfer von Partnerschaftsgewalt (2013: 100.766), davon

- vorsätzliche, einfache Körperverletzung: 69.012 Fälle
- gefährliche Körperverletzung: 11.991 Fälle
- Bedrohung, Stalking, Nötigung: 28.906 Fälle
- Freiheitsberaubung: 1514 Fälle
- Mord und Totschlag: 301 Fälle

„Und das Dunkelfeld ist hoch. Eine EU-weite Studie aus dem Jahr 2014 beispielsweise zeigte, dass schätzungsweise nur einer von drei Fällen häuslicher Gewalt auch bei der Polizei angezeigt wird. Auch in Deutschland ist häusliche Gewalt gegen Frauen immer noch ein großes Tabuthema." (dw.de vom 25.11.2020)

Doch Polizei wie auch Justiz scheinen überfordert, oft interessieren sich nicht ausreichend für das Schicksal dieser Frauen (zeit.de vom 26.11.2020). Richter(innen) müssten für den Juristinnenbund dringend fortgebildet werden (tagesschau.de vom 25.11.2020). Aber es kommt auch zu Versäumnissen und Fahrlässigkeiten. (zeit.de vom 26.11.2020)

4.1.2. Strafverfolgung

4.1.2.1. Polizei

Das Exekutivorgan eines Staates ist die Polizei. Im Sommer der letzten drei Jahre wurde jeweils ein Personalanbau verkündetet, zuletzt für 2019 auf 333.300 Beschäftigte. Allerdings sind dies lediglich 2,5 Prozent mehr als vor 25 Jahren – zwischenzeitlich hatte man abgebaut (308.000 in 2010).

Aber auch die Polizei ist zunehmend in den Schlagzeilen, u. a. wegen Rechtsradikalität, Im Sommer 2018 wurden Details aus der Chatgruppe „Idiotentreff bekannt. Hier schickten Frankfurter Polizisten einander Nachrichten und Fotos. Banales war darunter, auch Erschreckendes. Auf einem Bild war Hitler vor einem rauchenden Schornstein zu sehen, dazu die Worte: "Umso größer der Jude, desto wärmer die Bude." Das Entsetzen war groß, Hessens Innenminister Peter Beuth (CDU) geriet unter Druck. Doch seine Amtskollegen in Bund und Ländern duckten sich weg, ihr Reflex: ein Einzelfall, Frankfurt ist nicht überall. Es war ein verheerendes Signal der Untätigkeit, das sie an ihre Beamten sandten. (spiegel.de vom 25.09.2020)

In NRW sind zwischen Januar 2017 und September 2020 100 Mitarbeiter der Polizei sowie weitere Personen im Innenministerium unter den Verdacht des Rechtsextremismus oder Rassismus geraten (sueddeutsche.de vom 24.09.2020). Zudem gebe es vier Verdachtsfälle im Innenministerium. Gegen acht Polizeibeamte seien Ermittlungen wegen möglicher Nähe zur Reichsbürgerideologie eingeleitet worden; hinzukommen 84 Disziplinarverfahren gegen Beamte wegen Hinweisen auf eine rechtsextreme Gesinnung. Von den 100 Verdachtsfällen seien 71 noch nicht abgeschlossen. In den 29 beendeten Verfahren seien acht disziplinar- und arbeitsrechtliche Maßnahmen verhängt worden. In den übrigen 21 Fällen hätten sich die Vorwürfe entweder nicht bestätigt, oder sie seien verjährt gewesen. Innenminister Reul sieht aber „das Ende der Fahnenstange noch lange nicht erreicht." Und spricht von einer „Schande für die Polizei."

Auch Gewaltanwendung im Umgang mit Verdächtigen scheint keine Seltenheit. So berichtet die Frankfurter Rundschau am 24.09.2020 von einem Fall eines 19-Jährigen, dem ein Polizist in Ausübung seines Berufes ins Gesicht geschlagen hat. Der Leiter der hierfür zuständigen Polizeidirektion Thomas Rath kommentierte dies mit „dem Kollegen sei die Hand ausgerutscht. Doch auch wenn das nicht hätte passieren dürfen, so sei es doch immerhin menschlich erklärbar" – bemerkenswert, dass ein Dienstherr eine de facto ausgeübte körperliche Gewalt im Amt als „menschlich erklärbar" relativiert.

Zunehmend intensivieren Videos von Polizeieinsätzen die Debatte über die Rolle der Polizei und dem Einsatz von Gewalt. Insbesondere Aufnahmen aus Frankfurt am Main sorgten für viel Kritik am Vorgehen von Polizisten, weil ein am Boden liegender Mann getreten wurde. Hessens Innenminister Peter Beuth nannte das Verhalten völlig inakzeptabel. Das Verhalten des Beamten sei mit den Werten der hessischen Polizei in keiner Weise in Einklang zu bringen. Es seien ihm sofort disziplinarrechtliche Maßnahmen eröffnet worden. "Wir haben hier auch einen strafrechtlichen Vorgang. Das ist eine Körperverletzung im Amt", sagte Beuth. Im Nachgang berief Beuth eine Expertenkommission zu Polizeistrukturen ein, um das Vertrauen in die Sicherheitsbehörden wiederherzustellen.

Ein Beispiel für ein gewaltaffines „Mackergehabe", dass die situative Machtposition unter Verkennung der eigentlichen Rolle ausnutzt, kommt aus Dresden. „Schubs mich, und Du fängst dir ne Kugel" hatte ein Polizist einem Demonstranten bei einer Demo in Dresden zugeraunt, die Hand über der Waffe platziert.

Aber auch <u>Drogenskandale</u> erschüttern die Polizei. Im September 2020 durchsuchten bei einer Drogen-Razzia 170 Ermittler 30 Wohnungen und sieben Dienststellen in Bayern. 21 Polizisten auf neun Dienststellen wird vorgeworfen, Drogen konsumiert und an Kollegen weitergegeben zu haben, u. a. indem man beschlagnahmtes Kokain abzweigte. „Beamte sollen gar mit Dealern zusammengearbeitet haben. Sechs Polizisten wurden inzwischen suspendiert. (ksta.de vom 24.09.2020). Nach intensiven Ermittlungen stehen mittlerweile 30 Beamte unter Verdacht. Nach Angaben des Bayerischen Landeskriminalamtes stehen auch andere Vorwürfe im Raum, etwa Strafvereitelung und Körperverletzung im Amt. (t-online.de vom 08.12.2020)

4.1.2.2. Gericht

Beschuldigungen landen häufig vor Gericht. Hier arbeiteten Ende 2018 21.338 Richter – 2,2 Prozent mehr als in 2000.

Immer wieder liest man, dass die Gerichte überlastet seien, v. a. die Strafgerichte. Tatsächlich liegen laut „Berliner Übersicht" die Erledigungsquoten für Strafsachen sowohl an den Amtsgerichten als auch an den Landgerichten in den meisten Ländern leicht unter 100 Prozent – das heißt, es wurden nicht so viele Fälle abgearbeitet wie neu hereinkamen (lto.de vom 13.03.2018)

Der Dinslakener Amtsrichter Thorsten Schleif (39) geht mit seinem eigenen Berufsstand ungewöhnlich hart ins Gericht und wirft der deutschen Justiz Versagen vor. „Der Rechtsstaat sei in derart schlechtem Zustand und stehe vor dem Abgrund." Auch um die Unabhängigkeit der Justiz sei es schlechter bestellt als in vielen anderen europäischen Ländern: Die Spitzenposten würden in vielen Bundesländern von der Landesregierung bestimmt. Angepasste Ja-Sager aus der Justizverwaltung machten regelmäßig das Rennen. Damit sei die Justiz als dritte Staatsgewalt erschreckend schlecht gegen Missbrauch gefeit. Nach Ansicht Schleifs sprechen die Richter sogar reihenweise Skandalurteile. Aus Unsicherheit, aber auch, um vom Bundesgerichtshof keine Rechtsfehler attestiert zu bekommen, verhängten sie möglichst milde Strafen. Das Risiko, dass eine überlastete Staatsanwaltschaft Revision einlegt, sei nämlich viel geringer als bei einem unzufriedenen Angeklagten. Manche Richter hängten Bewährungsstrafe an Bewährungsstrafe, obwohl Verurteilte rückfällig wurden und die Bewährung eigentlich widerrufen werden müsste. (ovb-online.de vom 26.10.2019).

Dass es sich hier nicht um Einzelfälle handelt, belegt eine Auswahl bekanntgewordener Skandalurteile:

- Januar 2013: Wegen Körperverletzung, besonders schweren Landfriedensbruchs und Beleidigung bei den Anti-Nazi-Demonstrationen am 19.02.2011 verurteilte das Gericht Tim H. zu einem Jahr und zehn Monaten

Haft ohne Bewährung. Und das obwohl dem Angeklagten keine der ihm zu Last gelegten Taten in dem viertägigen Prozess nachgewiesen werden konnte.

- April 2017: Ein Gericht in Brandenburg spricht einen jungen Türken frei, der wegen Vergewaltigung angeklagt war, obwohl die Frau nach dem Verkehr vor Schmerzen offenbar wochenlang nur noch gekrümmt laufen konnte. Doch für Staatsanwalt und Gericht war kein Vergewaltigungsvorsatz und somit keine Straftat mehr nachweisbar.

- Juli 2018: Das BVerfG Karlsruhe verhindert in letzter Instanz, dass es zu einer Anklage gegen behandelnde Ärzte wegen fahrlässiger Tötung kommt.

- Januar 2019: Ein Asylbewerber aus Somalia ersticht in Offenburg einen Arzt in dessen Praxis, verletzt die Arzthelferin, da er meinte, bei der Blutentnahme vergiftet worden zu sein. Das Urteil war ein Freispruch wegen Schuldunfähigkeit wg. behaupteter Wahnvorstellungen, anschließend psychiatrische Klinik mit Kosten mehr als 100.000 € p. a.

- Juni 2019: Mit Enttäuschung und Empörung hat der Verband Deutscher Grundstücksnutzer (VDGN) das Urteil des Bundesgerichtshofes aufgenommen, nach dem Altanschließern (ein Ehepaar aus Brandenburg hatte, nachdem man nachträglich für den Trinkwasseranschluss ihres Hauses zahlen musste, dieses Geld nun vom Wasser- und Abwasserzweckverband Scharmützelsee-Storkow/Mark zurückgefordert) im Bundesland Brandenburg kein Schadensersatz wegen Staatshaftung zustehen soll. Damit setzte sich der Senat nicht zuletzt in Widerspruch zu einer Entscheidung des Bundesverfassungsgerichts (BVerfG) aus 2015 durch. Von diesem Urteil sind Zehntausende Menschen, die auf ihren Grundstücken in Brandenburg wohnen, direkt betroffen. Sie fragen sich jetzt: Leben wir tatsächlich unter rechtsstaatlichen Verhältnissen, wenn Entscheidungen des Bundesverfassungsgerichts durch die Hintertür gegenstandslos gemacht werden können?

- November 2019: Eine Frau aus Kasachstan mit deutschem Pass, ohne Ausbildung, hat mit einem illegal in Deutschland sich befindenden Marokkaner sieben Kinder, lebt von Harz IV und Kindergeld, lässt ihr jüngstes Kind mit zehn Wochen verhungernd sterben, Urteil: Bewährung.

- April 2020: In Magdeburg wurde ein 20-jähriger Mann wegen Körperverletzung mit Todesfolge zu einer zweijährigen Haftstrafe mit Bewährung verurteilt.

- Dezember 2020: Nach dem gewaltsamen Tod eines 14-Jährigen hat das Landgericht in Essen den Angeklagten wegen Notwehr freigesprochen. Der Angeklagte war zur Tatzeit gerade einmal 17 Jahre alt. Er wurde wegen Totschlags angeklagt, weil er zuvor einen 14-jährigen Jungen bei einem Streit erstochen hat. Im Prozess zeigte sich aber, dass das Opfer und ein weiterer Junge den stark betrunkenen Jugendlichen zuerst angegriffen hatten. Der 17-Jährige ging daraufhin zu Boden. Dann zog er ein Messer und stach einmal zu, mitten ins Herz des Angreifers. Das Landgericht wertete das als Notwehr und hat den Angeklagten deshalb freigesprochen.

Jüngst erschütterte ein Bericht, nach dem es in Bremen vermehrt zu Insolvenzverfahren gekommen ist, die dort möglicherweise nicht anhängig sein sollten. Die FAZ spricht am

23.12.2020 von einem fragwürdigen Insolvenztourismus. Eine Strafanzeige aus Oktober 2020 richtet sich gegen Verantwortliche einer Steuerberatungsgesellschaft und am Amtsgericht tätige Insolvenzrichter und Rechtspfleger.

Die EU-Kommission bemängelt das deutsche Justizwesen in Teilen (rnd.de vom 25.09.2020), z. B. das Weisungsrecht von Landesjustizministern gegenüber Staatsanwälten. „Justizminister sind nun mal Politiker, deshalb ist die Versuchung für sie groß, politischen Einfluss auszuüben", sagte EU-Kommissionsvize Vera Jourova dem "Spiegel". Kritisiert wird auch die Dauer von Gerichtsverfahren in Deutschland., v. a. in erster Instanz, und die wachsende politische Einflussnahme auf unabhängige Medien, die in allen Ländern unter großem wirtschaftlichem Druck stehen. So darf es nicht verwundern, dass das Vertrauen der Bürger in das deutsche Rechtssystem zunehmend kritisch gesehen wird. (sueddeutsche.de vom 01.10.2020). Eine seit Jahren vom IfD Allensbach durchgeführte Befragung zeigt mit stetig steigender Tendenz fünf Kritikpunkte aus:

- die Verfahren dauern zu lange,
- die Gerichte sind überlastet,
- die Rechtsprechung in Deutschland ist sehr unterschiedlich und hängt stark vom zuständigen Gericht ab,
- die Urteile zu milde und
- die Gesetze sind viel zu kompliziert.

4.2. Äußere Sicherheit

Die äußere Sicherheit ist Kernaufgabe des Bundesministeriums der Verteidigung. Hier warten kurzfristig großen Herausforderungen. Nach der Ankündigung von US-Präsident Donald Trump, rund ein Drittel der GIs aus Deutschland abzuziehen (was sein Nachfolger noch einmal prüfen möchte), beschäftigt das Thema alle politischen Ebenen. Die Militärplaner in Europa fragen sich, was diese Entscheidung für die europäische Sicherheitsarchitektur bedeutet. Schließlich ist Deutschland der zentrale Baustein der US-amerikanischen Verteidigungsstrategie in Europa - bis hin zum Standort von US-Atomwaffen, die im Ernstfall von deutschen Kampfflugzeugen in ihr Ziel geflogen werden würden. (dw.de vom 20.06.2020). Hinzu kommt der Aufstieg Chinas mit Rückkehr zu einer Machtpolitik, die sich über internationale Normen hinwegsetzt.

Die Münchner Sicherheitskonferenz (MSC) beleuchtet im Oktober 2020 in ihrer Sonderausgabe die Außen- und Sicherheitspolitik. Danach sollte sich Deutschland in enger Abstimmung mit den EU-Partnern stärker engagieren. Dafür müsse Deutschland mehr Ressourcen mobilisieren, um außen- und sicherheitspolitisch handlungsfähig bleiben zu können. Das gelte für Diplomatie, Entwicklungszusammenarbeit und Verteidigung gleichermaßen.

Das Bundesministerium sieht sich auf einem guten Weg, u. a. weil man „die Ausgaben für Verteidigung von 2014 bis heute um etwa 40 Prozent erhöht hat. Allerdings sollte man auch die relative Quote ansehen, d. h. den Anteil, den die Verteidigungsausgaben am Bundeshaushalt ausmachen und dieser betrug 2014 10,9 Prozent und soll 2021 11,1 Prozent betragen. Und auch von dem Ziel, zwei Prozent des Bruttoinlandsprodukts für Verteidigung vorzuhalten, ist man noch mit knapp 1,5 Prozent (oder mindestens zusätzlichen 15 Mrd. €) ein ganzes Stück entfernt.

Besonders in der Kritik steht der Zustand der Bundeswehr. Ein Überblick gab der Stern in seiner Ausgabe vom 02.05.2028:

- <u>Sturmgewehr</u>: Im September 2015 wird nach vielen Pannen das Sturmgewehr G36 vom Verteidigungsministerium ausgemustert. Eine Untersuchung hatte im Frühjahr starke Beeinträchtigungen der Treffgenauigkeit des G36 bei hoher Außentemperatur und im heißgeschossenen Zustand bestätigt. Die Bundeswehr nutzte das G36 von Heckler & Koch als Standardwaffe und hat seit den 90er Jahren 180.000 dieser Waffen gekauft.

  Im Frühsommer 2020 teilte das Verteidigungsministerium mit, dass C. G. Haenel nach drei Jahren Prüfung für den Großauftrag zur Lieferung neuer Sturmgewehre mit einem Volumen von 600 Mio. € ausgewählt wurde. Bis dahin waren alle Experten bis hoch ins Ministerium davon ausgegangen, dass wie in den vergangenen Jahrzehnten Heckler & Koch den Zuschlag erhalten würde, da die Waffenschmiede weltweit als Goldstandard gilt. Allerdings bot C. G. Haenel mit dem MK556 eine gleichwertige, aber deutlich billigere Waffe an. Anfang Oktober 2020 teilte Staatssekretär Tauber mit, dass die überraschende Auftragszusage für den Thüringer Waffenhersteller C. G. Haenel wegen einer möglichen Patentrechtsverletzung von der Vergabestelle des Bundes zurückgezogen werden musste. Damit sei das Projekt "erst mal auf null zurückgesetzt", sagte ein Insider dem Spiegel.

- <u>U-Boote</u>: Im Oktober 2017 schrammte ein U-35 vor der norwegischen Küste mit einer Seitenflosse einen Felsen, danach musste es in die Reparatur. U-35 war das letzte deutsche U-Boot, welches überhaupt noch einsatzfähig war. Seitdem macht die ganze U-Boot-Flotte auf unbestimmte Dauer Ferien. Die Marine besitzt sechs U-Boote vom Typ 212A - kleinere Schiffe, die aber lautlos auf Fahrt gehen können und sehr schwer zu orten sind. Sie sollen im Ernstfall die Ostsee sperren. Kein einziges der U-Boote ist einsatzbereit.

- Panzer: Im November 2017 sind von Deutschlands schwerstem Geschütz, dem Leopard-2-Panzer, von 244 Exemplaren noch ganze 95 Panzer einsatzbereit. Die Ursachen für das Desaster sind die altbekannten Mängel. Die meisten Panzer befinden sich in der Werkstatt oder warten auf einen Reparaturtermin. 53 Panzer sollten umgerüstet werden. 89 Leos waren (Stand: November 2017) "nutzungsbedingt ausgefallen." Nach wie vor sind Großfahrzeuge mit Kettenantrieb auf regelmäßige Wartungen und den Austausch von Verschleißteilen angewiesen. Vor allem der Mangel an Ersatzteilen führt zu dem kleinen Bestand an einsatzfähigen Fahrzeugen.

- Kampfjets: Im Mai 2018 hat die Bundeswehr neue technische Probleme bei ihrem Kampfjet "Eurofighter". Es gebe einen Engpass bei der Lieferung eines Ersatzteils, bestätigte ein Sprecher des Verteidigungsministeriums einen Bericht des Nachrichtenmagazins "Spiegel". Betroffen sei das Kühlsystem des Selbstschutzsystems, alle Beteiligten arbeiteten mit Hochdruck an einer Lösung. Laut "Spiegel" können derzeit nur vier Eurofighter für reale Missionen eingesetzt werden. Der Defekt betreffe ein System, das Angriffe oder feindliche Flugzeuge erkenne und Piloten warnen solle. Ohne dieses System sei der "Eurofighter" nicht für echte Einsätze startklar. Das Verteidigungsministerium äußerte die Hoffnung, "in einigen Wochen bis Monaten das Problem in den Griff zu bekommen". Seit September 2020 übernimmt die deutsche Luftwaffe die Sicherung über den baltischen Nato-Staaten. Sie verfügt über zwei Alarmrotten, auch Quick Reaction Alert (QRA) genannt. Laut dem Nachrichtenmagazin Spiegel könnten derzeit nur vier (von insgesamt 124) Jets für reale Missionen eingesetzt werden - bei der Nato habe die Bundesregierung 82 Jets für Krisenfälle zugesagt. Somit kann Deutschland seine militärischen Zusagen an die Nato derzeit eigentlich nicht erfüllen.

- <u>Schulschiff</u>: Im Juni 2020 sind die Kosten durch Fehlplanungen und Missmanagement von ursprünglich 10 Millionen auf mindestens 135 Millionen Euro gewachsen. Die Elsflether Werft musste Insolvenz anmelden. Gegen ehemalige Geschäftsführer wird wegen des Verdachts der Korruption ermittelt.

Aber selbst die Versorgung der Soldaten mit dem Allernötigsten stockt. So klagt der Wehrbeauftragte des Bundestages Bartels (morgenpost.de vom 31.01.2020) in seinem neuen Jahresbericht erneut darüber, dass die Bundeswehr nicht in der Lage sei, die Truppe mit Stiefeln, Schutzwesten und Rucksäcken auszurüsten. Zu viele Aufträge würden zu Bürokratiemonstern aufgeblasen, die Soldaten müssten dann jahrelang auf Ausrüstung warten. Vieles werde europaweit ausgeschrieben, erst neu erfunden, getestet, zertifiziert und dann in kleinen Bestellungen über 15 Jahre gestreckt in die Bundeswehr eingeführt.

Aber auch die „Qualität" der Soldaten sei schlechter geworden, vereinfacht gesagt, sie seien „dicker, schwächer und dümmer als früher", schreibt Bartels in seinem Bericht. Ende 2019 gab es 183.667 Soldaten, darunter 175.330 Berufssoldaten und Soldaten auf Zeit. Und mehr als 20.000 Dienstposten oberhalb der Mannschaftsebene seien nicht besetzt.

Auf die Frage, wie lange die Bundeswehr einem Angriff auf Deutschland standhalten könne, antworte Bartels: „Die Bundeswehr als Ganzes wäre heute nicht aufgestellt oder gerüstet für eine kollektive Verteidigung."

Zudem gibt es auch in der Bundeswehr Extremismus." So wurden 2019 knapp 200 Ereignisse aus dem rechtsextremistischen Bereich gemeldet, nach 170 im Jahr zuvor. Die Bundeswehr warf 45 Soldaten wegen extremistischer Verfehlungen vorzeitig raus. Zu einer Entlassung führte der Satz eines Unteroffiziers: „Alle Juden müssten vergast werden." Eine Disziplinarmaßnahme wurde für die Worte eines Oberstabsgefreiten verhängt: „Der soll kellnern, der ist schwarz."

An dem ganzen Dilemma konnte auch der Einsatz von „einem Heer von Beratern", wie die Süddeutsche am 13.2.2020 titelte, nichts ändern, im Gegenteil. Seit dem 30.01.2019 geht ein Untersuchungsausschuss der Frage nach, wie es zu den rechtswidrigen Auftragsvergaben, teilweise ohne Ausschreibung, mit einem dreistelligen Millionenbetrag an externe Berater wie Accenture und McKinsey kommen konnte. Eine vertrauliche Liste der Aufträge aus dem Rahmenvertrag des Beschaffungsamtes belegt detailliert, wie über die Abrufe aus diesem Vertrag eine Unmenge an Subauftragnehmern unkontrolliert in die Bundeswehr strömte. Selbst für die Frage, wie die Kasernen möbliert werden, wurden Consultants geholt.

Dass im Zuge der parlamentarischen Aufklärung Handydaten gelöscht, Akten unzulässig geschwärzt oder Dateien vernichtet wurden, macht es nur noch schlimmer. Der abschließende Untersuchungsbericht bestätigt im Juni 2020 alle Vorwürfe, übt aber zudem auch umfassende Kritik an der ehemaligen Ministerin, Frau von der Leyen (welt.de vom 23.06.2020). Zwar hätte es einen großen Bedarf für IT-Beratung bei der Bundeswehr gegeben, aber ein verlässliches Kontrollsystem für die zunehmenden Firmenaufträge sei zu keiner Zeit installiert worden, heißt es in dem Dokument. Insofern sei „das faktische Komplettversagen" des Ministeriums im Umgang mit Beratung und Unterstützung „nicht nur ein Problem der Arbeitsebene, sondern auch Frau von der Leyen zuzurechnen". Die Opposition wirft der Führung des Verteidigungsministeriums zudem einen „bedenklichen Führungsstil" vor, gepaart mit einem geringen Aufklärungswillen.

Welche politischen Lehren aus der Affäre gezogen werden, soll im Plenum des Bundestags debattiert werden – ein normales Prozedere bei Untersuchungsausschüssen. Die Abgabe einzelner Aspekte zur weiteren strafrechtlichen Prüfung an die Staatsanwaltschaft steht weiter im Raum – aber auch nicht mehr.

4.3. Migrationsmanagement

Im Jahr 2019 sind (Pressemitteilung des Statischen Bundesamts vom 29.06.2020) rund 1.559.000 Personen aus dem Ausland zugezogen und 1.232.000 ins Ausland weggezogen. Dabei werden sowohl ausländische als auch deutsche Staatsbürgerinnen und -bürger erfasst, die das Land verlassen oder (wieder) nach Deutschland ziehen. Der Rückgang der Nettozuwanderung nach Deutschland im Vergleich zu 2018 ist vor allem auf die verringerte Zuwanderung und erhöhte Auswanderung ausländischer Personen zurückzuführen. 2019 wanderten rund 1.346.000 Ausländerinnen und Ausländer nach Deutschland ein (2018 1.384.000). Die Länder, aus denen die meisten Zuwanderer in 2019 nach Deutschland kamen, waren Rumänien (245.000), Polen (126.000), Bulgarien (87.000), Italien (50.000), Kroatien (49.000) und Syrien (44.000). 1003 Zuwanderer waren staatenlos, 7139 „ohne Angabe".

Anders sah es in 2015 aus, wo 2,14 Mio. zuzogen, angeführt von 327.000 Syrern. Allerdings wurden knapp 42 Prozent bzw.

895.000 Zuwanderer in die nicht näher spezifizierte Gruppe „andere Herkunftsländer" eingeordnet. Ein nicht zu vernachlässigender Teil dürfe ohne Pass nach Deutschland gelangt sein, laut einer Antwort der Bundesregierung auf eine Anfrage der Linken (taz.de vom 15.02.2019) in den ersten sieben Monaten von 2018 58 Prozent der Asylantragsteller Einige haben ihren Pass bei der Flucht verloren, andere warfen ihn offenbar vor dem Grenzübertritt weg, um ihr Herkunftsland zu verschleiern (tagesschau.de vom 30.12.2015). Wer aber ohne Pass in die Bundesrepublik einreist, macht sich strafbar. Gemäß Aufenthaltsgesetz sind Ausländer verpflichtet, einen gültigen Pass mitzuführen und sich an zugelassenen Grenzübergangsstellen polizeilich kontrollieren zu lassen. Um die Herkunft zu ermitteln, wertet das Bundesamt für Migration und Flüchtlinge die Smartphones der Asylsuchender auf Basis des „Gesetz zur besseren Durchsetzung der Ausreisepflicht" aus. Nun klagen Betroffene vor Verwaltungsgerichten gegen die Praxis. „Das BAMF missachtet die hohen verfassungsrechtlichen Vorgaben, an die der Staat beim Zugriff auf persönliche Daten gebunden ist", sagt Lea Beckmann, Juristin bei der Gesellschaft für Freiheitsrechte. Sie koordiniert das Verfahren, bei dem es nicht nur um die drei aktuell Klagenden geht, sondern um Tausende Geflüchtete, die ihre Datenträger herausgeben mussten. Und so soll auch beim Verwaltungsgericht nicht Schluss sein: „Ziel ist, die gesetzliche Grundlage für die Handydatenauswertung vor das Bundesverfassungsgericht zu bringen." (netztpolitik.org vom 05.05.2020).

Allerdings können in begründeten Einzelfällen vor der Einreise des Ausländers für den Grenzübertritt und einen anschließenden Aufenthalt von bis zu sechs Monaten Ausnahmen von der Passpflicht zugelassen werden.

Für die unerlaubte Einreise sieht Paragraf 95 des Aufenthaltsgesetzes eine Geldstrafe oder bis zu einem Jahr Gefängnis vor. Illegale Grenzübertritte werden aber oft nicht als Straftat erkannt und können daher nur schwer verfolgt werden. Bei der eindeutigen Straftat "illegaler Aufenthalt" - etwa wenn die Menschen trotz eines abgelehnten Asylantrages oder einer abgelaufenen Aufenthaltsgenehmigung nicht das Land verlassen - kommt es statt der Verhängung einer Strafe oft zu einer Abschiebung. Gelingt es den deutschen Behörden nicht, die Herkunft eines Ausländers zu ermitteln, kann dieser nicht abgeschoben werden. Mit einer Duldung darf er dann vorübergehend in Deutschland bleiben. So kann es letztlich kaum verwundern, dass in 2015 lediglich 21.000 Abschiebungen registriert wurden.

In 2019 (Pressemitteilung des Statischen Bundesamts vom 28.7.2020) hatten in Deutschland 21,2 Millionen Menschen (2018 20,8 Millionen) einen Migrationshintergrund, 52 Prozent davon sind Deutsche und demzufolge knapp 48 Prozent Ausländerinnen beziehungsweise Ausländer, zusammen 12,4 Prozent der Bevölkerung. 65 Prozent aller Personen mit Migrationshintergrund sind aus einem anderen europäischen Land Eingewanderte und ihre Nachkommen, 22 Prozent (4,6 Mio.) aus Asien Eingewanderte und ihre Nachkommen, darunter haben 3,2 Millionen einen Bezug zum Nahen und Mittleren Osten. Knapp 1,0 Millionen Menschen (5 Prozent) haben Wurzeln in Afrika und 0,6 Millionen Menschen (3 Prozent) in Nord-, Mittel- und Südamerika sowie Australien. Wichtigste Herkunftsländer sind nach wie vor die Türkei (13 Prozent), gefolgt von Polen (11 Prozent) und der Russischen Föderation (7 Prozent). Keine Erläuterung in der Notiz finden die in der Statistik erwähnten 598.000 Menschen (2,8 Prozent) mit Migrationshintergrund „ohne Angabe" zum Geburtsland.

Vor einem Blick auf die letzten Daten zu den Flüchtlingen, sind einige Abgrenzungen hilfreich. Ausländerinnen und Ausländer, die aus humanitären Gründen in Deutschland sind, kurz gesagt alle geflüchteten Menschen, sind Schutzsuchende. Die Begriffe Flüchtling, Asylbewerber oder Asylberechtigter beschreiben im Ausländer- und Asylrecht nur bestimmte Gruppen der Schutzsuchenden. Es gibt:

- Schutzsuchende mit offenem Schutzstatus (= Asylbewerber) machen ein Asylverfahren mit und über ihren Asylantrag wurde noch nicht entschieden.

- Schutzsuchende mit anerkanntem Schutzstatus (= Flüchtlinge, Asylberechtigte, subsidiär Schutzberechtigte), bei ihnen ist das Asylverfahren entschieden und sie dürfen für immer oder für eine bestimme Zeit in Deutschland bleiben.

- Schutzsuchende mit abgelehntem Schutzstatus - ihr Antrag auf Asyl wurde abgelehnt oder sie müssen Deutschland aus anderen Gründen verlassen und sind ausreisepflichtig.

Die Zahl der Asylbewerber*innen in Deutschland ist in den vergangenen Jahren stark gestiegen. Seit dem Frühjahr 2016 ging die Zahl der Neuzugänge von Asylsuchenden wieder zurück, von 750.000 in 2016 auf 166.000 in 2019.

Die Spitze in den Asylanträgen resultiert laut dem ehemaligen Chef des Bundesnachrichtendienstes Schindler aus einem "Dogma der bedingungslosen Offenhaltung unserer Grenzen", was begründet wurde, "dass faktisch eine Grenzschließung gar nicht möglich sei." (ntv.de vom 10.10.2020). „Ein rechtzeitiges Signal an die Herkunftsländer - zum Beispiel durch ein Schließen der Grenze zu Österreich – wäre wichtig gewesen; dies sei leider ausgeblieben, vor allem aus Angst vor unangenehmen Fernsehbildern an den deutschen Grenzen".

Bei seinen Gesprächen mit Geheimdienstchefs aus aller Welt sei "ausnahmslos Fassungslosigkeit über die deutsche Vorgehensweise zu verzeichnen" gewesen, berichtet Schindler aus seiner Amtszeit. Innerhalb eines halben Jahres - der zweiten

Jahreshälfte 2015 - hätten "die hierfür Verantwortlichen es geschafft, Deutschland in Europa zu isolieren und die Gesellschaft in Deutschland zu spalten". Erforderlich sei nun eine weitere deutliche Reduzierung des Zuzugs sowie die konsequente Abschiebung abgelehnter und straffälliger Asylbewerber.

Am 31.12.2019 waren laut Statistischem Bundesamt vom 23.07.2020 1,839 Millionen Schutzsuchende im Ausländerzentralregister (AZR) registriert, damit im Vergleich zum Vorjahr ein Plus von 57.000 (3 Prozent). Das ist der geringste Anstieg seit dem Jahr 2012. Schutzsuchende sind Ausländerinnen und Ausländer, die sich nach Angaben des AZR unter Berufung auf völkerrechtliche, humanitäre oder politische Gründe in Deutschland aufhalten. Zu den Schutzsuchenden zählten zum Stichtag am 31.12.2019 rund 266.000 Personen mit offenem Schutzstatus, über deren Asylantrag noch nicht rechtskräftig entschieden worden war. Das waren 40.000 weniger als im Vorjahr (minus 13 Prozent). Der Rückgang ist sowohl auf eine weitere Abarbeitung anhängiger Asylverfahren als auch auf einen weiteren Rückgang neuer Asylanträge zurückzuführen.

1,36 Millionen Schutzsuchende verfügten Ende 2019 über einen humanitären Aufenthaltstitel und damit über einen anerkannten Schutzstatus - das waren 77.000 (6 Prozent) mehr als im Vorjahr. Die drei Herkunftsstaaten Syrien (41 Prozent), Afghanistan (11 Prozent) und Irak (10 Prozent) machten gemeinsam den Großteil aller Schutzsuchenden mit anerkanntem Schutzstatus aus. Für die große Mehrheit ist der anerkannte Schutzstatus zeitlich befristetet (80 Prozent).

Schutzsuchende, deren Asylgesuch abgelehnt wurde oder die ihren Schutzstatus verloren haben, zählen zu den Schutzsuchenden mit abgelehntem Schutzstatus. Ende 2019 handelte es sich hierbei um 213.000 Personen- das waren rund 20.000 (10 Prozent) mehr als Ende 2018. Auch dieser Anstieg ist unter anderem auf eine weitere Abarbeitung anhängiger Asylverfahren zurückzuführen. Bei 84 Prozent von ihnen war eine Duldung im AZR registriert, das heißt die Abschiebung wurde vorübergehendausgesetzt. Ende 2019 machten afghanische (12 Prozent), irakische (10 Prozent) und russische Staatsangehörige (5 Prozent) die größten Anteile an Schutzsuchenden mit abgelehntem Schutzstatus aus.

Ende 2019 waren nach Angaben des UN-Flüchtlingshilfswerks UNHCR weltweit mehr als 79 Millionen Menschen auf der Flucht, in Deutschland suchten davon 0,2 Prozent Schutz. Der mögliche Beitrag Deutschlands in der Aufnahme von Schutzsuchenden ist wahrlich gering.

Die Flüchtlingspolitik steht aber viel mehr noch aus anderen Gründen in der Kritik, u. a. wegen überdurchschnittlicher krimineller Aktivitäten der Flüchtlinge. Während in der Regel die Kriminalitätsrate bei den Ausländern rund doppelt so hoch ist wie bei den Deutschen (also jeder Vierte Tatverdächtige ist ein Ausländer, dagegen stammt nur jeder Achte Bürger aus dem Ausland), so stieg die Quote von sonst 25 Prozent auf 40 Prozent in 2016 (in 2019 ca. 35 Prozent).

Für die verschiedenen Verbrechenskategorien weist die Polizeiliche Kriminalstatistik für 2017 folgenden Anteil ausländischer Tatverdächtiger aus:

- Mord und Totschlag   42 Prozent
- Gefährliche & schwere Körperverletzung   38 Prozent
- Vergewaltigung und sexuelle Nötigung   37 Prozent
- Diebstahl unter erschwerenden Umständen 43 Prozent
- Raub bzw. räuberische Erpressung   40 Prozent

Dies ist aber kein allein deutsches Problem. In der Schweiz sind sieben von zehn Häftlingen Ausländer. (swissinfo.ch vom 17.04.2019)

Die überdurchschnittliche Beteiligung von Nicht-Deutschen an Straftaten mag überraschen, da sie aus der täglichen Berichterstattung kaum ablesbar ist. Ursächlich hierfür sind die Leitsätze des Presserats zur Berichterstattung über Straftaten geschuldet. In Richtlinie 12.1 heißt es:

> „In der Berichterstattung über Straftaten ist darauf zu achten, dass die Erwähnung der Zugehörigkeit der Verdächtigen oder Täter zu ethnischen, religiösen oder anderen Minderheiten nicht zu einer diskriminierenden Verallgemeinerung individuellen Fehlverhaltens führt. Die Zugehörigkeit soll in der Regel nicht erwähnt werden, es sei denn, es besteht ein begründetes öffentliches Interesse. Besonders ist zu beachten, dass die Erwähnung Vorurteile gegenüber Minderheiten schüren könnte.“ (mdr.de vom 05.02.2020)

Als Gründe für überdurchschnittliche Gewaltbereitschaft bei Nicht-Deutschen wird oft eine mangelnde Integration in ihren vier Dimensionen genannt:

- Kulturelle Integration: im Sinne des Erwerbs von Wissen und Fähigkeiten einschließlich der Sprache,

- Strukturelle Integration: vor allem im Sinne von Bildung- und Arbeitsmarktbeteiligung (die Arbeitslosenquote ist bei Nicht-Deutschen mit 12,3 Prozent in 2019 rund dreimal so hoch wie bei deutschen Staatsbürgern)

- Soziale Integration: im Sinne der sozialen Beziehungen im Alltag,

- Identifikatorische Integration: im Sinne eines persönlichen Zugehörigkeitsgefühls zur Gesellschaft.

Dabei sollte die Integration sowohl von staatlicher Seite wie aber auch von den Zugezogenen betrieben werden. Deutschland bietet nicht nur politische und wirtschaftliche Stabilität sowie eine gute Arbeitsmarktlage, auch Freiheit, Demokratie und Rechtsstaatlichkeit (Konrad-Adenauer-Stiftung e. V. "Zielland Deutschland", 10.2015) und unzweifelhaft sind die Bemühungen und Angebote, auch wenn sie teilweise zu spät eingerichtet wurden, schon beachtlich. Nicht umsonst ist Deutschland seit Jahren mit großem Abstand das wichtigste Zielland für Asylbewerber.

Nicht selten wird berichtet, dass Zugezogene wenig Interesse an einer Integration haben (indem sie abgeschieden in „eigenen Stadtvierteln" leben oder die deutschen Lebensgewohnheiten nicht respektieren) bzw. die unterstützenden Angebote (Schule oder Sprachkurse) nicht wahrnehmen oder gar ausnutzen z. B. über Unterstützungsgesuche einer Person in mehreren Gemeinden, Kindergeld für nicht-eigene Kinder etc.) – einige bekanntgewordene Bespiele:

- Beim Betrug durch Flüchtlinge mit Mehrfachidentitäten ist in Niedersachsen einem Medienbericht zufolge ein Schaden von mindestens 1,6 Millionen Euro entstanden. (welt.de vom 14.04.2019)

- Wegen Sozialbetrugs mit einem Schaden von rund 145.000 Euro muss sich am Mittwoch eine Frau aus Äthiopien vor dem Augsburger Amtsgericht verantworten. Die heute 33 Jahre alte Frau soll sich als unbegleiteter jugendlicher Flüchtling ausgegeben haben und so mehr als zwei Jahre lang Leistungen erhalten haben, die nur minderjährigen Flüchtlingen zustehen.
  Bereits im Mai 2018 stand die Frau deswegen vor Gericht. Sie war damals im siebten Monat schwanger und brach vor dem Gerichtssaal kurz weinend zusammen. Der Richter setzte deswegen das Verfahren aus, weil es

der schwangeren Frau nicht zumutbar sei, nachdem er zuvor noch erfolglos versucht hatte, sich mit Verteidigung und Staatsanwaltschaft auf ein Strafmaß zu verständigen. Dabei stand damals eine Bewährungsstrafe im Raum. (donaukurier.de vom 15.10.2019)

- Knapp 50.000 Euro Sozialleistungen soll ein aus Afrika geflüchteter Mann durch die Angabe falscher Personalien zwischen 2015 und 2017 kassiert haben. Vor dem Braunschweiger Amtsgericht wurde der 30-Jährige am Donnerstag zu einer zweijährigen Freiheitsstrafe auf Bewährung verurteilt. Das Gericht stellte ihm einen Bewährungshelfer zur Seite. (braunschweiger-zeitung.de vom 08.11.2018)

- Die Braunschweiger Sonderkommission Zentrale Ermittlungen verfolgt derzeit mehr als 300 Fälle von Sozialbetrug durch Asylbewerber. Dabei handele es sich hauptsächlich um Flüchtlinge aus dem Sudan, die während der Flüchtlingswelle im Sommer 2015 nach Deutschland kamen Der Gesamtschaden der aufgedeckten Fälle wird auf mehrere Millionen Euro geschätzt. (noz.de vom 01.01.2017)

Ein Vorschlag der BAMF-Chefin zur entsprechenden Vermeidung war, Fingerabdrücke von in der Stadt oder der Gemeinde lebenden Flüchtlingen zu nehmen – doch dies sei nicht vorgesehen, sagte beispielsweise die Radebeuler Rathaussprecherin Ute Leder.

Doch auch „legale Flüchtlingsgeschichten" führen bei vielen Bürgern nur noch zu Unverständnis.

- In Spiegel-TV vom 18.02.2018 wird von einem syrischen „Mini-Harem" nahe Hamburg berichtet: ein 32-jähriger Mann (ungelernter Arbeiter), zwei Frauen (eine mit 13 Jahren geheiratet, von der dritten Frau lebt der

Mann getrennt, obwohl die Vielehe in Deutschland verboten ist), sechs Kinder, geflohen in 2015, lebt in einem Haus, das vom Jobcenter bezahlt wird. Die Höhe er Unterstützung ist dem Mann gar nicht bekannt: „Sie wird überwiesen und ich hebe sie bei der Bank ab". Mit seiner Familienplanung hat der Mann aber noch nicht abgeschlossen. Derzeit ist Kind Nummer sieben auf dem Weg, aber letztlich möchte er zehn oder zwanzig Kinder haben und vier Ehefrauen. Mittlerweile hat die Familie einen Flüchtlingsstatus, eingeklagt per Gerichtsentscheid. Damit könnte der Mann auch arbeiten gehen oder einen Deutschkurs belegen – er möchte aber lieber bei den Kindern bleiben.

- Der Landkreis Ebersberg hat eine Stadtvilla (250 m^2 Wohnfläche) mit parkähnlichem, rund 1700 m^2 großen Garten für 2.000 Euro Kaltmiete pro Monat angemietet, um dort Asylbewerber unterzubringen, obwohl das Landratsamt ausführt, dass dezentrale kleinere Unterkünfte nicht zuletzt aus humanitärer Sicht und mit Blick auf eine gute und schnelle Integration zu bevorzugen sind. (merkur.de vom 04.12.2020)

- Auch der Hamburger Bezirk Bergedorf kümmert sich in besonderem Maße um „Flüchtlinge". Laut jouwatch wurden dort 750 Wohnungen 2016 für 2500 „Flüchtlinge" auf Steuerzahlerkosten aus dem Boden gestampft.

- TV und Zeitungen berichten im Oktober 2020 von einem Neu-Projekt in Leverkusen-Opladen für 450 Flüchtlinge in 84 Wohneinheiten bei Herstellungskosten von 18 Millionen Euro – verklinkerte Flachdachbauten in Massivbauweise, Wärmedämmung an Fassaden und Fenstern sowie Fußbodenheizung mit Blockheizkraftwerk. Untergebracht sind die Flüchtlinge in 50 Quadratmeter großen Appartements mit zwei Schlafzimmern und jeweils zwei Betten, offener Küche, Toilette und Dusche. Sechs Wohnungen sind barrierefrei und rollstuhlgerecht angelegt. Zudem gibt es einen Funktionstrakt etwa mit Schulungs- und Beratungsräumen, Waschautomaten und einem Fitnessraum. Im Außenbereich sind Sport- und Spielflächen vorgesehen. (rp-online.de vom 06.10.2020)

Kurios ist aber teilweise auch der Umgang mit Migranten, z. B. von Anne Will in ihrer Sonntagsgesprächsrunde am 13.11.2016, wozu sie u. a. Nora Illi, Schweizerin und Konvertitin, Frauenbeauftragte des Islamischen Zentralrats der Schweiz, als vollverschleierte Nikab-Trägerin eingeladen hatte. Frau Illis Äußerungen sorgten für viel Aufregung. „Muslime sind weltweit massivsten Repressionen ausgesetzt", sagte Nora Illi in einem Einspieler. „Kein Wunder also, dass die Versuchung riesig sein muss, aus diesem Elend auszubrechen, um dann im gelobten Syrien gegen die Schergen Assads und für Gerechtigkeit zu kämpfen. Daran ist aus islamischer Sicht auch gar nichts auszusetzen. Eine solche Überzeugung muss man als Zivilcourage hochloben", hieß es weiter. Zudem äußerte sich Fraun Illi besorgt um die Radikalisierung in Deutschland zum Nachteil der Muslime.

Für den ebenfalls anwesenden Wolfgang Bosbach waren diese Sätze eine Werbung für muslimische Radikalisierung. Er äußerte sich entsetzt darüber, dass Frau Illi hier in Deutschland Angst vor Radikalisierung gegen Muslime habe, „einem Land, wo es tausende Moscheen und Gebetshäuser gibt, in einem Land, wo es Religionsfreiheit gibt. Machen Sie sich eigentlich keine Sorgen um die Christen in Saudi-Arabien, denen nicht einmal das religiöse Existenzminimum gewährt wird. Wir erlauben hier eine Koranverteilungsaktion – versuchen Sie mal mit einer Bibel nach Saudi-Arabien einzureisen, sie könnten keinen Fuß ins Land setzen. Sie machen sich Sorgen um die Muslime in Deutschland? Die meistverfolgte Gruppe in der Welt sind die Christen.“

Dabei kann man der Regierung nicht vorwerfen, dass sie den Asylanten „hart angeht“, zum Beispiel bei „Falschangaben“. (welt.de vom 29.09.2020)

Falsche Angaben im Asylverfahren nicht strafbar

Veröffentlicht am 21.01.2019 | @argonerd

Falsche Angaben von Asylbewerbern zu ihrer Identität oder Staatsangehörigkeit werden auch weiterhin nicht unter Strafe gestellt. Wie WELT erfuhr, können Alter oder Identität damit weiterhin vertuscht werden, ohne dass gleich schwerwiegende Konsequenzen folgen. Strafbar ist bislang lediglich der Missbrauch ausländerrechtlicher Dokumente, etwa das Vorlegen eines falschen Passes.

1000 Euro Corona-Bußgeld bei Falschangaben in Restaurants

Stand: 19:41 Uhr | Lesedauer: 2 Minuten

Kiel (dpa/lno) - Wer in einem Restaurant oder anderen Gastwirtschaften vorsätzlich falsche Angaben zu seiner Person macht, dem droht in Schleswig-Holstein künftig ein Bußgeld von 1000 Euro. «Das ist Vorsatz, wenn man Kontaktlisten nicht richtig ausfüllt», sagte Ministerpräsident Daniel Günther (CDU) am Dienstag in Kiel. Solches Verhalten von Gästen sei kein Kavaliersdelikt.

Abb. 14: Bußgeldvergleich nach Delikt

4.4. Datensicherheit

„Daten sind das Gold des 21. Jahrhunderts“ hört man schon seit Jahren. Wer Daten hat, kann sehr viel Geld damit verdienen. So ist es nicht verwunderlich, dass Dateninhaber von fast jeder Größe ein lukratives Ziel für Kriminelle aller Art sind und die entsprechende Kriminalitätskennzahlen kontinuierlich steigen. Zwischen 2005 und 2019 vervierfachten sich die polizeilich erfassten Fälle von Cyberkriminalität im engeren Sinne (Computerbetrug, Betrug mit Zugangsberechtigungen, Fälschung beweiserheblicher Daten, Täuschung im Rechtsverkehr bei Datenverarbeitung, Datenveränderung/ Computersabotage sowie Ausspähen, Abfangen von Daten einschließlich Vorbereitungshandlungen) auf über 100.000 in 2019. In 2020 dürfte die Zahl der Fälle weiter zugenommen haben, verstärkt sogar durch die Corona-Pandemie, mit deren einhergehenden Unsicherheiten die Menschen anfälliger für Hacker werden. (faz.de vom 01.10.2020)

Dabei ist eine wirkungsvolle nationale Cyber-Sicherheitsstrategie für die deutsche Wirtschaft von enormer Bedeutung. Nach Ansicht der Mehrheit von im Sommer 2020 befragten Unternehmen hat die Bundesregierung die bisherige nationale Cyber-Sicherheitsstrategie nicht hinreichend umgesetzt. Es mangele noch immer an dem angestrebten vertrauensvollen Informationsaustausch zwischen Staat und Wirtschaft. Mehr als jedem zweiten Unternehmen fehlt zudem eine ausreichende Unterstützung durch die Wirtschaftspolitik. Auch den Schutz von Unternehmen vor Cyber-Kriminalität bewertet nur knapp die Hälfte der Unternehmen als zufriedenstellend. (bitkom.org vom 22.09.2020)

Eine mangelhafte Umsetzung der nationalen Cyber-Sicherheitsstrategie überrascht, da auch staatliche Organisation oft genug angegriffen werden. So kommt es beispielsweise regelmäßig zu Hackerangriffen auf den Deutschen Bundestag. Der bisher folgenreichste Angriff erfolgte wurde im Mai 2015 entdeckt. Nach einer ausführlichen Recherche zu dieser Attacke äußerten Redakteure der Zeit im Mai 2017 die Befürchtung, dass kritische Inhalte aus den abgeflossenen Daten im Bundestagswahlkampf 2017 lanciert würden, um das Stimmungsbild in Deutschland zu verändern (zeit.de vom 11.05.2017). Im Sommer 2019 wurde bekannt, dass es ausländischen Hackern in 2018 gelungen ist, Schadsoftware in das Datennetzwerk der Bundesregierung einzuschleusen und Daten zu klauen.

Es gibt aber auch Angriffe auf digitale Medien einzelner Politiker. Anfang 2019 wurde bekannt, dass Hacker persönliche Daten, Telefonnummern und Chatverläufe von hunderten Politikern und Prominenten bundesweit gestohlen und im Internet veröffentlicht (kn-online.de vom 05.01.2019) oder gar zum Kauf angeboten haben (faz.de vom 08.12.2020). Die Datenspur reichte bis ins Bundeskanzleramt. Es wurden sensible Informationen ausgeforscht, etwa über Reisen und Treffen, über die Vorbereitung interner Sitzungen, den Umgang mit Interessensgruppen oder auch über private Angelegenheiten wie Vermögensverhältnissen und Gesundheit.

5. Klima und Energie

Laut dem aktuellen Klimaschutz-Index der Organisation Germanwatch aus November 2020 ist Schweden einsame Weltspitze beim Vermeiden von CO_2-Emissionen und dem Voranbringen der Energiewende. Schon 2030 könnte das Land klimaneutral werden. Unter den Siegern des Rankings sind auffallend viele skandinavische Staaten: neben Schweden auch Dänemark (Platz 6), Norwegen (Platz 8) und Finnland (Platz 11). Das dänische Parlament stimmte 2020 dafür, künftig keine neuen Lizenzen für Öl- und Gasbohrungen zu vergeben. Das Land ist das größte Förderland der EU, will allein bis 2030 den CO_2-Ausstoß um 70 Prozent senken und hat zusammen mit Schweden die weltweit strengsten Klimaziele. Erstmals ist auch Großbritannien unter den Top 5. Der Gastgeber der nächsten Uno-Klimakonferenz rangiert gleich hinter dem Musterland Schweden. Deutschland hingegen liegt weit abgeschlagen auf Platz 19 (die gesamte EU rangiert noch vor Deutschland auf Platz 16) – trotz Kohleausstieg und Klimapaket. Der für 2021 vereinbarte CO_2-Preis war der Jury des Berichtes zu lasch und unambitioniert, um das Land zumindest unter die Top 10 zu heben. Besorgniserregend ist der weiterhin hohe Pro-Kopf-Ausstoß und hohe Energieverbrauch der Deutschen. Auch beim Verkehr ist keine Trendwende zu erkennen. Im Gegenteil: Diesel und Benziner bleiben dominant trotz höherem Absatz von E-Autos. (spiegel.de vom 07.12.2020)

Weltweit sind die fossilen Energieträger immer noch die primäre Ressource – 2018 stellten erneuerbare Energieträger 14 Prozent dar, fünfzig Jahre zuvor waren es 12,5 Prozent. Deutschland verbrauchte 2019 2,3 Prozent der weltweiten Energie mit 1,1 Prozent der Weltbevölkerung. Ein ungünstigeres Verhältnis weisen nur die USA auf, wo 4,3 Prozent der Weltbevölkerung 15,9 Prozent der Energie verbrauchen.

Auch wenn Deutschland mit ihrem geringen Energieanteil also nicht „die Welt retten kann", so hat man doch den umweltfreundlichen Anteil der erneuerbaren Energien in den letzten zehn Jahren von damals rund zehn Prozent auf über 50 Prozent gesteigert:

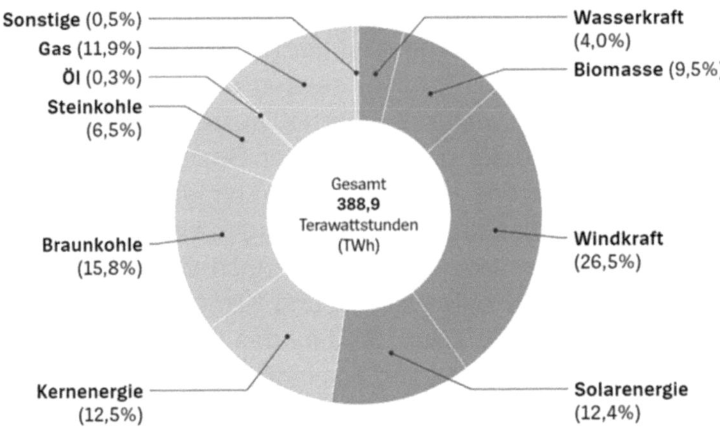

Abb. 15: Verteilung der Nettostromerzeugung in Deutschland

Allerdings erklären sich die Zugewinne der Erneuerbaren in den ersten neun Monaten 2020 maßgeblich aus den Corona-Restriktionen im Frühjahr. Vor allem wegen schwächerer Nachfrage der Industrie sank der deutsche Strombedarf im zweiten Quartal um gut sieben Prozent. Angesichts des Einspeisevorrangs für die Erneuerbaren fuhren manche Betreiber die Stromerzeugung durch konventionelle Energieträger deutlich zurück.

Nach Sektoren hat sich der jeweilige Anteil nur moderat verändert. Während vor dreißig Jahren die Industrie 32 Prozent ausmachte, Gewerbe, Handel und Dienstleistungen 18 Prozent, der Verkehr 25 Prozent und die Haushalte ebenfalls 25 Prozent, betrug in 2018 der Anteil der Industrie rund 30 Prozent, der von Gewerbe, Handel und Dienstleistungen 15 Prozent, von Verkehr 29 Prozent und der Haushalte 26 Prozent. Die leichte Verschiebung ist aber auch ein Zeichen der zunehmenden Dienstleistungsgesellschaft.

So könnte man den Eindruck gewinnen, dass Deutschland in der Energie- und damit in der Klimapolitik „auf einem guten Weg ist" und Rufe nach mehr Klimaschutz, allen voran durch Greta Thunberg, Deutschland nicht betreffen. Doch es gibt einige „Baustellen".

Da wäre zunächst der <u>Verkehr</u>, wo seit Jahren, vor allem von den Grünen, eine Tempolimit auf allen deutschen Autobahnen gefordert wird, was für viele, die regelmäßig auf den deutschen Autobahnen unterwegs sind, wenig nachvollziehbar ist – entweder besteht schon ein generelles Tempolimit oder infolge einer Baustelle, oder man kann infolge Überlastung nur Schritttempo fahren. Infolgedessen würde der Emissionseffekt im Promillebereich liegen. Deutlich umwelttechnisch sinnvoller wäre eine „intelligente Ampelsteuerung".

Innerstädtisch ist die Geschwindigkeit oft schon auf 30 km/h begrenzt, doch das reicht vielen nicht. Die Stadt Köln führte in Teilen der Stadt ein Tempolimit von 10 km/h ein, womit auch das Radfahren begrenzt wird. Doch die Kölner Bezirksregierung rief die Stadt dazu auf, die Tempo 10-Zonen-Schilder wieder zu entfernen. Zwar kann die zulässige Geschwindigkeit auf 10 km/h herabgesetzt werden, wenn dafür eine klare Begründung vorliegt, doch muss dies dann mit einem runden „Tempo 10" – Schild erfolgen und nicht mit einem in der Straßenverkehrsordnung nichtexistierenden „Tempo 10-Zone"–Schild. (ksta.de vom 14.12.2020). Die Kosten dieses „Procederes" trägt .... natürlich der Bürger.

Aber so ernst scheint es zumindest manchem Politiker der Grünen mit dem Tempolimit auch nicht zu sein., sonst wäre ihr BW-Umweltminister Franz Untersteller auf der Autobahn von der Polizei bei einer Tempoüberschreitung von 57 Kilometern pro Stunde (177 statt 120) nicht erwischt worden (t-online.de vom 09.12.2020), „natürlich" in einem privaten „Verbrennerwagen".

Eine Elektroprämie für batteriebetriebene oder Plug-in-Hybrid-Fahrzeuge von bis zu 9.000 Euro sind an sich ein lobenswertes Programm. Doch im Detail ist das Programm absurd. So ist die Förderung von E-Motorrädern, E-Scootern und privaten E-Lastenfahrrädern ausgeschlossen. (spiegel.de vom 29.12.2020)

Allerdings verliert das als „Klimahoffnung" titulierte Elektroauto zusehends an Attraktivität. Zwar bekommen in Deutschland Autofahrer 6.000 Euro vom Staat als Zuschuss für den Kauf eines Elektroautos, fahren durch die Reform der Kfz-Steuer bis 2025 steuerfrei, parken in vielen Innenstädte teilweise kostenlos und werden als Dienstwagen niedrig besteuert, doch aus dem Blick gerät dabei, dass das E-Auto gerade einen ureigenen Vorteil zu verlieren droht, für den es keiner Staatshilfe bedarf: die im Vergleich zu Autos mit Otto- oder Dieselmotor niedrigen Betriebskosten.

Das Versprechen, elektrisch fahre man günstiger, wackelt, wie ein Beispiel zeigt. Im Juni 2020 - also vor der zeitweiligen Senkung der Mehrwertsteuer - lag der Preis für Diesel laut ADAC im Durchschnitt bei 108,6 Cent. Ein aktueller Golf mit einem 150 PS starken Zweiliter-TDI verbraucht laut ADAC Ecotest auf 100 Kilometer 4,8 Liter Diesel. Die Kosten lägen damit bei 5,21 Euro. Ein VW eGolf verbraucht laut ADAC Ecotest auf 100 Kilometer 17,3 Kilowattstunden. Bei einem Haushaltsstrompreis von 32 Cent pro Kilowattstunde entstünden Kosten von 5,54 Euro - und damit mehr als beim vergleichbaren Diesel.

Die Idee, dass sich ein Elektroauto über die Jahre dank niedriger Fahrtkosten quasi von allein finanziert, funktioniert nicht mehr. Und an öffentlichen Stromtankstellen oder Schnellladesäulen ist das Laden oft sogar noch teurer.

Ursächlich hierfür ist der Umstand, dass Deutschland die höchsten Strompreise weltweit aufweist. Zu diesem Ergebnis kommt eine Preisanalyse von 135 Ländern, die das Vergleichsportal Verivox mit den Daten des Energiedienstes Global Petrol Prices durchgeführt hat. Seit der Jahrtausendwende hat sich der Strompreis hierzulande mehr als verdoppelt. Was auch am hohen Anteil von Steuern, Umlagen und Abgaben, der mittlerweile mehr als 50 Prozent des Strompreises ausmacht, liegt. So hat sich beispielsweise die EEG-Umlage, die den Ausbau der erneuerbaren Energien finanziert, seit 2004 mehr als verzehnfacht. Demnach ist Strom in Deutschland durchschnittlich 163 Prozent teurer als im Rest der Welt. Haupttreiber des deutschen Strompreises sind Steuern, Abgaben und Umlagen – Energieerzeugung und Vertrieb machen nur 6.8 Cent (oder 21 Prozent) des aktuellen Durchschnittsstrompreises von 32 Cent aus.

Im weltweiten Vergleich am günstigsten ist Strom im Sudan. Hier kostet eine Kilowattstunde 0,24 Cent, gefolgt von Äthiopien (0,90 Cent). In Kirgisistan (1,03 Cent), Simbabwe (1,22 Cent), Libyen (1,24 Cent), Angola (1,77 Cent), Oman (2,30 Cent), Irak und Kuwait (je 2,59 Cent). Aber auch in anderen großen Industriestaaten ist Strom zum Teil erheblich günstiger als in Deutschland. So müssen private Verbraucher in den USA mit 13,03 Cent für eine Kilowattstunde gerade mal 40 Prozent der Verbraucher in Deutschland zahlen, in den Niederlanden sogar nur 10,6 Cent, im weltweiten Durchschnitt 12,2 Cent.

Über die Gründe für die extrem hohen Strompreise kann nur spekuliert werden. Ggf. möchte man die noch E-Auto-hinterherhinkende deutsche Automobilindustrie nicht weiter schwächen und/oder einmal mehr ist die Steuer- und Abgabenpolitik „maß-los".

Aber auch der weitere Ausbau der <u>erneuerbaren Energie</u> in Deutschland stockt seit 2017 (zeit.de vom 22.10.2019). Nach einem „Hoch" in 2002 mit der Neuerrichtung von rund 2.200 Windkraftanlagen ging die Anzahl kontinuierlich auf 800 in 2010 runter, stieg dann wieder auf 1.750 in 2017, um dann drastisch einzustürzen auf noch 300 neue Anlagen in 2019. Insgesamt stehen aktuell knapp 30.000 Onshore-Windanlagen zur Verfügung (WindGuard GmbH).

Die Energiebranche spricht von einer „dramatischen Situation" und sieht die Bundesregierung am Zug. Maßnahmen etwa für mehr Flächen oder schnellere Genehmigungsverfahren müssen für den Geschäftsführer beim Bundesverband Windenergie (BDEW) kurzfristig ergriffen werden. Ansonsten lasse sich das Ziel von 65 Prozent regenerativ erzeugtem Strom bis 2030 nicht erreichen. Nach BDEW-Berechnungen müssten jährlich zwischen 2,9 und 4,3 Gigawatt aus Windenergie an Land-Anlagen zugebaut werden. „Davon sind wir meilenweit entfernt. Die pauschale Abstandsregelung von 1.000 Metern ist völlig kontraproduktiv."

Die adaptierte Regelung aus Mai 2020 hilft da wenig. Danach soll an Land eine Länderöffnungsklausel im Baugesetzbuch eingeführt werden. Diese soll den Ländern die Möglichkeit einräumen, einen Mindestabstand von bis zu 1.000 Metern zwischen Windenergieanlagen und Wohngebäuden in ihre Landesgesetze aufzunehmen. In vielen Bundesländern gibt es bereits entsprechende Regelungen oder Empfehlungen, die aber unterschiedlicher kaum sein können: in Wohngebieten zwischen 400 und 1.100 m oder in Gewerbegebieten zwischen 20 und 1.000 m.... – ernstgemeinter Windenergieausbau sieht anders aus.

Und so zeigen neue Zahlen des Umweltbundesamtes, dass das selbst gesteckte Ziel, bis 2030 auf 65 Prozent erneuerbare Energien zu kommen, mit den neuen Regelungen wohl nicht erreicht wird (euractiv.de vom 20.11.2019).

Nicht besser sieht es beim Ausbau von <u>Photovoltaik</u> aus. Schon in 2019 stagnierte die diesbezügliche Stromerzeugung gegenüber 2018 bei 46,5 TWH (bei 1,8 Millionen Photovoltaikanlagen). So kommt das Fraunhofer-Institut in seiner Studie vom 22.09.2020 zu dem Schluss, dass zwar „das Jahresziel der Bundesregierung für den Zubau 2019 übertroffen wurde, die Ziele der Energiewende aber in weiter Ferne bleiben."

Dabei gibt es in Deutschland genügend Flächen für Photovoltaik. Eine Studie im Auftrag des Bundesministeriums für Verkehr und digitale Infrastruktur schätzt das Ausbaupotenzial an

- restriktionsfreien Freiflächen auf 226 GW (bei 3164 km2 und einem Flächenverbrauch von 1,4 ha/MWp),
- Agrophotovoltaik, also der parallelen Nutzung von Landwirtschaftsflächen und Stromproduktion mit 700 GW,
- Dächern und Fassaden mit 900 GW,
- schwimmender Photovoltaik auf ein Viertel gefluteter ex-Braunkohleabbauflächen mit 55 GW und
- versiegelten Flächen mit begehbaren oder befahrbaren Modulen oder auch als Schattenspender mit 134 GW,

zusammen ca. 2.000 GW, womit sich 2.000 TWh produzieren lassen, also mehr als das Vierzigfache von heute.

Weiteres Potenzial bieten Lärmschutzwände, ausgesuchte Verkehrsflächen, Gleiskörper (RIPV, von „Road Integrated PV") und perspektivisch die Dächer von Elektrofahrzeugen (Vehicle Integrated PV").

Zum Vergleich: in 2019 wurden in Deutschland 539 TWh verbraucht, also weniger als ein Drittel, was allein durch Photovoltaik gedeckt werden könnte.

Eine zusätzliche erneuerbare Energie kann durch Biomasse erzeugt werden. Hier kommen unterschiedliche Rohstoffe und Techniken für verschiedene Anwendungsbereiche zum Einsatz. So kann Bioenergie z. B. aus eigens landwirtschaftlich angebauten Pflanzen (wie Mais, Weizen, Zuckerrübe, Raps, Sonnenblumen, Ölpalmen), schnellwachsenden Gehölzen, Holz aus der Forstwirtschaft oder aber aus biogenen Abfall- und Reststoffen aus Land- und Forstwirtschaft, Haushalten und Industrie gewonnen werden.

Allerdings wird die energetische Nutzung von Biomasse zunehmend kontrovers diskutiert, da laut Umweltbundesamt Bioenergie teilweise zwar eine bessere Treibhausgasbilanz als fossile Energie hat, jedoch der Anbau von Biomasse mit vielfältigen negativen Wirkungen auf Mensch und Umwelt verbunden sein kann. (umweltbundesamt.de vom 26.06.2020) Und so kann es kaum verwundern, dass die Nutzung in den letzten Jahren leicht rückläufig ist:

Auch über traditionelle Energiequellen wird umfangreich diskutiert, z. B. über die Atomenergie. Über den Sinn des Ausstiegs von Deutschland in Anbetracht grenznaher Reaktoren muss nicht weitergesprochen werden – ein Blick auf die Karte (iaea.org vom 25.07.2019) genügt:

Grenznahe Atomkraftwerke

Anzahl der betriebsfähigen Reaktoren
(Jahr der Betriebsaufnahme)

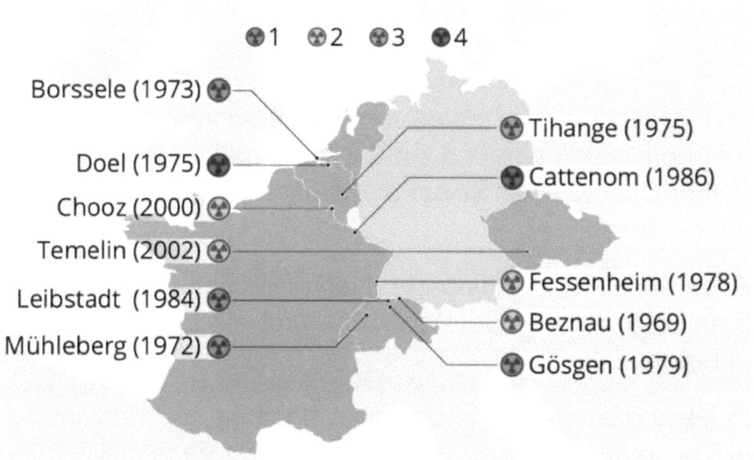

Abb. 16: Anzahl grenznaher Atomkraftwerke

Hinzufügen sind noch je zwei AKW in Tschechien und eines in Österreich. Nachdem der komplette Ausstieg aus der Atomenergie mit Beschluss aus 2011 bis 2022 vollzogen werden soll, wird anhaltend über Endlager für hochradioaktiven Atommüll debattiert, dass es hierzulande frühestens 2050 geben wird. Wenn man der Bundesregierung eines nicht vorwerfen kann, dann dass sie die Suche nach einem Atommüll-Endlager überstürzt angeht. (faz.de vom 29.09.2020). Im Jahr 2031 soll der Standort feststehen, 2050 die Einlagerung beginnen – wenn alles gutgeht. Doch laut Bundesumweltministerin Schulze (SPD) ist Deutschland bei der Lösung des Atommüll-Problems weiter als die meisten anderen Länder mit Atomkraftwerken – Finnland kann sie damit allerdings nicht meinen. Dort werden auf der Insel Olkiluoto schon in vier bis fünf Jahren die ersten gebrauchten Brennstäbe eingelagert werden, womit man das erste funktionsfähige Endlager für hochradioaktiven

Abfall auf der Welt vorhalten würde. Die Finnen, die knapp ein Drittel ihres Stroms aus Kernenergie beziehen, haben vor, den atomaren Abfall in Kupferkapseln einzuschließen und sie 450 Meter unter der Oberfläche in fast zwei Milliarden Jahren altem Granitgestein zu lagern. Auch die Bürger stehen dem Thema offener gegenüber. „Hier in Finnland sind alle überzeugt davon, dass sich diejenige Generation, die von der Atomkraft profitiert und den Strom aus den Atomkraftwerken verbraucht, auch um den Abfall kümmern und ein Endlager bauen muss", sagte Betreiber-Chef Mokka. Selbst die Grünen seien für das Endlager auf der Insel.

Aber auch in unmittelbarer Nachbarschaft zu Deutschland, Frankreich, ist man deutlich weiter und will sein Endlager 2035 in Betrieb nehmen.

In Verzug ist die Regierung aber noch bei der Entschädigung für den raschen Atomausstieg in 2011 bei Vattenfall & CO – für Svenja Schulze ein „Randthema". Das hat im November 2020 das Bundesverfassungsgericht anders gesehen. Längst hätte der Staat die betroffenen Konzerne entschädigen müssen – eine Forderung von 19 Mrd. Euro, mittlerweile zuzüglich Zinsen. Das Ganze bezeichnet die FAZ vom 13.11.2020 als „Ohrfeige für die Politik".

Ähnlich langsam bewegt sich auch der deutsche <u>Kohleausstieg</u>. Am 03.07.2020 beschloss die Bundesregierung, jährlich Kohlekraftwerke stillzulegen, das erste in 2020. Bis 2022 werden die acht schmutzigsten Braunkohlemeiler folgen, weitere Kraftwerke bis 2030 entsprechend den Vorgaben der Kohlekommission. Allerspätestens 2038 wird das letzte Kohlekraftwerk in Deutschland vom Netz gehen.

Dabei stellt sich im Dezember 2020 heraus, dass die öffentliche Debatte womöglich manipuliert war. Nach Spiegel-Informationen hat das Bundeswirtschaftsministerium seit Ende November 2019 ein Gutachten unter Verschluss gehalten, das als Entscheidungsgrundlage für das Kohleausstiegsgesetz diente. Laut der Studie, die nach langem Streit freigegeben wurde, hätte die anstehende Umsiedlung von fünf Ortschaften im Rheinischen Revier abgewendet werden können. Laut dem Gutachten, das die Forschungsinstitute BET und EY im Auftrag des Wirtschaftsministeriums erstellt haben, könnte die Förderung in Garzweiler II durch den Kohleausstieg so weit zurückgefahren werden, dass die Dörfer nicht abgebaggert werden müssten. Rund ein Drittel der Braunkohle in Garzweiler II könnte demnach unter der Erde bleiben – wenn die Empfehlungen der sogenannten Kommission für Wachstum, Strukturwandel und Beschäftigung (kurz: Kohlekommission) umgesetzt würden. Für den Grünen-Fraktionsvize Krischer belegt das Gutachten, dass die Regierung die Dörfer im Rheinischen Revier aus »rein betriebswirtschaftlichen Erwägungen der Zerstörung preisgibt – „das ist an Zynismus nicht mehr zu überbieten.“ (spiegel.de vom 16.12.2020)

Allerdings sorgen die Milliardenentschädigungen für die Kraftwerksbetreiber weiter für Streit - so auch im Wirtschaftsausschuss des Bundestages. Die geplanten Entschädigungszahlungen in Höhe von insgesamt 4,35 Mrd. Euro für die Kraftwerksbetreiber sind für die Kritiker viel zu hoch, da die Anlagen größtenteils abgeschrieben seien und den Betreibern über Jahrzehnte Milliarden eingebracht hätten. "Deswegen wäre das alles auch ohne Entschädigungszahlungen gegangen." Die Energieversorger würden sich den Kohleausstieg vergolden lassen, kritisiert der Vize-Fraktionschef der Grünen im Bundestag.

Zum Zeitpunkt des Ausstiegsbeschlusses hatten Belgien, Österreich und Schweden die Kohleverstromung bereits beendet, die Slowakei, Portugal, Großbritannien, Irland, Italien planen einen Ausstieg in der ersten Hälfte der 2020er Jahre, Griechenland, die Niederlande, Finnland, Ungarn und Dänemark ebenfalls noch in den 2020er Jahren.

Auch in der Behandlung des <u>Abwassers</u> nimmt Deutschland keine Vorbildfunktion ein. Abwasser als Oberbegriff für Regen-Schmutz- und Fremdwasser (in Deutschland jährlich rund 10 Mrd. Kubikmeter) wird im Zuge der Abwasserbeseitigung in der Kanalisation gesammelt und transportiert, in Mitteleuropa üblicherweise in Kläranlagen behandelt und danach in als Vorfluter dienende Gewässer oder durch Versickerung, Verrieselung oder Verregnung in das Grundwasser eingeleitet. Die im Abwasser enthaltene Wärmeenergie kann mit Systemen zur Abwasserwärmerückgewinnung für Warmwasser- und Heizzwecke genutzt werden.

Das Umweltbundesamt führt dabei nach eigenen Angaben eine Vielzahl von Arbeiten durch, die dazu beitragen, die Abwasserbehandlung weiterzuentwickeln und die Anforderungen an behandeltes Abwasser regelmäßig anzupassen. Die Abwasserbehandlung stellt eine wichtige Maßnahme zur Erreichung des guten Gewässerzustands dar. Soweit die Theorie, denn nicht immer landet das Abwasser in der Kläranlage. Immer wieder wird es weitgehend ungefiltert in Gewässer geleitet, manchmal samt Toilettenpapier. (spiegel.de vom 19.10.2020)

Aber auch um das <u>Grundwasser</u> ist es nicht so gut bestellt. Ein Drittel des Grundwassers ist verschmutzt (Die Zeit vom 16.09.2016), v. a. durch eine zu hohe Nitratbelastung. Hauptverursacher der Grundwasserverschmutzung sei aus Sicht des Umweltministeriums die Landwirtschaft, heißt es in dem Bericht. Umweltministerin Barbara Hendricks (SPD) setze sich daher für eine Neuausrichtung der Agrarpolitik und eine Verschärfung der Düngeverordnung ein, die mehrfach angekündigt, aber erst im Frühjahr 2020 verabschiedet wurde.

Überhöhte Mengen von Nitrat führen zu starken Wasserverun-reinigungen und verringern die biologische Vielfalt in den Ge-wässern. Eine Konzentration über dem gültigen Grenzwert kann nach Angaben der EU-Kommission erhebliche Auswir-kungen auf die Gesundheit von Menschen haben, insbeson-dere auf schwangere Frauen und Kleinkinder. Die EU hat be-reits Klage eingereicht

Nicht viel besser sieht es bei der <u>Luftqualität</u> in Deutschland aus. Die Luftverschmutzung ist mit jährlich mehr als 400 000 durch sie verursachten vorzeitigen Todesfällen weiterhin die größte Umweltbedrohung für die Gesundheit in Europa (eea.europa.eu vom 09.09.2020). Deutschland liegt mit 97 vor-zeitigen Todesfällen pro 100.000 Einwohnern (die skandinavi-schen Staaten weisen rund ein Drittel auf), also 80.500 Toten pro Jahr, im Mittelfeld, genauso wie bei der Feinstaubbelas-tung. Hier hält man zwar die EU-Grenzwerte ein, nicht aber die der WHO. Doch vor allem in Städten ist die Luft oft deutlich schlechter. In Stuttgart zum Beispiel werden 64,40 Mikrogramm Feinstaub pro Kubikmeter Luft gemessen, der gesetzliche Grenzwert liegt bei 50 Mikrogramm.

Bis 2030 soll die Luftverschmutzung deutlich reduziert und die Zahl der frühzeitigen Todesfälle halbiert werden. Das geht nur, wenn sich alle Länder an die Vorgaben halten. Danach sieht es allerdings in vielen Mitgliedsstaaten momentan nicht aus. Im Mai 2018 hat die EU-Kommission Deutschland, Frankreich, Großbritannien, Italien, Ungarn und Rumänien wegen schlech-ter Luft in den Städten und fehlender geeigneter Gegenmaß-nahmen verklagt. Darüber hinaus übermittelte die Kommission zusätzliche Aufforderungsschreiben an Deutschland, Italien, Luxemburg und das Vereinigte Königreich, da diese Länder die EU-Vorschriften für die Typgenehmigung von Fahrzeugen missachten. Die Typgenehmigungsvorschriften der EU sehen vor, dass die Mitgliedstaaten über wirksame, verhältnismäßige und abschreckende Sanktionssysteme verfügen, um Autoher-steller davon abzuhalten, gegen geltendes Recht zu verstoßen. Finden derartige Rechtsverstöße statt, z. B. durch die Verwendung von Abschalteinrichtungen zur Verringerung der Wirksamkeit von Emissionskontrollsystemen, müssen Abhilfemaßnahmen – wie Rückrufe – angeordnet und Sanktionen verhängt werden. Bezüglich des VW-Konzerns hat die Kommission m Dezember 2016 Vertragsverletzungsverfahren gegen Deutschland, Luxemburg und das Vereinigte Königreich eingeleitet.

Schauen wir uns den Umgang mit dem <u>Boden</u> an. Wie auch bei der Verunreinigung von Luft und Wasser hat ein Großteil der weltweiten Bodenkontaminationen menschliche Ursachen, wie Immissionen aus Verkehr und Industrie, legaler wie illegaler Müllentsorgung, Unfällen mit Schadstofffreisetzung oder der Ausbringung kontaminierter Materialien (einige Dünge- und Pflanzenschutzmittel oder Klärschlamm). Böden sind in Deutschland seit 1999 (Bundesbodenschutzgesetz) in ihrem Status als Schutzgut mit den Umweltmedien Luft und Wasser gleichgestellt.

Der Zustand der deutschen Böden ist für den Vizepräsidenten des Bundesbodenverbandes, schlecht. Das Erdreich in Deutschland werde vor allem durch Flächennutzung und Schadstoffe belastet. So ist beispielsweise beim Bau eines Einfamilienhauses die Lagerung von Baumaterialien auf dem Grundstück üblich. Dem Boden fehlen in großen Bereichen Phosphat und Spurenelemente, die der Landwirt aufgrund von wenig qualifizierten Vorgaben und Mangel an Geld nicht mehr in erforderlicher Menge ausbringen kann. Auch wird eine Humusbildung durch eine nicht fachkundige Düngemittel-VO konterkariert.

Dem Bund für Umwelt- und Naturschutz zufolge erfordert die Situation eine Abkehr von der industriellen Pflanzenproduktion hin zu einer bodenschonenden, humusmehrenden Landbewirtschaftung mit vielfältigen Fruchtfolgen. Die Böden müssten ausreichend mit organischem Material versorgt werden, etwa durch Mischkulturen, Untersaaten oder Zwischenfrüchte sowie durch das Liegenlassen von Ernterückständen auf den Feldern und Festmist oder Kompost als Dünger. Zur Umwandlung dieses organischen Materials in Humus bedarf es der Hilfe zahlreicher Bodenorganismen. Diese sind wiederum gefährdet, wenn intensiv Mineraldünger und chemisch-synthetische Pestizide eingesetzt werden. Binnen einiger Jahre oder Jahrzehnte kann dadurch die Bodenfruchtbarkeit massiv abnehmen.

Auch die EU bemängelt den Naturschutz in Deutschland. Am 18.02.2021 reicht die Brüsseler Behörde Klage beim Europäischen Gerichtshof gegen die Bundesregierung ein. Streitpunkt sind jahrelange Verstöße gegen geltendes Naturschutzrecht. Unter anderem habe Deutschland eine bedeutende Anzahl von Gebieten immer noch nicht als besondere Schutzgebiete ausgewiesen. (spiegel.de vom 18.02.2021)

Zu guter Letzt sei auf die <u>Abfallentsorgung</u> in Deutschland eingegangen. 2017 setzten sich die rund 46 Millionen Tonnen Haushaltsabfälle zusammen aus 30 Prozent Hausmüll, 18 Prozent Papier, 13 Prozent Kunststoff, 12 Prozent Gartenabfall, 9 Prozent Biotonnenabfall und 18 Prozent Glas, Sperrmüll, Elektro und Textilien).

Seit einigen Jahren erfährt die Abfallwirtschaft unter dem Schlagwort "Kreislaufwirtschaft" jedoch einen massiven Perspektivwechsel: Nach den Vorstellungen der Europäischen Kommission, die 2015 ihren Aktionsplan Kreislaufwirtschaft vorgestellt hat, sollen Abfälle in Zukunft in erster Linie als potenzieller Rohstoff gesehen werden; sowohl die in einzelnen Produkten enthaltenen natürlichen Ressourcen als auch deren ökonomischer Wert sollen am Ende der Nutzungsphase möglichst optimal erhalten bleiben. Angesichts der Rohstoffarmut in

Europa sollen die Abfälle recycelt und wieder in den Produktionsprozess zurückfließen, um so auch langfristig die europäische Wettbewerbsfähigkeit sicherzustellen. Damit stellt sich die Frage, was eigentlich mit unserem Müll letztlich passiert.

Gefühlt ist Deutschland Recycling-Weltmeister. Gelbe Tonne oder gelber Sack - seit fast 30 Jahren trennen die Deutschen ihren Plastik- vom Restmüll. Doch in den vergangenen 20 Jahren haben wir unseren Jahresverbrauch auf 25,4 Kilogramm pro Kopf verdoppelt. Von diesem Müll landet so gut wie gar nichts mehr auf Mülldeponien. Das Umweltbundesamt geht davon aus, dass 99 Prozent dieses Mülls "verwertet" werden. Viele Menschen glauben fälschlicherweise, dass aus dem Großteil des Plastiks durch Recycling wieder neues Plastik entsteht. Im "Plastikatlas", den die Heinrich-Böll-Stiftung und der BUND 2019 veröffentlichten, wird genau aufgezeigt, was mit den 5,2 Millionen Tonnen Kunststoff-Abfällen, die in deutschen Haushalten und im Gewerbe anfallen, passiert: 60 Prozent unseres Mülls werden "energetisch verwertet", sprich verbrannt.

Allerdings gibt es beim Plastik-Verbrennen einige Nachteile: Erstens kann diese Energie nur einmal gewonnen werden. Zweitens wird dabei viel Kohlendioxid ausgestoßen. Drittens müssen die Giftstoffe, die bei der Verbrennung von Plastik unweigerlich entstehen, aufwändig aus dem Qualm gefiltert und die danach hochgiftigen Filteranlagen in Untertagedeponien eingelagert werden. Sicherlich das Gegenteil von dem, was wir unter Recycling verstehen.

Die restlichen 40 Prozent Plastikmüll gelten offiziell als recycelt. Aber ein Drittel davon wird fürs Recycling ins Ausland exportiert - und dann nicht weiterverfolgt, trotz der Baseler Konvention, einem internationalen Umweltabkommen. Hier haben sich 186 Nationen, darunter Deutschland, dazu verpflichtet, beim Handel mit gefährlichen Abfällen gewisse Regeln einzuhalten. Eine davon besagt, dass die Herkunftsländer sicherstellen müssen, dass ihr Müll im Zielland weder die Gesundheit von Menschen noch die Umwelt gefährdet. Wenn das nicht möglich ist, muss ein Abfall-Export in das Land reguliert oder sogar untersagt werden. Trotzdem gibt es immer wieder Funde von deutschem Müll auf wilden ausländischen Müllkippen - wie 2018 in Malaysia. Ziemlich genau 100 000 Tonnen Plastikmüll haben deutsche Firmen 2018 nach Malaysia verschifft. Damit war Deutschland nach den USA, und Japan der drittgrößte „Lieferant". Inzwischen hat die Regierung das Ausmaß des Müllskandals näher beziffert: 114 Unternehmen hätten vor dem Stopp Importlizenzen für Plastikmüll besessen.

Der Rest geht dann nachvollziehbar in deutsche Recyclinganlagen. Aber auch da wird noch mal rund ein Drittel aussortiert und verbrannt. Am Ende werden aus den 5,2 Millionen Tonnen Kunststoffabfällen nur 0,9 Millionen Tonnen Rezyklat - also recyceltes Plastik. Das entspricht rund 17 Prozent – „Von wegen Recycling-Weltmeister" titelt tagesschau.de am 05.02.2020.

Auch direkt in Deutschland gibt es immer wieder Skandale – drei Beispiele:

- 2017 in Wedel/Schleswig-Holstein: Unternehmer aus Wedel (Schleswig-Holstein) waren nach Recherchen von Panorama über Jahre in Geschäfte mit illegalen Mülllagern verwickelt. In einem Fall musste schließlich der Steuerzahler einspringen und die mehrere Hunderttausend Euro teure Entsorgung des Abfalls übernehmen. Verantwortlich ist ein Firmengeflecht von Vater Wolfgang B. und Sohn Jan Stephan B., dass in mehreren Bundesländern aktiv ist. Sie sollen - neben anderen Lieferanten - Lkw-Ladungen mit Hausmüll illegal umdeklariert und in einer Kiesgrube bei Markendorf verklappt haben. Hausmüll darf aber in Deutschland nicht deponiert, sondern muss verbrannt oder wiederverwertet werden.

Die Konsequenzen für die Entsorger aus Wedel sind eher überschaubar. Zwar wurde gegen sie in einem der Kiesgruben-Fälle strafrechtlich ermittelt. Doch die Staatsanwaltschaft stellte die Ermittlungen ein. Begründung: gegen die Unternehmer sei noch ein anderes, offenbar noch schwerwiegenderes Verfahren anhängig gewesen.

- Herbst 2019: Die Kieler Staatsanwaltschaft rätselt um mehrere Abfall-Berge mit 25.000 Kubikmeter auf einem Grundstück im Ortsteil Friedrichsgabe. Der Eigentümer ist verschwunden, niemand will die Verantwortung übernehmen – die Räumung kostete rund 800.000 Euro.

- Sommer 2020: Ein Kleinunternehmer hat in Brandenburg an der Havel ein Gewerbegrundstück gekauft – und darauf mehrere Tonnen an Misch-Abfällen gelagert.

6. Die Führung

6.1. Organisation

Das gesetzgebende und damit oberste und damit gesetzgebende Organ der Bundesrepublik Deutschland ist der Deutsche Bundestag. Der Bundestag wird als einziges Verfassungsorgan des Bundes direkt von den deutschen Staatsbürgern gewählt.

Der Deutsche Bundestag ist nach China, aber noch vor Indonesien, das zweitgrößte Parlament der Welt. Noch nie war ein deutsches Parlament größer. Hatte der 1. Deutsche Bundestag noch 420 Abgeordnete, der 11. Bundestag (der letzte vor der Wiedervereinigung) 663 Abgeordnete, so hat der aktuelle bereits 709.

Schon mehrfach wurde darüber nachgedacht, das Parlament zu verkleinern, auch im Sommer 2020 über einen Gesetzentwurf Oppositionsfraktionen FDP, Die Linke und Bündnis 90/Die Grünen „zur Änderung des Bundeswahlgesetzes". In dem Entwurf verweisen die drei Fraktionen darauf, dass die Zahl der Abgeordneten mit 709 seit der letzten Bundestagswahl deutlich über der gesetzlichen Sollgröße von 598 liegt. Gemessen an derzeitigen Umfragewerten sei es „nicht unwahrscheinlich, dass ein Bundestag, der aktuell gewählt werden würde, bei einem unveränderten Wahlrecht eine Mitgliederzahl von weit über 800 aufwiese". Doch die Diskussion hierüber wurde von der Tagesordnung vom 03.07.2020 abgesetzt. Am 06.11.2020 wer dann bekanntgegeben, dass eine Wahlrechtsreform für den Bundestag die Zustimmung des Bundesrats hat. An der Wirksamkeit der Reform gibt es allerdings schon jetzt Zweifel. (spiegel.de vom 06.11.2020) Berechnungen zufolge dürfte die Verkleinerung des Parlaments durch die Pläne der Großen Koalition in der Tat deutlich kleiner ausfallen als ursprünglich gefordert. Nimmt man die Ergebnisse von Umfragen seit der Bundestagswahl 2017 als mögliche Wahlergebnisse und wendet das neue Verfahren an, kommt man sogar bei knapp 72 Prozent der Konstellationen zu einem Bundestag, der größer als der aktuelle Bundestag wäre.

Eine größere Reform – dann auch mit einer Reduzierung der Wahlkreise – soll es nach dem Willen der Koalition erst für die Wahl 2025 geben. Dazu soll eine Reformkommission aus Wissenschaftlern, Abgeordneten und weiteren Mitgliedern eingesetzt werden, die spätestens bis zum 30.06.2023 ein Ergebnis vorlegen soll.

Auch ein Blick auf die Abgeordnetenentschädigung, den Diäten, sollte gewährt werden. Sie sollen Verdienstausfälle ausgleichen, die den Abgeordneten durch die Ausübung ihres Mandats entstehen. Seit dem 01.07.2019 beträgt diese brutto 10.083,47 Euro pro Monat, hat sich damit seit 2005 um 44 Prozent erhöht (das deutsche Durchschnittsgehalt hat sich im gleichen Zeitraum um 36 Prozent gesteigert) und ist netto rund dreimal so hoch wie das Durchschnittsgehalt in Deutschland.

Hinzu kommt eine steuerfreie Kostenpauschale von aktuell 4.4018,09 Euro pro Monat zur Bezahlung von Bürokosten von Wahlkreisbüros außerhalb des Sitzes des Deutschen Bundestages (Miete, Porto, Inventar, Literatur), Mehraufwendungen für Unterkunft und Verpflegung am Sitz des Bundestages und bei Reisen, Fahrtkosten für Fahrten in Ausübung des Mandats, soweit sie nicht erstattet werden und sonstige Kosten für andere mandatsbedingte Aufwendungen (Repräsentation, Einladungen, Wahlkreisbetreuung usw.).

Zusätzlich gibt es m Einzelfall eine Aufwandsentschädigung, die bei der SPD-Vorsitzenden Saskia Esken 9.000 Euro pro Monat beträgt. Vor dem Hintergrund der SPD-Finanznot empfinden viele Genossen die „Aufwandsentschädigung" der neuen Vorsitzenden als ungebührlich hoch. (ntv.de vom 02.07.2020)

Zudem dürfen Abgeordnete bezahlte Nebentätigkeiten in der freien Wirtschaft ausüben, etwa in Aufsichtsräten.

Aber die Vergütung sollte für manchen Landesverband – auch in „dieser Zeit" – erhöht werden. Sachsens Kenia-Koalition hat trotz wachsender Kritik die geplante Erhöhung der Diäten um 4,9 Prozent für Abgeordnete verteidigt. Der Bund der Steuerzahler sprach von einem „heftigen Schlag ins Gesicht der Steuerzahler. Vor dem Hintergrund sinkender Staatseinnahmen, drohender massiver Neuverschuldung und zu erwartender Haushaltslöcher in der mittelfristigen Finanzplanung des Freistaates ist die Entscheidung im Landtag nicht nachvollziehbar", sagte Präsident Thomas Meyer der Deutschen Presse-Agentur. Es reiche nicht, „aus einer komfortablen finanziell abgesicherten Situation" heraus Arbeitnehmern, Selbstständigen und Gewerbetreibenden in der Corona- Krise andauernd Ratschläge zu erteilen, in eigener Sache jedoch eine „ungeheure Beratungsresistenz" an den Tag zu legen. (freiepresse.de vom 05.02.2021)

Bemerkenswert ist, dass die Abgeordneten-Einstiegsentschädigung, auch für einen „Mit-Zwanziger" ohne jede Berufsausbildung oder gar –erfahrung auf der Höhe eines Bundesrichters mit 55 Jahren liegt. Da darf es letztlich nicht verwundern, dass er sich oft nicht zu Problemen oder gegenteilig zur eigenen Meinung äußert. (Maaßen in „Der Stachel")

Bundesminister erhalten „Amtsbezüge" von monatlich aktuell 16.426 Euro, zuzüglich monatlich 306,78 Euro Aufwandsentschädigung. Wer die Bundesregierung verlässt, fällt erst einmal weich. Bereits nach einem Tag Amtszeit stehen einem Bundesminister jährlich rund 73.917 Euro Übergangsgeld zu. Je nach Dauer der Amtszeit kann das Übergangsgeld auf knapp 221.751 Euro steigen, das maximal zwei Jahre nach Ausscheiden gewährt wird. Auch wenn die Übergangsgelder ab dem zweiten Monat mit privaten Einkünften verrechnet werden, bleiben sie ein üppiges Polster, wovon viele in der Privatwirtschaft nur träumen können. Besonders großzügig sind die Ruhegehaltsregelungen gefasst. Wer mindestens vier Jahre lang Bundesminister war, kann sich über eine Pension von 4.557 Euro pro Monat freuen, steigend bis auf 11.786 Euro. Für Bundesminister gilt die gleiche Regelaltersgrenze wie für Bundesbeamte, also die schrittweise Anhebung auf 67 Jahre. Doch können ehemalige Bundesminister unter Umständen schon mit 60 Jahren ihr Ruhegehalt in Anspruch nehmen.

Kanzlerin bzw. Kanzler erhalten monatlich 20.165 Euro zuzüglich 4.876,74 Euro Abgeordnetenentschädigung und 3.313,57 Euro Kostenpauschale.

Zusammen addierten sich die Kosten für den deutschen Bundestag für seine 709 Abgeordnete samt Ausgaben für Miete und Instandhaltung der Gebäude für 2019 auf 974 Millionen Euro (merkur.de vom 26.08.2020), 100 Millionen Euro mehr als im Vorjahr – „Das ist dem Steuerzahler nicht mehr vermittelbar", sagte FDP-Geschäftsführer Marco Buschmann.

Bemerkenswert in „Corona-Zeiten", wo viele Menschen mit Mindereinnahmen leben müssen, war ein steuerfreier Corona-Bonus von 600 Euro, den die rund 4.500 Mitarbeiter der insgesamt 709 Abgeordneten des Deutschen Bundestages zur Weihnachtszeit 2020 mit dem Dezembergehalt überwiesen bekamen. Der Bonus soll demnach die "zusätzliche Belastung durch die Corona-Krise" abmildern.

Selbst bei Mitarbeitern löst die Einmalzahlung aber gemischte Gefühle aus, wie die "Augsburger Allgemeine" berichtet, die mit Betroffenen sprach. Manche empfinden den Bonus als unangebrachte Vorzugsbehandlung, die ein falsches Signal sende. (wdr.de vom 03.12.2020)

Aber ggf. rechtfertigt die Qualifikation bzw. Erfahrung der Abgeordneten diese Aufwendungen. Zunächst fällt auf, dass mehr als ein Drittel der Abgeordneten oberhalb der Altersgrenze liegt, also nach deutschem Dienstrecht oberhalb von 67 Jahren (für vor dem 31.12.1963 Geborene gilt sogar eine niedrigere Altersgrenze), zehn Prozent sogar älter als achtzig Jahre sind.

Für den Tagesspiegel am 28.09.2008 ist dieser Umstand „wieder typisch: der Gesetzgeber, also der Bundestag, hat Altersgrenzen für die Berufsausübung festgelegt – und hält sich selbst nicht daran.“ In Deutschland gelten für Beamte und Wissenschaftler strenge Regeln. Ein Hochschullehrer emeritiert mit 65 Jahren, selbst wenn er eine weltweit anerkannte Koryphäe ist und immer noch Spitzenleistungen bringt. Ein Beamter kann allerhöchstens auf Antrag und wenn es „im dienstlichen Interesse“ liegt noch bis zum 68. Geburtstag arbeiten. Auch Ärzte müssen mit 68 Jahren aufhören. Der Gesetzgeber argumentiert mit der abnehmenden Leistungsfähigkeit. Aber Politiker?

In die Diskussion gekommen ist auch nach 16 Jahren Kohl und 15 Jahren Merkel die unbegrenzte Wiederwahl der Kanzlerschaft, während der Bundespräsident maximal zehn Jahre im Amt bleiben kann. Natürlich steigt mit der Zeit die Erfahrung und ggf. auch das internationale Ansehen. Aber Helmut Kohl hatte in den Jahren 13 bis 16 seiner Kanzlerschaft den Zenit überschritten, den richtigen Moment sich zurückzuziehen aber verpasst. Und mancher sieht die Entwicklung bei Angela Merkel ähnlich. Bei höchstens zwei Amtszeiten, wie in den USA, wäre das kein Thema. Zudem wäre der jeweilige Amtsinhaber empfänglicher für Kritik. Denn mit der Zeit werde man immun dagegen - gibt Ex-Kanzler Schröder offen zu. (swr.de vom 11.09.2017)

Ähnlich inkonsequent ist die Haltung um den Frauenanteil. Während die deutschen Politiker für die Wirtschaft gerade in

Spitzenpositionen seit Jahren einen höheren Frauenanteil fordern bzw. per „Quote" durchsetzen, ist der Frauenanteil im aktuellen Bundestag mittlerweile so gering wie seit fast 20 Jahren nicht mehr: knapp 31 Prozent der Abgeordneten sind weiblich - so wenig wie zuletzt 1998. (sueddetsche.de vom 23.10.2017):

Allerdings gibt es größere Unterschiede unter den Parteien – Grüne und Linke haben gar einen leicht größeren Anteil an Frauen als Männer.

Im internationalen Vergleich stürzt die Bundesrepublik von Platz 22 auf Platz 45 ab, im Vergleich mit anderen EU-Ländern von Platz sieben auf Platz zwölf.

Als im Durchschnitt „überqualifiziert" können die Abgeordneten kaum eingestuft werden, wenn 22 Prozent einen Hauptschulabschluss oder gar keinen Schulabschluss aufweisen.

Aber schauen wir auf das derzeitige Kabinett (www.bundesregierung.de):

Aufgabe	Name	Alter	Ausbildung	Berufserfahrung*
Kanzlerin	Merkel	66	Dr. rer. nat.	Wiss. Mitarbeiterin
Finanzen	Scholz	62	Jurist	Rechtsanwalt (13J)
Inneres, Bau & Heimat	Seehofer	71	Diplom-Verwaltungswirt FH	keine
Auswärtiges	Maas	54	Jurist	Ein Jahr Mitarbeiter „am Band" bei Ford
Wirtschaft & Energie	Altmaier	62	Jurist	Wiss. Mitarbeiter
Justiz & Verbraucherschutz	Lambrecht	55	Jurist	Rechtsanwältin (3J)
Arbeit & Soziales	Heil	48	Politologe & Soziologe	keine
Verteidigung	Kramp-Karrenbauer	58	Lehrerin	keine
Ernährung & Landwirtschaft	Klöckner	47	Lehrerin	keine
Familie, Senioren, Frauen & Jugend	Giffey	42	Dr. rer.pol.*	keine
Gesundheit	Spahn	40	Master of Arts	Bankangestellter (1J)

Ministerium	Name	Alter	Abschluss	Berufserfahrung
Verkehr & Digitales	Scheuer	46	„Dr.rer.pol."*	keine
Umwelt, Naturschutz / nukleare Sicherheit	Schulze	52	Magister Artium	freiberufliche Werbe- und PR-Arbeit (4J)
Bildung & Forschung	Karliczek	49	Diplom-Kauffrau	Hotelfachfrau
Wirtschaftliche Zusammenarbeit & Entwicklung	Müller	65	Dr. Phil.	Lehrer
Kanzleramt & besondere Aufgaben	Braun	48	Dr. med.	Wiss. Mitarbeiter

* Plagiatsvorwurf

** in Prag, was als kleines Doktorat gilt, das nur in Berlin und Bayern zum Tragen eines allgemeinen Doktortitels berechtigt

Abb. 17: Zusammensetzung der aktuellen Ministerienleitung

Eine wissenschaftliche Ausbildung liegt bei allen Kabinettsmitgliedern vor, allerdings selten passend zur aktuellen Aufgabe. Dabei ist dies in vielen Berufen in Deutschland Voraussetzung für eine entsprechende Ausübung, sowohl im Handwerk (Bäcker, Elektriker, Friseur etc.) wie auch in akademischen Berufen (Rechtsanwalt, Wirtschaftsprüfer, Arzt etc.).

Aber auch Berufserfahrung ist überwiegend marginal oder gar nicht gegeben. Hier wird oft eingewendet, dass man als Minister „Fachkräfte führen müsse". Nur gilt es dann zu fragen, wie „ein Elektriker eine Großbäckerei führen" soll, zudem auch Führungserfahrung fast gänzlich fehlt.

Manchmal wird die Unwissenheit aber auch offensichtlich, wie bei Katharina Schulze, B'90/Grüne, gelernte Politikwissenschaftlerin (Mag. artium), Vorsitzende der grünen Fraktion im 18. Bayrischen Landtag. Als Gast bei Markus Lanz am 29.01.2020 kritisierte sie die bayrische Abstandsregel für Windräder – sie würde sich stattdessen auch in Bayern lieber an die bundesweiten Immissionsschutzrichtlinien halten. Als Lanz nachfragte, welchen Abstand sie sich genau vorstellt, kam sie ins Stocken, antwortete dann „Sorry, das weiß ich leider gerade nicht". "Sie sind dafür, sie wissen aber nicht, was ist?", fragt

Lanz erstaunt. Schulze kann nur lächeln. Die richtige Antwort wäre übrigens gewesen, dass es gar keine bundeseinheitliche Regelung zum Abstand von Windrädern zur Wohnbebauung gibt.

Das Fehlen von Talenten in allen Parteien wird mittlerweile auch öffentlich seitens der Politik beklagt, z. B. durch Frau Wagenknecht am 10.10.2020 bei „Markus Lanz".

Ob „Quotenregelungen" das Wissens- und Erfahrungsdefizit lösen, kann zumindest bezweifelt werden. Nach der Frauenquote in Aufsichtsräten seit 2016 von 30 Prozent kommt nun die Frauenquote in Vorständen mit mehr als drei Mitgliedern und die Grünen planen schon die nächste Quote. In ihrem Parteitag vom 21.11.2020 beschlossen sie eine Vielfaltstatut, wonach sie in ihrer eigenen Partei die gesellschaftlich diskriminierten oder benachteiligten Gruppen gemäß ihrem gesellschaftlichen Anteil abbilden wollen.

Nahezu selbstredend werden Personen des öffentlichen Lebens nicht nur genauer beobachtet, sondern auch ihr Werdegang beleuchtet. Dabei treten immer wieder wenig vertrauensbildende Informationen zu Tage, nicht erst heute im Zuge des Internets. Wikipedia weist im November 2020 107 „Politische Affären in der Bundesrepublik Deutschland" aus. Aber auch die Mitglieder des aktuellen Kabinetts sind nicht „Affären-frei".

Ganz vorne dabei ist <u>Andreas Scheuer</u>, der gleich in mehrere Affären verwickelt ist. Schon die Erlangung seines Doktortitels ist bemerkenswert. Seine auf der Website der Bundesregierung genannte „Promotion an der Karlsuniversität Prag" gilt als kleines Doktorat, das nur in Berlin und Bayern zum Tragen eines allgemeinen Doktortitels berechtigt – und Herr Scheuer kommt … aus Bayern. Zudem gab es auch Plagiatsvorwürfe, die aber letztlich wegen Geringfügigkeit zurückgewiesen wurden.

Wesentlich größere Beachtung findet anhaltend die Maut-Affäre, wozu es mittlerweile gar einen parlamentarischen Untersuchungsausschuss gibt, wo er erklären muss, was eigentlich unerklärlich ist: wieso hat er alle Warnungen in den Wind geschlagen und millionenschwere Verträge mit den Mautbetreibern geschlossen – geheim verhandelt, die Kosten schöngerechnet? Wieso hat er nicht auf das Urteil des Europäischen Gerichtshofs gewartet, der die Sache ein halbes Jahr später für rechtswidrig erklärte? Und wieso hat er trotz dieses Risikos den Firmen Unsummen an Ausfallzahlungen versprochen? (faz.de vom 11.10.2020). Es geht nicht nur um Verletzung von Vergabe- und Haushaltsrecht, sondern vor allem um 560 Millionen Euro, die der Staat, sprich der Steuerzahler zahlen müsste. Das entspricht der Summe, die die designierten Mautbetreiber Kapsch und Eventim in zwölf Jahren Laufzeit verdient hätten.

Bis zum 25.09.2019 sah es so aus, als würde Scheuer halbwegs unbeschadet aus dem Mautfiasko herauskommen. In einer Fragestunde des Bundestages will der verkehrspolitische Sprecher der FDP, Oliver Luksic, vom Minister wissen: haben die möglichen Betreiber der Maut das Angebot gemacht, mit der Unterschrift des Vertrages bis nach dem EuGH-Urteil zu warten? Scheuer dazu klar: "Nein, dieses Angebot gab es nicht!" Doch kurz vor Scheuers Aussage im Untersuchungsausschuss kommt ein Geheimdokument auf den Tisch der Mitglieder im Untersuchungsausschuss. Nach einem Gedächtnisprotokoll hat Eventim-Chef Klaus-Peter Schulenberg sehr wohl das Angebot gemacht, die Mautverträge erst nach dem Urteilsspruch des EuGH zu unterzeichnen, was dem Bund viel Geld gespart hätte – doch Scheuer habe abgelehnt. Schon bis Mitte September 2020 hat die geplatzte Pkw-Maut dem Bund 79 Millionen Euro gekostet (stern.de vom 24.09.2020) – aktuell läuft ein Schiedsverfahren.

An einer vollständigen Aufklärung scheint die Koalition nicht interessiert zu sein. Zur Aufklärung der Vorgänge um die gescheiterte Pkw-Maut wollte die Opposition im Bundestags-Untersuchungsausschuss eine Gegenüberstellung von Herrn Scheuer mit einem Topmanager der Betreiberfirmen erreichen. Doch ein entsprechender Antrag der Opposition ist am 09.12.2020 abgelehnt worden. Offenbar befürchten Union und SPD, dass dieser Glaubwürdigkeitstest nicht unbedingt für Minister Scheuer ausgehen dürfte. Die Regierungskoalitionen machten sich mit ihrer Ablehnung der Gegenüberstellung zu "Komplizen" des Verkehrsministers, der die Pkw-Maut mit Tricksen und Täuschen vor die Wand gefahren habe. (tagesschau.de vom 10.12.2020)

Auch die LKW-Maut ist in den Fokus geraten. So berichtet die FAZ am 23.12.2020, dass „dem Bund nach dem Urteil des Europäischen Gerichtshofs zur falsch berechneten Lastwagenmaut Rückforderungen der Spediteure und Fuhrunternehmen von 400 Mio. Euro drohen. Viele Geschädigte beklagen nun, der bundeseigene LKW-Mautbetreiber Toll Collect erschwere die Geltendmachung ihrer Rechte. Sie vermuten, dass dahinter eine Anweisung des Bundesverkehrsministeriums steckt.“

Doch das Milliardendesaster um die Maut ist nicht alles. Auch die Reform der Autobahnverwaltung von Bundesverkehrsminister Andreas Scheuer droht zu scheitern. Bis Ende 2020 wollte Scheuer Unterhalt und Bau der deutschen Autobahnen vollkommen neu aufstellen: in einer staatseigenen Gesellschaft mit Namen „Autobahn GmbH“ (mit zehn Niederlassungen und 41 Außenstellen) und einer neuen Behörde mit Sitz in Leipzig, die diese Firma beaufsichtigt: das Fernstraßen-Bundesamt. Zwar ging die Gesellschaft am 01.01.2021 an den Start, doch schon jetzt gibt es mannigfache Fehlentwicklungen:

- Die Kosten explodieren– laut einem aktuellen Bericht muss die mittelfristige Finanzplanung um eine Milliarde

Euro, ggf. noch höher, angehoben werden müssen, unter anderem wegen der gestiegenen Aufwendungen der neuen Autobahn GmbH (Spiegel vom 16.10.2020). Bereits jetzt haben einzelne Bundestagsabgeordnete wie Herr Kinder (Bündnis90/Die Grünen) starke Zweifel, dass die Autobahnreform überhaupt zu Kosteneinsparungen führen wird." (zdf.de vom 08.12.2020)

- Zudem lägen für das Fernstraßen-Bundesamt, das die Autobahn GmbH beaufsichtigen soll, noch "keine verbindlichen Organisations-und Stellenpläne" vor.

- Gewerkschaften mahnen eine zu dünne Personaldecke für die neue Autobahn GmbH an. Mit 15.000 Mitarbeitern war gerechnet worden, bisher fehlten noch mindestens 3.000 Beschäftigte.

- Unklar ist auch die Zukunft der DEGES (Deutsche Einheit Fernstraßen GmbH). Sie war für den Autobahnbau in den Ost-Bundesländern gegründet worden, hinzu kamen auch westliche Länder als Gesellschafter. Geplant war die Übernahme der DEGES durch die Autobahn GmbH. Dagegen hat der Bundesrechnungshof verfassungsrechtliche Bedenken, weil Straßenbau laut Grundgesetz Ländersache ist und unzulässige "Mischverwaltung" entstehen könnte. Die Bauindustrie fürchtet "Stillstand im Autobahnbau", so der Geschäftsführer des Hauptverbandes der Deutschen Bauindustrie, Dieter Babiel: "Mitarbeiter in den Straßenbauverwaltungen trauen sich schon nicht mehr, Aufträge zu vergeben." (zdf.de vom 08.12.2020)

- Denn die DEGES hat noch Autobahn-Bauprojekte von 20 Milliarden Euro bis 2036 abzuarbeiten. Diese müssten neu ausgeschrieben werden, wenn sie von der Autobahn GmbH übernommen würden, rügt der Rechnungshof, anderenfalls drohten Schadensersatzprozesse.

- Die Harmonisierung von 1.400 Softwaresystemen der Landesstraßenbauverwaltungen dauert laut Verkehrsministerium noch bis Anfang 2024.

- Außerdem sieht sich die Geschäftsführung der Autobahngesellschaft schweren Vorwürfe ausgesetzt, was ihre Personal- und Ausgabenpolitik angeht. Der Aufsichtsrat hat eine Sonderprüfung in Auftrag gegeben, die eine Reihe von Mängeln bei Arbeitsverträgen aufgedeckt hat. Sie beziehen sich auf sehr lukrative Arbeitsverhältnisse in der Zentrale der Autobahn GmbH an der noblen Berliner Friedrichstraße. Die Verträge sollen weit von dem abgewichen sein, was der Aufsichtsrat genehmigt hatte - und auch von dem, was Minister Scheuer im Tarifvertrag mit den Gewerkschaften ausgehandelt hatte. Aktuell verweigert das Kontrollgremium der Geschäftsführung die Entlastung für das abgelaufene Geschäftsjahr.

Von dem wusste Herr Scheuer schon Monate bevor er das Parlament informierte. Dies zeige erneut ein erschreckendes Transparenzverständnis des Ministers (sueddeutsche.de vom 06.10.2020)

Auch bei der Masken-Beschaffung steht Herr Scheuer in der Kritik. Nach Recherchen von Tagesspiegel spielte der Bundesverkehrsminister mindestens bei der Vermittlung eine nicht unwesentliche Rolle. Geschlossen wurde mit einem Party- und Möbelverleih aus der Nähe von München, im April 2020 einen Rahmenvertrag über die Lieferung von einer halben Milliarde Masken. Die „Mr. Rent Service GmbH" ist ein Mittelständler, der sich laut Handelsregister auf die Vermietung von Event-

Equipment, die Vermittlung von Hotelzimmern und Eingliederung von ausländischen Pflegekräften spezialisiert hat. Kurz nach der Unterschrift unter dem Rahmenvertrag, wurde der Zweck des Unternehmens im Handelsregister geändert. Hinzu kam nun der „Import, Handel und Vertrieb von persönlicher bzw. medizinischer Schutzausrüstung". Auf jeden Fall gehört Mr. Rent nicht zu jenen Maskenlieferanten der Bundesregierung, die noch auf ihr Geld warten.

Auch Scheuers groß angekündigtes „Deutsche Zentrum Mobilität der Zukunft" (DZM) zur Förderung Deutschlands Forschung zu Verkehr in der Zukunft in München erweckt zusehends den Eindruck, dass Scheuer zur bayerischen Kommunalwahl mit einer Idee punkten wollte, die noch völlig unausgegoren war. Der CSU-Politiker hatte im März 2020 ein schnelles Handeln signalisiert: Gespräche über Grundstücke sollten bald anlaufen, es werde "richtig Tempo" gemacht, sagte Scheuer da. "Wir wollen mit der Fertigstellung nicht in ein paar Jahren beginnen."

Die Realität sieht so aus: in 2020 war kein Euro eingeplant, und Scheuer will nicht einmal erklären, wie von ihm gewünschte gut 40 Millionen Euro im kommenden Jahr eingesetzt werden. Der Haushaltsausschuss hat trotzdem mit den Stimmen der Koalition der Mittelverwendung zugestimmt. Konkrete Bauvorhaben gibt es nicht. Grünen-Finanzexperte Sven-Christian Kindler meint dazu: "Scheuer will dieses Geld, um sich für seine unausgereifte Idee von teuren Beratern ein stimmiges Konzept schreiben zu lassen." (t-online.de vom 30.11.2020)

Das ist aber noch längst nicht alles. Anfang November 2020 wurde berichtet, dass Herr Scheuer das Flugzeug besonders oft für Dienstreisen nutzt, um Termine in Bayern wahrzunehmen. Wie eine Aufstellung seiner 27 Dienstflüge aus den vergangenen zwölf Monaten zeigt, flog der CSU-Politiker 16-mal die Strecke Berlin–München oder retour. Nur bei sechs Flügen lagen sowohl Start als auch Landung nicht in Bayern. Wohnhaft ist Herr Scheuer übrigens in Passau/Bayern.

Es stellt sich die Frage, ob Andreas Scheuer denkt, er sei bayerischer Wirtschaftsminister", kritisiert Stefan Gelbhaar, verkehrspolitischer Sprecher der Grünen-Fraktion. Außerdem fliege Scheuer zwischen Berlin und München besonders viel, obwohl es hier eine der schnellsten Zugverbindungen gebe. "Umweltbewusstsein geht anders", so Gelbhaar.

Aber Scheuer fährt auch den klimaschädlichsten Dienstwagen BMW 740Le xDrive mit 326 PS zum Grundpreis von 100.600 Euro. "Stimmt nicht!", wehrte sich der Minister und veröffentlichte einen Auszug seines Fahrzeugscheins. Außerdem verwies er in einem Interview darauf, ein Wasserstoff-Fahrzeug (Mercedes F-Cell GLC) und ein Elektroauto (Audi e-tron) im Fuhrpark zu haben.

Scheuers Schauspiel muss ein Ende haben (spiegel.de vom 9.10.20), doch er klammert sich an sein Amt und verteidigt es mit jenen Tricks, derer die Bürger so überdrüssig sind. Früher wäre so mancher Politiker nach solchen Enthüllungen zurückgetreten, oder man hätte ihn freundlich, aber bestimmt dazu gedrängt. In den 50er Jahren reichte gar ein uneheliches Kind für den politischen Ruin. Heute kann man massiven Schaden anrichten – und was passiert? Nichts, auch weil es keinen gesellschaftlichen Druck gibt. Offensichtlich ist keine Schamschwelle überschritten – in einer Gesellschaft, in der das Erregungspotenzial andernorts ständig wächst. Entweder ist die Bevölkerung so abgestumpft oder diese Art von Fehlverhalten ist nicht personalisiert und emotionalisiert genug. Ein Freifahrtschein für verantwortungslose Politik - auch in Zukunft. (tagesspiegel.de vom 29.01.2021)

Dass Scheuer weiterhin Minister sein darf, hat aber seine Gründe (tagesschau.de vom 01.10.2020):

- Eine Unruhe im Bundeskabinett wollen weder CDU noch CSU. Auch die SPD hat mehrfach bewiesen, dass die GroKo bis zum Ende der Legislatur halten soll.

- Wer Scheuer absetzt, muss auch einen Nachfolger benennen. Der Nachfolger müsste dann das Mautfiasko zu Ende führen. Eine attraktive Jobbeschreibung klingt anders.

- CDU und CSU befinden sich im angenehmen Umfragehoch. Scheuer schadet der Unionsfamilie offenbar nicht. Warum also Scheuer rauswerfen? Er schadet offenbar nur sich selbst - seine Beliebtheit ist im Keller.

Kaum weniger brisant, aber nicht so sehr publiziert sind „Aktivitäten" von <u>Olaf Scholz</u>. Scholz steht im Skandal um den Zahlungsdienstleister Wirecard in der Kritik, da es zu schweren Verfehlungen der Bundesanstalt für Finanzdienstleistungsaufsicht gekommen ist. Diese führte eine unzureichende Aufsicht über Wirecard aus, obwohl es Hinweise auf fehlende Gelder gab. Wirklich offenkundig wurde der Skandal erst im Juni 2020, als Wirecard Insolvenz anmelden musste.

Scholz ist als Bundesfinanzminister für die Kontrolle der BaFin zuständig. Wirecard ist mittlerweile insolvent und die EU-Wertpapier- und Marktaufsicht ESMA ermittelt gegen die deutsche Aufsicht wegen schweren Verstößen gegen EU-Recht. Die Financial Times, die mit ihren kritischen Berichten den Stein erst in Rollen brachte, erhoffe sich von dem parlamentarischen Gremium, dass es genauestens die regelmäßigen Versäumnisse untersuchen werde, „die es Wirecard ermöglichten, Milliarden von Euro von Investoren und Banken zu stehlen". Man hoffe auch, dass aus der Untersuchung Lehren gezogen werden, die helfen, Betrug dieser Art zu verhindern (deraktionaer.de vom 09.11.2020). Es ist schwer vorstellbar, dass Finanzminister Olaf Scholz von all dem nichts wusste.

Nach dem jüngst eingesetzten Bundestag-Untersuchungsausschuss zum Wirecard-Skandal muss sich der SPD-Kanzlerkandidat bald einem zweiten Untersuchungsausschuss zuwenden (handelsblatt.de vom 21.09.2020). Die Hamburger CDU teilte Mitte September 2020 mit, zum Umgang führender SPD-Politiker mit der in den Cum-Ex-Skandal verstrickten Warburg Bank einen Untersuchungsausschuss in der Hamburger Bürgerschaft beantragen zu wollen. Nachdem sich bereits zuvor auch die AfD und die Linke dafür ausgesprochen hatten, gilt die erforderliche Stimmenanzahl als gesichert. Es müsse aufgeklärt werden, ob Ex-Bürgermeister und Vizekanzler Scholz und sein Nachfolger im Hamburger Rathaus, Peter Tschentscher, Einfluss auf Entscheidungen des Finanzamtes genommen haben. Scholz und Tschentscher wird vorgeworfen, die Warburg-Bank womöglich aus politischen Gründen geschont und deshalb auf eine Rückforderung unrechtmäßig erstatteter Steuern verzichtet zu haben. Warburg ließ sich dabei die Kapitalertragsteuer für Dividenden, die nur einmal entrichtet worden war, mehrfach vom Finanzamt erstatten. Der Cum-Ex-Skandal gilt als einer der größten Steuerskandale in der Geschichte der Bundesrepublik. Laut Experten wurde der Fiskus um einen zweistelligen Milliardenbetrag betrogen. Der Staat fordert die Steuern seit Bekanntwerden des Skandals zurück und jagt die Steuerbetrüger. In Hamburg jedoch kam es zu der ungewöhnlichen Entscheidung des Verzichts auf die Rückzahlung. Scholz musste sich deshalb bereits im Bundestag Fragen zum Cum-Ex-Skandal stellen und bestritt, als Hamburger Bürgermeister irgendeinen Einfluss auf die Finanzverwaltung ausgeübt zu haben. Doch der Druck auf Scholz ist gestiegen, seitdem zwei weitere Treffen mit Warburgs Olearius im Jahr 2016 bekannt wurden. Zunächst hatte Scholz nur eine Zusammenkunft im Jahr 2017 bestätigt.

Aber auch <u>Peter Altmaier</u> wird durch die Luftbuchungen von mindestens 1,9 Milliarden Euro beim Finanzdienstleister Wirecard in Bedrängnis gebracht. SPD-Fraktionsvize Sören Bartol erwartet von Peter Altmaier, dass er sich endlich an der Aufklärung beteiligt und dass er Maßnahmen ergreift, um die Aufsicht über die Wirtschaftsprüfer funktionsfähig zu machen. (augsburger-allgemeine.de vom 20.07.2020).

<u>Horst Seehofer</u> geriet im Rahmen des Asyl-Skandals in die Kritik. Im Januar 2018 wird die Bonner Projektleiterin der Clearingstelle des Beauftragten für Flüchtlingsmanagement Josefa Schmid als Leiterin in der BAMF-Außenstelle in Bremen installiert (gegen ihre Vorgängerin Ulrike B. wird wegen Unregelmäßigkeiten bei Asylbescheiden von der Staatsanwaltschaft Bremen ermittelt) und deckt letztlich über 3300 Fälle auf, in denen Flüchtlingen - möglicherweise unberechtigterweise - eine Aufenthaltserlaubnis für Deutschland ausgestellt wurde. Schmid jedoch vertraut ihren Vorgesetzten nicht und meldet die Unregelmäßigkeiten am 01.03.2019 an die bayerische Staatskanzlei – die Unterlagen erreichen laut einer Mitarbeiterin des Ministerbüros auch Herrn Seehofer. Aufgrund fehlender Reaktion ruft Schmidt am 14.03.2019 im Bundesministerium des Innern (BMI) an. Daraufhin wurde der parlamentarische Staatssekretär Mayer darum gebeten, Schmid zurückzurufen (was er aber erst am 04.04.2019 umsetzt). Da sich das BMI weiterhin nicht meldet, bittet Schmid Seehofer am 04.04.2019 um einen Termin. Seehofer allerdings erklärt öffentlich, erst am 19.04.2019 vom Skandal in Bremen erfahren zu haben.

Umstritten ist auch, wie Seehofer den im September 2018 abgesetzten Präsidenten des Bundesamts für Verfassungsschutz Staatssekretär im Bundesinnenministerium werden lassen wollte - mit monatlichen Bezügen von 14.000 Euro. Das käme einer Beförderung gleich. Diese Entscheidung löst in einer breiten Öffentlichkeit - und auch in großen Teilen der SPD - Empörung und Unverständnis aus. So einigen sich die Parteichefs von Union und SPD darauf, dass Maaßen nicht Staatsekretär wird, sondern Sonderberater im Bundesinnenministerium, zuständig für europäische und internationale Angelegenheiten - bei gleichen Bezügen. Erst nach weiteren umstrittenen Äußerungen Maaßens wird dieser am 05.11.2018 in den einstweiligen Ruhestand versetzt.

Mindestens genauso viel Beachtung fand der jahrelange Streit zwischen Seehofer und Merkel in der Flüchtlingspolitik, der im Juli 2018 darin gipfelte, dass Seehofer mit Rücktritt drohte, mit schweren Vorwürfen gegen Merkel: "Ich lasse mich nicht von einer Kanzlerin entlassen, die nur wegen mir Kanzlerin ist". Eine Woche später wurde der Streit für beendet erklärt – man „habe am Ende eine gute Lösung gefunden." (sueddeutsche.de vom 08.07.2018)

Schließlich ist selbst Angela Merkel hier involviert, die vor ihrer China-Reise im September 2019 von Ex-Verteidigungsminister Karl-Theodor zu Guttenberg eine Argumentationshilfe über Wirecard erbeten hatte. Das Dax-Unternehmen wollte ein chinesisches Unternehmen akquirieren, um so am dortigen Finanzmarkt eine Lizenz zu erhalten. Wenige Tage später, nach Merkels Chinareise am 06. und 07.09.2019, antwortete Lars-Hendrik Röller, Abteilungsleiter für Wirtschaft-, Finanz- und Energiepolitik im Kanzleramt: „Thema ist durch die Chefin angesprochen worden. Bitte halten Sie mich auf dem Laufenden. Ich werde das auch weiter flankieren." Hierauf angesprochen betonte die Kanzlerin, es sei Usus, dass man bei Auslandsreisen die Anliegen deutscher Unternehmen anspreche. Unregelmäßigkeiten bei Wirecard seien ihr damals nicht bekannt gewesen. Fakt ist aber, dass es zu diesem Zeitpunkt längst kritische Berichte, vor allem seitens der „Financial Times", zu den Unregelmäßigkeiten bei Wirecard gab. Und so rieten Merkels Fachleute im Kanzleramt ihr schon im Januar 2019, lange vor der China-Reise und der Argumentationshilfe von Guttenberg, von einem Treffen mit Wirecard-Chef Markus Braun ab.

Angela Merkel ist aber auch noch in die Kritik geraten, als sie im Februar 2020 die Wahl von Thomas Kemmerich von der FDP zum thüringischen Ministerpräsidenten mit AfD-Stimmen als „unverzeihlich" kritisierte und forderte, das Ergebnis müsse rückgängig gemacht werden. Daraufhin reichte die AfD zwei Organklagen mit Eilanträgen beim Bundesverfassungsgericht in Karlsruhe ein, "um die fortdauernden Rechtsverletzungen von Regierung und Kanzlerin unverzüglich abzustellen". Parteichef Jörg Meuthen sagte: "Wer als Regierungschefin während eines offiziellen Staatsbesuches die internationale Bühne benutzt, um das Ergebnis demokratischer Wahlen in Deutschland zu delegitimieren und ein Koalitionsverbot auszusprechen, missbraucht sein Amt, verletzt das Grundgesetz und die darin garantierte Chancengleichheit der Parteien." (zeit.de vom 22.07.2020)

Kaum noch in Erinnerung ist, dass 2016 Wolfgang Schäuble einen Rücktritt vom damaligen Justizminister <u>Heiko Maas</u> wegen Einmischung in ein Strafverfahren für nötig hielt. Maas habe sich mit Äußerungen zum Sexualrecht in das laufende Verfahren des Models Gina-Lisa Lohfink eingemischt.

Im Zusammenhang mit einem anderen Fall hat die Vorsitzende des Bundestagsrechtsausschusses, Renate Künast, von Maas eine Erklärung zu Verdächtigungen gefordert, er habe den Ausschuss in einem Streit zwischen dem Justizministerium und dem später gefeuerten Generalbundesanwalt Harald Range über die Geheimnisverrat-Ermittlungen gegen den Blog Netzpolitik.org belogen. Maas hatte später im Rechtsausschuss bestritten, Range die Weisung erteilt zu haben, ein dazu in Auftrag gegebenes Gutachten zu stoppen. Der Spiegel berichtete später, dass der dazu ermittelnden Berliner Staatsanwaltschaft ein Aktenvermerk eines Range-Mitarbeiters vorliege, der nahelege, dass die Darstellung von Maas nicht stimme.

Weit weniger spektakulär ist da die Plagiatsaffäre zu der Doktorarbeit von <u>Franziska Giffey</u>. Die FU Berlin erkannte ihr den Titel jedoch bislang nicht ab, sondern sprach nur eine Rüge aus, was laut einem Gutachten des Wissenschaftlichen Parlamentsdienstes des Berliner Abgeordnetenhauses unzulässig ist. (rbb24.de vom 07.07.2020) Dies war für die Hochschule offenbar der Anlass, Giffeys Doktorarbeit erneut zu prüfen, womit die künftige Berliner SPD-Vorsitzende nun doch noch ihren Doktortitel hätte verlieren können. Mitte November 2020 stellte sich aber noch heraus, dass die Prüfer der FU Berlin im Plagiatsfall Giffey eine auffällige Nähe zur Doktormutter der Politikerin aufweisen (tagesspiegel.de vom 12.11.2020). Ein externes von der CDU in Auftrag gegebenes Gutachten war bereits zu dem Schluss gekommen, dass Giffey der Doktortitel aberkannt werden sollte. Wenn man früheren Aussagen von Giffey glauben kann, werde sie als Bundesministerin zurücktreten, sollte sie den akademischen Grad verlieren. Doch am 13.11.2020 kommt Giffey einer erneuten Prüfung zuvor, indem sie auf den Doktortitel verzichtet. Rechtlich ist damit aber höchstwahrscheinlich die Angelegenheit noch nicht erledigt. Aber man sieht jetzt schon, die Maßstäbe an Reinlichkeit, die sie 2019 noch an sich anlegte, um Partei und Öffentlichkeit zu gefallen, sind ihr 2020 egal. Und wenn sie 2021 Regierende Bürgermeisterin wird, wird egal sein, was 2020 egal war. Das Peinlichste an ihrer Dissertation könnte ohnehin die Art und Weise sein, wie sie entstand - mit einem hohen Bezug zum Bezirksamt Neukölln, in dem schon Amtsvorgänger Heinz Buschkowsky seine Bestseller schreiben ließ.

Mit dieser Haltung durchstand die Ministerin auch die Affäre um ihren Ehemann, der als Beamter mutmaßlich das Land Berlin betrog. (tagesspiegel.de vom 14.11.2020) Laut der Richter des Verwaltungsgerichts Berlin hatte Karsten Giffey als Mitarbeiter des Berliner Landesamts in 2016 während seiner Arbeitszeit unerlaubt Vorträge und Seminare gehalten. Insgesamt werden ihm mehr als 151 Stunden unentschuldigten Fehlens zur Last gelegt. Zudem erschlich er sich Reisekosten. (businessinsider.de vom 15.11.2020)

Zumindest recht unglücklich verhielt sich Annegret Kramp-Karrenbauer im Rahmen ihre angeordneten Quarantäne Anfang November 2020. Statt sich zu Hause zu isolieren, saß die Verteidigungsministerin in ihrem Ministerium, von wo sie bereits am ersten Nachmittag per Video wieder in der Öffentlichkeit auftauchte, scheinbar vom Esstisch ihrer Wohnung in Saarbrücken. Einige Ministeriale wurden bei den Bildern stutzig. Bricht ausgerechnet die Befehlshaberin, die ihre Soldaten noch kürzlich zur Corona-Disziplin ermahnte, selbst die Vorschriften? Wie sich herausstellte, verkroch sich Kramp-Karrenbauer anders als ihre Ministerkollegen nach der Corona-Warnmeldung nicht zu Hause. Stattdessen blieb sie im Ministerium. Hastig installierten ihr Techniker eine Kamera für Videoschalten auf dem Schreibtisch im Chefbüro. Seitdem regiert die Ressortchefin ihr Ministerium virtuell, macht in der Quarantäne Homeoffice, allerdings vom Arbeitsplatz aus. (spiegel.de vom 06.11.2020) – die Quarantäneverordnung spricht aber von einer „häuslichen Quarantäne".

Noch unglücklicher agierte Jens Spahn im Sommer 2020. Zusammen mit seinem Ehemann Daniel Funke kaufte er eine denkmalgeschützte Villa mit mehr als 300 Quadratmetern in Berlin-Dahlem für mehrere Millionen Euro. Finanziert wurde der Kauf zu zwei Drittel mit einem Kredit der Sparkasse Westmünsterland, wo Herr Spahn zuvor jahrelang im Verwaltungsrat saß. „Verboten ist das nicht", schrieb unter anderem das konservative Politik-Magazin Cicero, „es überschreitet jedoch die Grenzen des guten Geschmacks."

Nachdem Business Insider über Details, u. a. den genauen Kaufpreis, berichtet hatte, erklärte der Anwalt von Herr Spahn in einem Schreiben, dass die Berichterstattung unwahr und unzulässig sei. Der Kaufpreis sei nicht korrekt. Der Anwalt des Ministers forderte Business Insider auf, den Artikel über die private Angelegenheit von Spahn wieder zu löschen. Daraufhin veröffentlichte Business Insider als Beleg die exakte Summe aus dem Kaufvertrag, den Spahn und sein Ehemann am 21. Juli 2020 beim Notar unterschrieben haben.

Einige Stunden später meldete sich Spahns Anwalt erneut. Nur aufgrund eines „Kommunikationsversehens" sei der Jurist davon ausgegangen, dass der Kaufpreis nicht korrekt gewesen sei, schrieb er. „Insoweit halten wir nicht mehr daran fest, dass die entsprechende Behauptung wahrheitswidrig sei." Im Nachgang erhielt jeder, der Details über den Hauskauf aufgriff und publizierte, von den Anwälten von Herrn Spahn eine Unterlassungserklärung zugestellt. Der Fall ging zum Landgericht Hamburg, das entschied, dass eine Berichterstattung über den Kauf der Villa grundsätzlich rechtmäßig ist. Im Rahmen einer einstweiligen Verfügung stellte es aber auch fest, dass die Nennung des Kaufpreises, die Bezeichnung des Darlehens und die Ausweisung der Grundschuld sehr wohl die Rechte beider Betroffenen verletzt.

Doch schon zuvor gab es einige Negativschlagzeilen zu Herrn Spahn: die von ihm angekündigten Corona-Prämien für Pflegekräfte werden wohl nicht einmal ein Viertel der berechtigten Personen erhalten, er stellte der Gesundheitsindustrie circa 73 Millionen Versichertendatensätze zur Verfügung und missachtete so die Persönlichkeitsrechte all dieser Menschen oder die 50 Klagen am Landgericht Bonn zu unbezahlten Maskenrechnungen und fragwürdige Vergabeverfahren.

Am 21.12.2020 wird noch berichtet „Wie Jens Spahn einen alten Freund in einen Top-Job holte". Anfang 2018 kaufte Herr

Spahn eine Wohnung für 980.000 Euro von Leyk Dieken. Sowohl Dieken wie Spahn zeigten wenig Bereitschaft, dass ihr Wohnungsgeschäft öffentlich bekannt wird. Fragen, ob es zwischen ihnen beiden vor dem Personalwechsel bei der Gematik wirtschaftliche oder vertragliche Kontakte gegeben hat, ließen sie zunächst unbeantwortet. Den Wohnungsverkauf bestätigten sie erst nach Vorhalt der Grundbuch-Informationen. Im Sommer 2019 setzte der Minister dann den gelernten Internisten und Notfallmediziner Leyck Dieken an die Spitze der Gematik (Gesellschaft für Telematikanwendungen der Gesundheitskarte mbH), zu einem Gehalt, das Medienberichten zufolge einschließlich Zulagen nahezu doppelt so hoch liegen soll wie das seines Vorgängers. Die Personalie rief damals Kritik hervor, da Spahn die Mitgesellschafter mit seiner Entscheidung auf Grundlage der neuen Bundes-Mehrheit von 51 Prozent offenbar überrumpelte. „Das ist nicht zwingend ein Beispiel für gute Zusammenarbeit", äußerte sich GKV-Chefin Doris Pfeiffer.

Zum Erwerb der Millionen Villa im Sommer 2020 wurde obige Wohnung übrigens nicht verkauft. (tagesspiegel.de vom 21.12.2020). Dafür stellte sich noch heraus, dass Herr Spahn bereits in 2015 eine weitere Wohnung in Berlin gekauft hat.

<u>Julia Klöckner</u> wurde im Sommer 2020 dafür kritisiert, sich nicht nur regelmäßig mit Vertretern unter anderem von Bayer, Nestlé, Mars und Rewe zu Einzelgesprächen zu treffen, sondern vor allem für ein Video mit dem Chef der deutschen Nestlé-Tochter Marc-Aurel Boersch. Klöckner hatte dieses über den Kanal ihres Ministeriums getwittert. Darin hatte der Nestlé-Chef Werbung für sein Unternehmen gemacht und behauptet, Nestlé habe in vielen seiner Fertigprodukte Zucker, Fett und Salz kräftig reduziert. Klöckner hält das für einen Beweis ihrer Strategie, Hersteller nicht per Gesetz zu gesünderen Rezeptu-

ren zu zwingen, sondern auf Selbstverpflichtungen der Wirtschaft zu setzen. Ob man deshalb aber in einem Video gemeinsam mit einem Industrievertreter auftreten sollte, ist zumindest fraglich.

Anja Karliczek geriet im Sommer 2019 im Zusammenhang mit dem Standort der Forschungsfabrik Batteriezellenfertigung in Erklärungsnot. Das Bundesforschungsministerium hatte nach Abstimmung mit dem Bundeswirtschaftsministerium mitgeteilt, dass Münster den Zuschlag bekommen habe für das 500-Millionen-Euro-Projekt. Die Entscheidung kam überraschend, weil die eingesetzte Kommission sich für Ulm ausgesprochen hatte, Westfalen bis dahin nicht als Automobilstandort aufgefallen war und der nun vorgesehene Batterie-Recyclingstandort Ibbenbüren mitten im Wahlkreis von Ministerin Karliczek liegt, jedoch im Umfeld keine Gebäude bereitstanden, wie in der Ausschreibung gefordert. Das BMBF bemüht sich nun, mit Kompensationszahlungen die unterlegenen Bewerber abzufinden - allein für Ulm sollen es 53 Millionen Euro sein. (tagesspiegel.de vom 17.07.2019)

Auch Svenja Schulze haftet noch ein Skandal aus 2011 als NRW-Wissenschaftsministerin an (welt.de vom 09.03.2018), als ihr Ministerium den Eindruck erweckte, als seien 2285 Brennelementekugeln aus dem Zwischenlager am Forschungszentrum Jülich verschwunden. Über deren Verbleib „können keine abschließenden Aussagen getroffen werden", hieß es in der Antwort. Ein Teil sei „allem Anschein nach" auch im Forschungsbergwerk Asse in Niedersachsen eingelagert worden. Das korrigierte der damalige Bundesumweltminister Norbert Röttgen und stellte klar, dass alles dokumentiert sei. Sein vernichtendes Urteil: „Das Informationschaos, das in Düsseldorf stattgefunden hat, ist nicht akzeptabel. Mit ihren spekulativen Angaben haben Wissenschafts-, Umwelt- und Wirtschaftsministerium nur für Verunsicherung in der Bevölkerung gesorgt", erklärte Röttgen. Wenig später musste NRW-Wissenschaftsministerin Schulze dann auch einräumen, dass die Menge des spaltbaren Materials in Jülich „überprüfbar und nachvollziehbar" sei. Es wurde sogar ein Untersuchungsausschuss im Landtag eingerichtet, um zu klären, wie es zu dieser anfänglichen falschen Aussage kommen konnte.

Jüngst geriet Bundesentwicklungsminister Gerd Müller wegen der Mitnahme seiner Ehefrau bei Auslandsdienstreisen in Regierungsmaschinen in die Kritik. Nach Informationen der Bild-Zeitung saß die gelernte Rechtsanwaltsfachfrau Gertie Müller-Hoorens seit der Bundestagswahl 2017 bei sieben Ministerreisen in Entwicklungs- und Schwellenländer mit in einer Maschine der Flugbereitschaft der Bundesregierung. Gleichzeitig wurde den entwicklungspolitischen Sprechern der Oppositionsfraktionen von Grünen und FDP in dieser Legislaturperiode keine Teilnahme an einer Auslandsdienstreise angeboten.

Die Begleitung durch die Ehefrau habe dazu geführt, dass bei mancher Reise auch für den Koalitionspartner SPD kein Sitz mehr im Regierungsflieger übrig war, berichtete die Zeitung weiter. So wurde der entwicklungspolitische Sprecher der SPD-Fraktion, Sascha Raabe, zwar für die Afrikareise im Februar 2020 eingeladen, kurz darauf aber folgte die Ausladung. Grund: Müller flog nicht mit einem Airbus der Flugbereitschaft, sondern mit einer kleineren Regierungsmaschine vom Typ Global mit nur 10 bis 13 Delegationsplätzen. Ein Sitzplatz davon war durch die Ehefrau von Herrn Müller besetzt.

Müllers Amtsvorgänger Dirk Niebel (FDP) sieht für die Mitreise einer Ministergattin keinen sachlichen Grund. "Meine Frau hat mich auf keiner Auslandsdienstreise als Minister begleitet. Dafür gab es auch nie eine dienstliche Notwendigkeit. Die Plätze in einer Delegation sind sehr knapp und wertvoll, deshalb habe ich immer Vertreter des Parlaments, der Zivilgesellschaft, der Medien und Wirtschaft mitgenommen."

Gerd Müller ist dabei der einzige Minister aus dem Kabinett, der die Möglichkeit nutzt, seine Frau in der Regierungsmaschine mitzunehmen. Im Oktober 2017 ging es nach Uganda und Ägypten, im August 2018 nach Eritrea, Äthiopien, Mosambik, Botswana, Simbabwe, Tschad und Ghana, im Oktober 2018 nach Tunesien, im Januar 2019 nach Malawi und Sambia, im August 2019 nach Kenia, Ruanda und Kongo, im Februar 2020 erst nach Nigeria, Sudan, Ägypten, dann im selben Monat noch nach Indien und China. Wie viel seine Ehefrau für die Reisen in den VIP-Luxus-Abteilen der Regierungsmaschinen gezahlt hat, ist unklar. Minister Müller durfte selbst bei jeder Reise festlegen, ob seine Frau im Bundesinteresse mitfliegt oder als sonstige Begleitung. Im ersten Fall werden 30 Prozent, im zweiten Fall 100 Prozent des Lufthansa-Economy-Tarifs fällig. Ein Sprecher des Bundesverteidigungsministeriums betont, der Minister "entscheidet über die jeweilige Zuordnung zu den Kategorien".

Schaut man sich die Innenausstattung der meisten Regierungsmaschinen an, kommen Zweifel auf, ob dies als Economy Class gewertet werden kann (idlw.de/wir-fliegen-deutschland.de)

Focus berichtet unter Berufung auf einen Protokollmitarbeiter, dass "kaum ein Minister so viele Sonderwünsche" wie Müller habe. So habe der Entwicklungsminister mehrfach Vier-Sterne-Hotels in Afrika abgelehnt und auf ein Upgrade in ein Luxus-Hotel mit fünf Sternen bestanden. (focus.de vom 15.11.2020)

Aber nun ist es nicht so, dass nur Kabinettsmitglieder „auffällig“ sind. So gibt es beispielsweise neben der Tempoüberschreitung von BW- Umweltminister Franz Unterstellers (siehe 5.) auch Irritation zu Hamburgs Grünen-Chefin, Anna Gallina - ein Solidaritätsbesuch auf einem Flüchtlingsschiff, ein Hummer-Essen auf Staatskosten und Unterschlagungsermittlungen gegen ihren früheren Lebensgefährten ist eine gefährliche Kombination von Vorwürfen.

Schon im Mai 2020 wurde Gallinas Ex-Lebenspartner Michael Osterburg angezeigt, seither läuft ein Ermittlungsverfahren gegen ihn. Als Vorsitzender der Grünen-Bezirksfraktion Hamburg-Mitte soll er jahrelang Fraktionsgelder für private Ausgaben verwendet und so veruntreut haben. Im Raum steht eine Summe von insgesamt knapp 70.000 Euro. (tagesspiegel.de vom 12.12.2020)

Erst neue Details aus den Ermittlungen aber führen dazu, dass die Hamburger Lokalposse bundesweite Aufmerksamkeit findet. Die Verbindung von Flüchtlingshilfe und einem Hummer-Essen macht aus dem Kriminalfall eine Politgroteske.

Auch um Ursula von der Leyen ranken sich immer wieder „Auffälligkeiten". Nach der Berateraffäre, die 2019 in einem Untersuchungsausschuss landete, berichtete die DailyMail am 28.12.2020: „Ursula von der Leyen wants a 'green deal' and countries to be carbon neutral. But the European Commission chief ordered private jets for half of her trips." Und Anfang 2021 geriet Frau van der Leyen wegen der EU-Impfbestellung stark in die Kritik – die Schuld für die Panne will sie nun ihrem Vize Valdis Dombrovskis, zuständig für Außenhandel, zuschieben. (spiegel.de 02.02.2021)

Schließlich ist noch auf das Problem des Lobbyismus einzugehen, der zuletzt im Sommer 2020 einen weiteren Skandal, diesmal um CDU-Youngster Philipp Amthor erlebte. Aber das Problem reicht eigentlich weit darüber hinaus: Wo beeinflussen gerade finanzstarke Lobbyisten die Gesetzgebung in Deutschland? Diese Frage ist für Außenstehende oft schwer zu beantworten. Und aktuell scheint es, als werde die Große Koalition von Kanzlerin Angela Merkel auch keine Abhilfe mehr schaffen. Obwohl das Thema seit Monaten auf der Regierungsagenda steht. Ein gutes halbes Jahr vor der Bundestagswahl beharken sich SPD und Union weiter im Kampf um ein neues Lobbyregister - es ist ein zähes Ringen. Dabei sind nach übereinstimmender Auskunft mittlerweile nur noch zwei Fragen ungeklärt. Sollen künftig auch die Lobbyisten registriert werden, die in Bundesministerien bis hin zu Ministerialbeamten ihre Arbeit tun - und soll ihr konkreter Einfluss auf die Gesetze möglichst bald publiziert werden? (merkur.de vom 17.02.2021)

Bei all den nur bekanntgewordenen „Vorfällen" zu führenden Politikern dieses Landes kann es letztlich nicht überraschen, dass die Bertelsmann-Stiftung schon 2018 ein „schwindendes Vertrauen in die Bundesregierung" notierte – sie sank innerhalb eines Jahres von 30 auf 24 Prozent. Noch geringer ist das Vertrauen in die Parteien – 2018 lag es noch 48 Prozent.

Etwas überraschend sind dann einige „Beliebtheitsumfragen" zu deutschen Spitzenpolitikern. Im Oktober 2020 lag nach einer Erhebung der Forschungsgruppe Wahlen, die nach eigenen Angaben ausschließlich durch finanzielle Mittel des ZDF getragen wird, zu Sympathie und Leistung auf der Skala von +5 bis -5 Angela Merkel mit einem Durchschnittswert von 2,6 auf Platz eins, gefolgt von Markus Söder mit 1,6, Jens Spahn mit 1,5, Olaf Scholz mit 1,3 und Heiko Maas mit 1,2. Die Interviews wurden in der Zeit vom 20. bis 22.10.2020 bei 1.297 zufällig ausgewählten Wahlberechtigten telefonisch erhoben.

Diese Ergebnisse stehen nahezu diametral zu einer Umfrage von INSA, einem nach eigenen Angaben unabhängigen, inhabergeführten deutschen Familienunternehmen, zwischen dem 09. bis 12.10.2020 bei 2084 Menschen aus Deutschland ab 18 Jahren (watergate.tv vom 24.10.2020). Auf die Frage, welchen derzeit aktiven Politiker bzw. Politikerin lehnen Sie am entschiedensten ab, landete Frau Merkel mit 20 Prozent auf Platz eins, gefolgt von Alexander Gauland mit 19 Prozent und Alice Weidel mit 18 Prozent. Es folgten Jens Spahn mit sieben Prozent, danach mit jeweils fünf Prozent Saskia Esken, Robert Habeck und Andreas Scheuer.

Nichtsdestotrotz staunen nicht nur Demoskopen über die Zahlen, wonach auch im neunten Monat der Pandemie die Bürger stabil zu drei Vierteln oder mehr hinter der Regierungspolitik stehen – und zwar ganz gleich, welche Kapriolen und Kurven diese Politik gerade in den Alltag von 80 Millionen Menschen malt. Lockdown 1, Lockdown 2, Masken rauf, Masken runter, Läden geöffnet, Schulen geschlossen (oder umgekehrt)? Die Bürger ziehen stoisch mit. (spiegel.de vom 21.12.2020)

Große Beachtung fanden die „Querdenker"-Demonstrationen gegen die Corona-Politik. Laut einer Studie des Soziologen Oliver Nachtwey, über die die "Frankfurter Allgemeine Zeitung" berichtet, ist der Anteil von Wählern der Grünen, der AfD sowie der Linkspartei ausgesprochen hoch. Danach haben bei der letzten Bundestagswahl haben 21 Prozent die Grünen, 17 Prozent die Linke und 14 Prozent die AfD gewählt. Bei der nächsten Bundestagswahl wollen nun aber 30 Prozent der AfD ihre Stimme geben", sagte Nachtwey.

Charakteristisch für die neue Bewegung sei eine Entfremdung von den Institutionen des politischen Systems, den etablierten Medien und den alten Volksparteien. "Es ist eine Bewegung, die mehr von links kommt, aber stärker nach rechts geht, sie ist jedoch enorm widersprüchlich." Sozialstrukturell handele es sich um eine relativ alte und relativ akademische Bewegung. Das Durchschnittsalter betrage 47 Jahre, 31 Prozent hätten Abitur, 41 Prozent einen Studienabschluss, der Anteil Selbstständiger sei deutlich höher als in der Gesamtbevölkerung. (focus.de vom 06.1.2020) - hierüber wird kaum entsprechend berichtet.

Ähnlich verhält es sich aber mit einem anderen abgefragten Sachverhalt. Nach einer INSA-Umfrage aus September 2020 waren 43 Prozent der Deutschen gegen die Aufnahme von Flüchtlingen aus Moria – dies wurde von keinem Medium aufgegriffen. Als die ARD eine Umfrage von infratest dimap im Auftrag des ARD publizierte, wonach 87 Prozent der Befragten Zustimmung äußerten, lief das breit durch die Medien.

Einiges wird aber aus den beiden Umfragen bestätigt: es kommt darauf an, wer ist Auftraggeber, wie und an wen werden die Fragen gestellt und wer interpretiert sie. Auf jeden Fall sind Umfragen und Deutungen, wonach Merkel andauernd so beliebt wäre, mit Vorsicht zu genießen.

Wofür Deutschland immer wieder von vielen Seiten kritisiert wird, betrifft die Bürokratie.

- Eine ausufernde Bürokratie ist deutschen Managern zufolge die größte Gefahr für die Wirtschaft. Fast die Hälfte von ihnen äußert sich laut einer Umfrage „sehr besorgt" über die Regelungswut. (welt.de vom 16.11.2020)

- Mittelständler geben dem Bürokratieabbau die höchste Priorität, gefolgt von einer umfassenden Unternehmenssteuerreform, einer Senkung der Lohnzusatzkosten, der Flexibilisierung des Arbeitsmarktes und dem Breitbandausbau.

- Laut einer Online-Befragung durch den Deutschen Industrie- und Handelskammertag verwenden die Hälfte der Betriebe bereits jetzt mehr als 30 Prozent ihrer Zeit auf Bürokratiepflichten. (dihk.de vom 12.10.2020)

- Auch die Corona-Krise sind für die Mittelständler zur Erlangung staatlicher Hilfen oft mit zu viel Bürokratie verbunden. Das konstatieren der Bankenverband BVR und die DZ Bank nach ihrer jüngsten Befragung von 1.500 kleinen und mittleren Unternehmen. Die Gelder werden oft den Unternehmen wenig unbürokratisch gewährt. (spiegel.de vom 12.12.2020)

- Potentielle Unternehmensgründer schrecken vor der Bürokratie zurück – die Anzahl der Existenzgründer hat sich in den letzten 15 Jahren um mehr als die Hälfte reduziert. (https://de.statista.com/statistik/daten/studie/183866/umfrage/entwicklung-der-gruendungsquoten-in-deutschland)

- Bürokratie an den Universitäten schadet der Lehre. (forschung-und-lehre.de vom 1/17)

Einige Beispiele der Bürokratie belegen den Unmut zur Bürokratie in Deutschland:

- Kauf eines Weihnachtsbaums:
  - auf künstlich hergestellt Weihnachtsbäume entfallen 19 Prozent Mehrwertsteuer
  - bei artgerecht gewachsenen Bäumen
    - bei Verkauf durch den Landwirt zwischen 5,5 („zufällig" aufgewachsen) und 10,7 Prozent (Züchtung)
    - bei Verkauf durch einen Gewerbetreibenden (z. B. Baumarkt) 7 Prozent.

- Auf ein Essen „zum Mitnehmen" sind sieben Prozent fällig, bei „Vor-Ort-Verzehr" sind es 19 Prozent – allerdings zahlt der Kunde fast immer den gleichen Preis.

- Absolute Grundnahrungsmittel unterliegen einem ermäßigten Steuersatz. Demnach werden auf Kartoffel, Brot, Butter und Milch sieben Prozent Mehrwertsteuer erhoben, aber für Sojamilch oder Süßkartoffeln 19 Prozent, auf Froschschenkel, Wachteleier oder frische Trüffel, die wenig nach Grundnahrungsmittel klingen, wieder sieben Prozent.

- Datenbürokratie beim Immobilienerwerb: derzeit ist z B der Kauf des Reihenhauses durch die junge Familie oder des Betriebsgrundstücks durch den Unternehmensgründer noch ein Musterbeispiel für Datenbürokratie in der analogen Verwaltungswelt. (Jahresbericht 2019 des Nationalen Normenkontrollrats)

- Zwar hat die Bundesregierung entschieden, dass Minijobber seit 2013 monatlich bis zu 450 Euro verdienen dürfen, ohne dass Sozialabgaben und Steuern anfallen, brachte aber auch die grundsätzliche Rentenversicherungspflicht zur Absicherung der Minijobber auf den Weg. Damit wird dem Beschäftigten der Lohn um den Beitrag gekürzt, der nötig ist, um den pauschalen Rentenversicherungsbeitrag des Arbeitgebers zum allgemeinen Beitragssatz der Rentenversicherung aufzustocken. Wer das nicht will, muss sich extra befreien lassen. So werden also nicht mehr bloß fünf Prozent der Minijobber einen Aufstockungsantrag stellen, sondern sage und schreibe die anderen 95 Prozent zu einem Befreiungsantrag gezwungen. Das bringt einen erheblichen Bürokratieaufwand für alle Beteiligten mit sich. Den Befreiungsantrag müssen Minijobber beim Arbeitgeber stellen. Dieser muss den Antrag bei den Lohnunterlagen aufbewahren und die Minijob-Zentrale über den Befreiungswunsch informieren. Die Minijob-Zentrale klärt Arbeitgeber und Minijobber dann noch schriftlich über die Rechte, Pflichten sowie die möglichen Folgen der Befreiung von der Pflichtversicherung auf.

- 65 Prozent der niedergelassenen Ärzte müssen täglich mehr als eine Stunde dem Kampf mit den Formularen opfern, zeigt eine aktuelle Umfrage des Ärztenachrichtendienstes. (arzt-wirtschaft.de vom 24.02.2020)

- Arbeitgeber müssen die Arbeitszeiten ihrer Beschäftigten systematisch erfassen, also auch für Homeoffice-Tätigkeiten.

- Ein Bäcker erhielt vom Staat eine Liste mit 73 Punkten, z. B. die Auflage, alle Vorgänge in der Verwaltung genau zu beschreiben. Umfang der Dokumentation: ca. 200 Seiten, die ständig aktuell gehalten werden müssen. Der Aufwand wird auf 200 Arbeitsstunden geschätzt. Weil der Bäcker sich keinen Angestellten leisten kann, der ihm diese Arbeit abnimmt, muss er selbst ran. (shz.de vom 22.09.2019)

- Viele Schulen in Deutschland sind dringend sanierungsbedürftig. Zwar stellt der Bund Milliarden Euro bereit, doch hapert es an der Ausführung. Viele Baufirmen lehnen Aufträge wegen bürokratischer Hürden ab. (welt.de vom 22.10.2019)

- Studierende können seit Juni 2020 Nothilfen von 500 Euro im Monat, von denen Studenten allein kaum leben können, beantragen – doch die „Bürokratie ist der volle Wahnsinn" führt eine Studentin aus Köln aus. (ksta.de vom 09.12.2020)

- Zehn Jahre, nachdem die Stadt Bad Vilbel erstmals ihren Wunsch äußerte, im Neubaugebiet „Quellenpark" am nördlichen Rand der Kernstadt ein Möbelhaus der Firma Segmüller anzusiedeln, hat die Region dem Vorhaben zugestimmt. (faz.de vom 19.12.2020)

Doch statt Bürokratieabbau werden Bürokratiehürden aufgebaut wie beispielsweise bei der Modernisierung des Versicherungssteuergesetzes. In dem Gedanken, Steuerschlupflöcher zu schließen, sollen zukünftig Versicherungsverträge zu Sportinvalidität, Filmausfall und Schlüsselkraft versicherungssteuerpflichtig werden. Für den Verband der privaten Krankenversicherer bringt dies aber keine nennenswerten Steuermehreinnahmen, stattdessen würde dies allein für die Einführung für die Versicherer einen bürokratischen Mehraufwand von 50 Millionen Euro bedeuten. (faz.de vom 28.10.2020)

Neben einer „originären Deutschland-Bürokratie" gesellen sich aber auch noch zunehmend EU-Regularien. So titelt die Welt am 22.10.2019 „Die wahren Kostentreiber für Deutschlands Wirtschaft sitzen in Brüssel". Gesetze sind so kompliziert, dass neben den Abgeordneten auch gleich diejenigen sie nicht mehr verstehen, die davon betroffen sind. Und dieser Aufwand kostet Milliarden. Das zeigen regelmäßig die Gutachten des Nationalen Normenkontrollrates. Das Beratergremium der Bundesregierung prüft seit 2011 die gesamten Folgekosten in allen Gesetzes- und Verordnungsentwürfen. Das Ergebnis: zwischen Juli 2018 und September 2019 ist der „laufende Erfüllungsaufwand um insgesamt 831 Mio. Euro gestiegen". Größter Kostentreiber war das Gesetz gegen illegale Beschäftigung.

Doch eigentlich sollen solche Bürokratie-Explosionen gar nicht mehr vorkommen. Dafür gibt es in Deutschland seit 2014 die sogenannte One-in-one-out-Regel, d. h. neue Belastungen dürfen nur in dem Maße eingeführt werden, wie bisherige Belastungen abgebaut werden. „Beim Thema Bürokratieabbau wird viel angekündigt, aber bei Weitem nicht genug umgesetzt", meint Susanne Herold, Chefin des Mittelständlers Delo.

Die Gesetzgebung sei zu weit von der Realität von Unternehmen und Verwaltung weg, beklagt der einstige Bahnchef. „Wir machen Gesetze wie vor 100 Jahren. Das kann nicht stimmen." So schreibt der Kontrollrat: „Seit Gründung der Bundesrepublik laufen Gesetzgebung und ihre Vorbereitung nahezu unverändert ab. Die Welt hat sich jedoch in der Zwischenzeit fundamental und mit zunehmendem Tempo verändert. Es wird immer herausfordernder, wirksame und praxistaugliche Gesetze zu entwickeln. In der Folge sinkt die Qualität der Gesetze, verbunden mit mehr Bürokratie und geringerer Wirkung. Politik muss wesentlich mehr tun, damit staatliche Regulierung und die Lebenswirklichkeit von Bürgern und Unternehmen produktiv ineinandergreifen."

„Der Kampf mit der Flut der Formulare kostet die deutsche Wirtschaft jährlich mehr als 50 Milliarden Euro", schrieb Mario Ohoven, Präsident des Bundesverbandes mittelständische Wirtschaft, im Juli 2019 in einem Gastbeitrag für „Markt und Mittelstand". „Allein aus Bundesgesetzen resultieren 10.000 Informationspflichten."

Aber manchmal scheinen die Behörden selbst den Überblick verloren zu haben. So wird beispielsweise für die Gemeine Schwedeneck noch heute eine „Schiefereindeckung aus getönten Asbestzementplatten" als Dacheindeckung gefordert. (https://www.amt-daenischenhagen.de/amt_daenischenhagen/Verwaltung/Bebauungspl%C3%A4ne/Gemeinde%20Schwedeneck/).

6.2. Kommunikation

Die zuletzt geschilderten Umfrage-Divergenzen führen zu der Kommunikation bzw. Information der Bürger in Deutschland. Da wäre zunächst das Kommunikationsmanagement im Krisenfall. Staatliche Krisenkommunikation sollte sich an unternehmerische Krisenkommunikation anlehnen, d. h. es wird

- nur mit einer Stimme, z. B. Regierungssprecher, gesprochen und
- die Wahrheit gesagt (sie kommt irgendwann irgendwie sowieso raus), dabei aber mögliche Angst- und Panikmache unbedingt vermieden.

Leider wurde im Rahmen der COVID-19-Pandemie-Kommunikation beides weitgehend nicht erfüllt. Mal informierte Frau Merkel, dann Herr Spahn, Herr Söder (andere Ministerpräsidenten natürlich auch), Herr Wieler vom RKI oder Herr Drosten – es stellt sich die Frage, warum man dann einen Regierungssprecher (Steffen Seibert) hat. Auch bei Unterstellung, dass jeder Einzelne aus Überzeugung und ohne Eigeninteresse kommuniziert hat, sind Mimik, Gestik, Dialekt, Wortwahl etc. so divergent, dass nie ein einheitliches Bild entsteht – und damit Verunsicherung. Hierzu einige Beispiele:

- Wir riskieren gerade alles, was wir in den letzten Monaten aufgebaut haben. (Frau Merkel vom 28.09.2020 im Bundestag)

- Es werden sich wahrscheinlich 60 bis 70 Prozent infizieren. (Herr Drosten in bz-berlin vom 01.04.2020)

- Es ist möglich, dass sich das Virus unkontrolliert verbreitet. (Herr Wieler in Augsburger Allgemeine vom 08.10.2020)

- Das ganze Land wird auf die Probe gestellt, wie es sie seit dem zweiten Weltkrieg nicht mehr gab. (Frau Merkel 23.04.2020)

- Wer glaubt, Corona verschwindet langsam, ist im besten Falle naiv. Corona bleibt tödlich. (Herr Söder am 26.5.2020)

- Es geht um Leben und Tod, so einfach ist das und auch so schlimm. (Herr Laschet am 17.3.2020)

So

- appelliert der Chef der Bundesärztekammer Reinhard „Menschen nicht in einer Tour Angst zu machen" (ntv.de vom 19.10.2020),

- weist Herr Drosten darauf hin, dass die Information der Öffentlichkeit so wichtig ist wie die Entwicklung eines Impfstoffes,

- führt Herr Feldkamp, Chefarzt im Klinikum Halle, aus, dass Angst ein schlechter Ratgeber ist (haller-kreisblatt.de vom 21.10.2020),

- verweist Mediziner und Autor Dr. Martin Marianowicz darauf, dass „unser größtes Problem nicht das Corona-Virus, sondern die Angst davor ist - und die Panikmache" (rtl.de vom 26.08.2020),

- spricht Psychologin Cordula Leddin, dass in ihrerer Praxis immer mehr Menschen trifft, die auf der einen Seite vereinsamen und depressiv werden, aber auch Leute, die in ihrer Existenz bedroht werden, die ihren Job verlieren oder Angst davor haben. (rtl.de vom 26.08.2020)

- meint Virologin Prof. Dr. Karin Mölling, dass die Panikmache das Problem ist (radioeins vom 14.03.2020) und

- sieht eine Studie aus Baden-Württemberg einen Zusammenhang zwischen der Häufung von Todesfällen und der Furcht vor COVID-19, da Menschen mit akuten Leiden die Kliniken meiden (ntv.de vom 12.11.2020).

Die Folgen dieser Kommunikationspolitik werden, wenn überhaupt, erst später sichtbar – wenn es für viele schon zu spät ist.

Neben einer suboptimalen „Tonlage" gibt es aber auch beachtenswerte und verschwiegene Informationsinhalte, zum Beispiel zur Arbeitslosigkeit in Deutschland. In den letzten Jahren wurde die Definition bzw. Zählweise ständig geändert – einige Beispiele:

- Im Januar 2008 wurde eingeführt, dass erwerbsfähige Hilfebedürftige, die nach Vollendung des 58. Lebensjahres mindestens für die Dauer von zwölf Monaten Leistungen der Grundsicherung für Arbeitsuchende bezogen haben, ohne dass ihnen eine sozialversicherungspflichtige Beschäftigung angeboten worden ist, nach Ablauf dieses Zeitraums nicht als arbeitslos gelten. 2016 waren dies 162.600 Personen.

- Alle Teilnehmer arbeitsmarktpolitischer Maßnahmen tauchen nicht in der Arbeitslosenstatistik auf, auch nicht kranke Arbeitslose, Arbeitslose in Weiterbildungen oder Arbeitslose, deren Leistungen sanktioniert wurden.

- Wer sich nicht zur Arbeitssuche meldet, taucht in der Statistik nicht auf, genauso wenig wie „Ein-Euro-Jobbber".

- Zusätzlich streicht die Arbeitsagentur alle aus der Statistik, die eine Vermittlung erschweren, weil sie ihre Pflichten bei der Jobsuche nicht erfüllen - zum Beispiel, weil sie nicht oder nicht zeitnah dazu bereit sind, an Maßnahmen der Arbeitsagenturen teilzunehmen, oder weil sie sich weigern, eine "zumutbare Beschäftigung unter den üblichen Bedingungen des für sie oder ihn in Betracht kommenden Arbeitsmarktes" anzunehmen.

So sind die Zahlen innerhalb Deutschlands über die Zeit nicht vergleichbar. Aber auch für einen Vergleich mit dem Ausland sind die Daten nicht geeignet, da die Definition der Arbeitslosigkeit der Bundesagentur für Arbeit erheblich von der Eurostat-Definition abweicht.

Ökonomen der Schweizer Großbank UBS haben daher eine Berechnung der „Schattenarbeitslosigkeit" durchgeführt. Ihr Ergebnis: Im Frühjahrsquartal lag die tatsächliche Arbeitslosigkeit in der Eurozone bei 20 Prozent und für Deutschland 12,4 Prozent. Das ist doppelt so viel wie im Eurostat-Zahlenwerk festgehalten. (faz.de vom 26.09.2020)

Aus einem weiteren Grund sind die „Zahlen zur Arbeitslosigkeit" in Deutschland für 2020 sind mit Vorsicht zu genießen, da die Regierung im März 2020 die Insolvenzantragspflicht für Unternehmen ausgesetzt hat, die infolge der Corona-Virus-Pandemie insolvenzreif geworden sind und dennoch Aussichten darauf haben, sich unter Inanspruchnahme staatlicher Hilfsangebote oder auf andere Weise zu sanieren. Ursprünglich lief die Aussetzung der Antragspflicht zum 30.09.2020 aus, wurde dann aber Anfang September 2020 bis zum 31.12.2020, mittlerweile bis zum 30.04.2021 verlängert.

Ein gern verschwiegenes Thema ist die <u>Obdachlosigkeit</u>. Waren nach Schätzungen des Bundesarbeitsgemeinschaft Wohnungslosenhilfe in Deutschland in 2007 227.000 wohnungs- und 25.000 obdachlos, so waren es zehn Jahre später 860.000 bzw. 52.000. „Bald könnten es 1,2 Millionen Menschen ohne Wohnung geben". (zei.de vom 14.02.2019). Trotzdem gibt es keine amtliche Statistik. Vor allem Vertreter der CDU argumentieren, dass eine offizielle Zählung nicht machbar sei – oder schlicht zu teuer. Werena Rosenke, Geschäftsführerin der BAGW, vermutet hinter der fehlenden Statistik vor allem politische Gründe: "In der Vergangenheit wollte die Bundesregierung keine offiziellen Zahlen, weil diese das Problem sehr deutlich offenbart und so den Handlungsdruck erhöht hätten." Befürworter hingegen verweisen nicht nur auf eine Machbarkeitsstudie des Statistischen Bundesamtes aus den Neunzigerjahren, sondern auch auf Großbritannien, wo Wohnungslose offiziell gezählt werden.

Julia Nieves fordert in ihrem Buch „Kind dieser Stadt": „Obdachlosigkeit darf kein Tabuthema sein, es ist keine Randerscheinung".

Ebenfalls wenig Beachtung findet das immer weiter steigende Armutsrisiko. (zeit.de vom 14.02.2019) Betrug diese Armutsrisiko- oder -gefährdungsquote (Anteil der Personen mit einem Äquivalenzeinkommen von weniger als 60 Prozent des Bundesmedians der Äquivalenzeinkommen der Bevölkerung in Privathaushalten) in 2000 noch weniger als 11 Prozent, so ist sie in 2019 auf knapp 16 Prozent angestiegen (statista.de vom 13.08.2020) – für ein reiches Industrieland (nach Herrn Steinmeier am 03.10.2020 „Das beste Deutschland, das es je gegeben hat)" wahrlich ein Armutszeugnis.

Besonders getroffen sind die Senioren. Seit 2010 ist die Zahl der Senioren in Deutschland, die als arm gelten, deutlich gestiegen – in 2017 auf 3,2 Millionen Menschen oder knapp 19 Prozent. (tagesschau.de vom 09.01.2020) Diese Entwicklung wird sich nach Ansicht von Wirtschaftsexperten in den nächsten Jahren verschärfen. "Altersarmut wird in den nächsten zehn, fünfzehn Jahren noch mal sehr, sehr deutlich zunehmen, weil wir immer mehr Menschen haben, die zu geringen Löhnen arbeiten oder in Teilzeit oder unterbrochene Erwerbsbiografien haben", sagt der Leiter des Deutschen Instituts für Wirtschaftsforschung, Marcel Fratzscher.

Abhilfe wird die am 01.01.2021 in Kraft tretende Grundrente dabei wohl nicht schaffen. Doch was Regierungspolitiker als "sozialpolitischen Meilenstein" feiern, dürfte viele Menschen enttäuschen. (zeit.de vom 27.12.2020)

Vielleicht sollte man einmal darüber nachdenken, „Entwicklungshilfe" erst einmal den eigenen Bürgern zukommen zu lassen – mit 21,3 Milliarden Euro war Deutschland 2019 nach den USA der zweitgrößte Entwicklungshelfer weltweit (jeder sechste Euro aller ODA stammte 2019 aus Deutschland). Aber die Regierung könnte sich auch Österreich als Vorbild nehmen. Hier spenden Österreichs Minister und auch Kanzler Kurz in

Corona-Zeiten einen Monatslohn - die Bundesregierung plant derzeit nichts Vergleichbares. (welt.de vom 22.04.2020)

Neben dem Armutsrisiko gibt es aber auch noch eine Vielzahl anderer Projekte, die auf Spenden angewiesen sind ... und von Privatpersonen im Durchschnitt fünf Milliarden Euro erhalten. (statista.de vom 06.04.2020)

Wenig kommuniziert wird auch die Tatsache, dass rund 7,7 Millionen bzw. mehr als ein Fünftel aller abhängig Beschäftigten in Deutschland in 2018 weniger als 11,40 Euro brutto pro Stunde verdienen und damit im Niedriglohnsektor arbeiten. Ein großer Teil von ihnen erhielt sogar weniger als den gesetzlichen Mindestlohn. Seit den 1990er Jahren ist Deutschlands Niedriglohnsektor um gut 60 Prozent gewachsen – in keinem anderen europäischen Land mit vergleichbarer Wirtschaftsleistung nimmt der Niedriglohnsektor ein solches Ausmaß an. Inzwischen haben einige Branchen ihr Geschäftsmodell auf niedrigen Löhnen aufgebaut. Zu diesen Ergebnissen kommt eine Studie des DIW Econ. Mit der Ausweitung des Niedriglohnsektors ist es weitgehend gelungen, Langzeitarbeitslose und Geringqualifizierte in den Arbeitsmarkt zu integrieren. Allerdings mit Nebenwirkungen: immer mehr Beschäftigte erhalten auch für mittel- bis hochqualifizierte Tätigkeiten nur einen Niedriglohn.

"Die Corona-Krise verstärkt die Probleme des Niedriglohnsektors – vor allem für Minijobberinnen und Minijobber. Ohne das Sicherheitsnetz des Kurzarbeitergeldes erleiden sie als erste Einkommenseinbußen oder verlieren ihre Arbeit", analysiert Dräger die aktuelle Situation. Besonders prekär ist die Lage von Beschäftigten, bei denen der Minijob den Haupterwerb darstellt – rund drei Viertel von ihnen verdienten 2018 weniger als 11,40 Euro pro Stunde und ein Aufstieg aus dem Niedriglohn gelang ihnen nur halb so häufig wie Vollzeitbeschäftigten. Sie haben keinen Anspruch auf Kurzarbeitergeld und der drastische Beschäftigungsrückgang bei dieser Gruppe von bereits 4,6 Prozent im März 2020 im Vergleich zum Vorjahresmonat zeigt: insbesondere für Haushalte mit niedrigen Einkommen bricht derzeit ein erheblicher Teil des verfügbaren Einkommens weg.

Die große Mehrheit (laut der letzten Emnid-Umfrage aus 2016 83 Prozent) der Deutschen lehnt <u>Rüstungsexporte</u> ab. Kritik gibt es natürlich auch von Oppositionsparteien wie verschiedenen Organisationen. Dennoch steigen die deutschen Rüstungsexporte weiter - von 2010 bis 2019 Anstieg von 4,8 auf 8 Mrd. €. Deutschland ist so weiter nach den USA, Russland und Frankreich der weltweit viertgrößte Waffenexporteur.

Bemerkenswert ist dabei, dass mehr als 50 Prozent der exportierten Waffen und anderer Rüstungsgüter an sogenannte Drittstaaten außerhalb der Europäischen Union und der NATO gehen. Darunter sind sogar Kriegs- und Krisengebiete wie Saudi-Arabien, Ägypten und die Vereinigten Arabischen Emirate. Während der Wert der genehmigten Ausfuhren an EU- und NATO-Staaten rückläufig war, gab es den Angaben nach bei den Entwicklungsländern einen starken Anstieg von 134 Millionen Euro 2019 auf 360 Millionen Euro. Es handelte sich überwiegend um Kriegswaffen. Hauptempfängerland bei den Kriegswaffen war mit 290 Millionen Euro Ägypten.

Auch der zu den größten Genehmigungen der Bundesregierung - via des geheim tagenden Bundessicherheitsrats – zählende Export von 15 Gepard-Panzern nach Katar mit 16.000 Patronen passt in das Szenario. (spiegel.de vom 07.12.2020) Die Panzer werden vom Münchner Rüstungskonzern Krauss-Maffei Wegmann hergestellt. Der Wert wird laut Regierungsdokument mit rund 31,4 Millionen Euro angegeben. Das Emirat Katar plant offensichtlich, mit den Gepard-Panzern die Spiele der Fußballweltmeisterschaft im Jahre 2022 abzusichern. Befürchtet werden unter anderem terroristische Drohnenangriffe.

Die Bundesregierung hat bereits in der Vergangenheit immer wieder umfangreiche Rüstungsexportgenehmigungen an Katar erteilt, darunter eine Lieferung von 62 Leopard-2-Panzern im Jahre 2013. Die letzte Tranche des Milliardendeals wurde im Jahre 2017 auf die arabische Halbinsel geliefert.

Der Bundessicherheitsrat, in dem die Bundeskanzlerin mit den zuständigen Bundesministern unter anderem der Verteidigung, Wirtschaft und Auswärtiges unter höchster Geheimhaltung tagt, genehmigte zudem den Export von 100 vollautomatischen Gewehren vom Typ HK416 des Oberndorfer Rüstungskonzerns Heckler & Koch nach Südkorea.

Und durch eine „Hintertür" kurbelt die Regierung den Export noch an. Anlässlich der 55. Sicherheitskonferenz im Februar 2019 forderte Bundeskanzlerin Merkel einheitliche europäische Regeln für Rüstungsexporte. In der Praxis würde das eine Liberalisierung der im Vergleich zu Frankreich oder Großbritannien strikten deutschen Rüstungsexportpolitik bedeuten. (sueddeutsche.de vom 17.02.2019).

Nicht viel Beachtung findet auch die Geldwäsche, also die Einschleusung illegal erwirtschafteten Geldes bzw. von illegal erworbenen Vermögenswerten in den legalen deutschen Finanz- und Wirtschaftskreislauf. Noch im November 2019 titelte das Handelsblatt „Deutschland ist nach wie vor ein Paradies für Geldwäscher." „Geldwäsche ist in unserem Land ein ernstes Problem", betonte Finanzminister Scholz im Sommer. Deshalb sein Bekenntnis: Deutschland solle künftig „international die höchsten Standards beim Kampf gegen Geldwäsche" haben. Doch auch einzelne Fahndungserfolge können nicht darüber hinwegtäuschen, dass die Bekämpfung der Geldwäsche immer noch schleppend vorankommt. Allein die erfassten Fälle stiegen in den letzten 20 Jahren von 700 auf 9.764 in 2019 (statista). – zuzüglich einer hohen Dunkelziffer. Das Volumen der

Geldwäsche ist schwer einzuschätzen, wird aber laut ECOLEF-Studie auf über 100 Mrd. € per anno geschätzt

Mehr denn je boomen die Online-Aktivitäten bzw. –Handel. Digitale Unternehmen können ihre Produkte grenzüberschreitend anbieten und Gewinne erzielen, ohne im betreffenden Land eine klassische Betriebsstätte zu unterhalten. Außerdem werden zunehmend schwer zu beziffernde immaterielle Vermögenswerte, Daten und Dienstleistungen zum Handelsgut. Deshalb werden ihre Erträge im Steuerrecht oft nicht erfasst und sie bleiben unbesteuert. Für Großkonzerne sind einige EU-Staaten Steuerparadies. Die 27 bzw. mittlerweile 26 EU-Staaten, die ja eigentlich das gemeinsame Interesse einer gerechten Unternehmensbesteuerung teilen müssten, begeben sich untereinander lieber in gegenseitige Steuerkonkurrenz, als gegenüber gewinnorientierten Großunternehmen gemeinsam und geschlossen aufzutreten. So verschieben gewinnorientierte Großunternehmen ihre Gewinne innerhalb der EU, wie es ihnen passt, am liebsten in EU-Staaten mit Steuersätzen, die so winzig sind, dass man sie ohne Lupe kaum noch erkennen kann, zum Beispiel Irland, Luxemburg, die Niederlande, Malta, Deutschl… Nach Berechnungen der EU-Kommission entgehen dem europäischen Steuerwesen durch diesen niedlichen von der EU selbst geschaffenen Trick jährlich 70 Milliarden Euro.

Dagegen kämpft eine an Transparenz, Gerechtigkeit und Bürgern interessierte Minderheit im Europäischen Parlament seit Jahren für die Einführung des sogenannten Country-by-Country-Reporting. Es soll überdimensionierte multinationale Konzerne wenigstens dazu verpflichten, die in einzelnen Staaten der EU erzielten Gewinne und die darauf entrichteten Steuern endlich einmal offenzulegen. Ein entsprechender Vorschlag wurde von der Europäischen Kommission im Jahr 2016 vorgelegt. Seit Jahren allerdings nutzt Deutschland sein beeindruckendes Gewicht in der EU dazu, dieses Vorhaben im Rat zu blockieren. Nun hat Deutschland auch seine Ratspräsidentschaft vergehen lassen, ohne das Thema aufzunehmen. (t-online.de vom 12.02.2021)

Diese Steuergerechtigkeit soll durch eine Digitalsteuer beseitigt werden. Hierauf wurde auch bereits im Koalitionsvertrag vom 07.02.2018 eingegangen: „Wir werden Maßnahmen für eine angemessene Besteuerung der digitalen Wirtschaft ergreifen." Dabei wollte sich Deutschland nach der „Meseberger Erklärung" vom Juni 2018 dafür einsetzen, dass sich die EU bis Ende des Jahres 2018 auf eine Digitalsteuer einigt. Die EU-Kommission schlug daraufhin vor, für Firmen mit einem weltweiten Jahresumsatz von mindestens 750 Millionen Euro sowie einem Online-Umsatz von 50 Millionen Euro in Europa drei Prozent Umsatzsteuer zu verhängen.

Am 18.11.2018 hat Bundesfinanzminister Olaf Scholz jedoch der raschen Einführung einer EU-Digitalsteuer eine Absage erteilt - er fürchtet im Fall einer Einführung einer Digitalsteuer aber Vergeltungsmaßnahmen der US-Regierung von dem damaligen Präsident Donald Trump, etwa gegen deutsche Autokonzerne in den USA und wolle vielmehr im Rahmen der OECD Regeln zur Mindestbesteuerung und zur Besteuerung der digitalen Unternehmen vereinbaren. Eine Einigung auf OECD-Ebene – in der auch die USA Mitglied ist – gilt jedoch als unwahrscheinlich, da die Digitalsteuer vor allem US-Unternehmen treffen würde. Die französische Regierung wirft deshalb der Bundesregierung in dieser Frage ein Ausbremsen vor. (handelsblatt.de vom 18.11.2018)

Einen der größten Abhörskandale stellt wahrscheinlich die „NSA-Affäre" aus 2013 dar, wonach die NSA und weitere Geheimdienste die weltweite Kommunikation massiv und anlasslos überwachen. Dabei wurde deutlich, dass auch in Deutschland große Datenmengen abgefangen werden, darunter E-Mails, Anrufe und SMS. Die Information, dass auch ein Handy von Kanzlerin Merkel überwacht wurde, ließ Berlin schließlich aktiv werden. Die Kanzlerin beschwerte sich bei US-Präsident Barack Obama ("Ausspähen unter Freunden - das geht gar nicht"), der Generalbundesanwalt leitet ein Ermittlungsverfahren ein, das aber aus Mangel an Beweisen eingestellt wird. Allerdings wird auch enthüllt, dass ebenfalls der Bundesnachrichtendienst (BND) in den Skandal verwickelt war - der BND hatte u.a. Daten nach sogenannten Selektorenlisten an die NSA weitergeleitet. Wenige Tage nach Merkels Äußerung erst ergeht im BND die Anweisung, bestimmte Selektoren zu löschen. (spiegel.de vom 24.10.2013)

Doch auch heute noch, sieben Jahre später, lauscht und spioniert der BND in aller Welt. (sueddeutsche.de vom 26.09.2020), so sehr bzw. unkontrolliert, dass das Bundesverfassungsgericht im Mai 2020 in einem spektakulären Urteil entschied, dass die bis dahin geltende Praxis, Ausländer im Ausland ohne jede Einschränkung abhören zu können, nicht mit dem Grundgesetz zu vereinbaren sei. Viel zu halbherzig seien außerdem die rechtsstaatlichen Kontrollen des Dienstes. Zu Unrecht ziehe sich der BND etwa auf das Argument zurück, seine Absprachen mit anderen Diensten wie dem US-Abhörgiganten NSA seien zu geheim, um sie den Richtern zu zeigen. Einher damit ging die Auflage für die bisher umfassendste Änderung des BND-Gesetzes.

Erstmals soll der BND nun von einem "Kontrollrat" aus sechs Richtern beaufsichtigt werden. Für die Mitglieder des Kontrollrats gilt absolute Verschwiegenheit. Aber die sechs Juristen sollen intern ganz unabhängig arbeiten und entscheiden können. Vier von ihnen sollen Bundesrichter, zwei Bundesanwälte sein. Gemeinsam sollen sie zwei dreiköpfige "Kammern" bilden und einen fünfköpfigen "Senat".

Wenig in die öffentliche Debatte ist auch gedrungen, wem die Milliardenhilfen zugunsten vordergründig für Griechenland letztlich geholfen haben. Nach einer Studie der privaten Hochschule ESMT sind „95 Prozent der Griechenland-Kredite in Höhe von 274 Milliarden Euro sind in den Schuldendienst geflossen, auch an deutsche und französische Banken, nicht an griechische Krankenschwestern oder Rentner. 81,3 Milliarden Euro an Kreditzahlungen wurden für die Ablösung von Altschulden und 40,6 Milliarden für Zinszahlungen verwandt. 48,2 Milliarden Euro flossen in die Bankenrettung und 34,6 Milliarden Euro in die Finanzierung des Schuldenschnitts von 2012. Für staatliche Ausgaben wie Gehälter von Beamten oder Investitionen in die Infrastruktur wurden nur rund 27 Milliarden Euro verwendet. Die europäischen Steuerzahler hätten „die privaten Investoren herausgekauft."

Kurzfristig Beachtung fanden Frau Merkels Entscheidungen im Rahmen der Flüchtlingskrise. Dabei ist zu unterscheiden zwischen Unverständnis innerhalb des Parlaments und seitens des Auslands.

So attackierte die CSU m September 2015 die Bundeskanzlerin für ihre Entscheidung, tausende von Flüchtlingen aus Ungarn einfach so einreisen zu lassen. Kritisiert wurde auch, dass Flüchtlinge aufgenommen wurden, die bereits in Ungarn oder Österreich erfasst worden sind. In einer eigens einberufenen Telefonkonferenz sei dies einmütig als falsche Entscheidung gerügt worden. (dw.com vom 06.09.2015). Viele sehen hiermit verbunden „den kometenhaften Aufstieg der AfD". (stern.de vom 05.09.2016)

Aber Merkels Verhalten ist auch in Europa umstritten. Die einen feiern sie als Ausdruck eines humanitären Imperativs, die anderen schmähen sie als naiv. Die Folgen sind in jedem Fall gravierend: Deutschland ist gespalten und Europa zerstritten, auch, weil es sich um einen Bruch der europäischen Regeln handelt. Er begann schon am 25.08.2015, als das Bundesamt für Migration und Flüchtlinge twitterte, dass Deutschland das europäische Dublin-Abkommen auf Syrer faktisch nicht mehr anwendet – laut Bundesinnenministerium, weil die Behörde mit den Verfahren überfordert war, die eine Rückführung in das Land der EU-Einreise vorsehen. Aus einer bürokratischen Ermessensfrage wurde so eine 180-Grad-Wende in der EU-Migrationspolitik, ohne dass Merkel die europäischen Partner einbezogen hätte. Für ihren Alleingang wollen andere Länder nicht geradestehen.

Auch der humanitäre Gedanke von Frau Merkel wurde kritisch gewürdigt. „Würde Merkel ihre Politik der offenen Grenzen zu Ende denken, dann müsste sie Asylverfahren bei den deutschen Botschaften in Kabul oder Bagdad mit einer anschließenden Überführung nach Deutschland möglich machen." (tagesspiegel.de vom 13.10.2015)

Wenn Sachverhalte, insbesondere solche, die in dem Verantwortungsbereich der Regierung bzw. Exekutive vorliegen, die auf Missstände hindeuten, gibt es die Möglichkeit, parlamentarische <u>Untersuchungsausschüsse</u> einzusetzen und Druck auszuüben. Bis Ende 2019 gab es insgesamt 61 Untersuchungsausschüsse in mittlerweile 19 Wahlperioden. Seit 2000

- Untersuchungsausschuss „Äußerungen im Vorfeld der Bundestagswahlen am 22.09.2002 über den Bundeshaushalt, der Finanzlage der gesetzlichen Kranken- und Rentenversicherung sowie der Einhaltung der Stabilitätskriterien des EG-Vertrages und des europäischen Stabilitäts- und Wachstumspakts durch den Bund" (2002–2003)

- Untersuchungsausschuss „Visaerteilungspraxis seit 1998" (2004–2005)

- Untersuchungsausschuss „BND" (2006–2009)

- Untersuchungsausschuss „HRE" (2009)

- Verteidigungsausschuss als 1. Untersuchungsausschuss gem. Artikel 45a Absatz 2 GG „Luftangriff in Kunduz am 3./4.09.2009" (2009–2011)

- Untersuchungsausschuss „Gorleben" (2009–2013)

- Untersuchungsausschuss „Terrorgruppe nationalsozialistischer Untergrund" (2012–2013)

- Verteidigungsausschuss als 2. Untersuchungsausschuss gem. Artikel 45a Absatz 2 GG „EURO HAWK" (2013)

- Untersuchungsausschuss „NSA" (2014–2017)

- Untersuchungsausschuss „Vorgänge im Zusammenhang mit den Operationen Spade/Selm" (2014–2015)

- Untersuchungsausschuss „Terrorgruppe NSU II" (2015–2017)

- Untersuchungsausschuss „Cum/EX-Geschäfte" (2016–2017)

- Untersuchungsausschuss „Abgas-Skandal" (2016–2017)

- Untersuchungsausschuss „zum Anschlag auf dem Berliner Breitscheidplatz am 19.12.2016" (ab 2018)

- Verteidigungsausschuss als 1. Untersuchungsausschuss gem. Art. 45a Absatz 2 GG zur „Berateraffäre" (ab 2019)

- Untersuchungsausschuss zur so genannten „Pkw-Maut-Affäre" (ab 2019)

Das Ergebnis der Untersuchungen wird jeweils in einem Abschlussbericht zusammengefasst. Dies hat aber keine sanktionierende Wirkung. Die Gerichte sind nicht an die Ermittlungsergebnisse gebunden und in der Würdigung des dem Untersuchungsverfahren zugrundeliegenden Sachverhalts frei.

Die Konsequenzen von Untersuchungsausschüssen sind oft „überschaubar". Nehmen wir als Beispiel die Ergebnisse des NSA-Ausschusses (zeit.de vom 28.06.2017). Die einzige echte Sanktion traf den BND-Präsidenten Gerhard Schindler, der entlassen wurde. Später untersagte ihm das Bundeskanzleramt, ein erstes Buch, Erinnerungen an die Zeit als BND-Präsident, zu veröffentlichen. Angeblich hatte Schindler im Manuskript viel Geheimes ausgeplaudert. Das zweite Buch, das im Oktober 2020 auf den Markt kam, hat Schindler dem Kanzleramt nicht vorgelegt.

Alle anderen involvierten Personen wurden „umgesetzt" oder verschont:

- Einige wenige Mitarbeiter der Abteilung Technische Aufklärung, die für die meisten Verfehlungen verantwortlich ist, wurden innerhalb des BND versetzt.

- Einer der Verantwortlichen der Affäre, der BND-Unterabteilungsleiter Wilfried Karl wurde zum Chef einer eigenen Behörde befördert.

- Konsequenzen für die politisch Verantwortlichen gab es keine. Als einer der Hauptverantwortlichen wurde Ronald Pofalla ausgemacht. Er war in den fraglichen Jahren Kanzleramtsminister und in dieser Funktion verantwortlich für die Geheimdienste. Allerdings schied er schon 2014 aus der Bundesregierung aus und arbeitet seitdem bei der Deutschen Bahn. Die Rolle der beiden Amtsvorgänger von Pofalla, Frank-Walter Steinmeier und Thomas de Maizière, wurde nicht einmal thematisiert. Aber auch anderen Politikern wie Ernst Uhrlau, Günter Heiß oder Klaus-Dieter Fritsche, die für die Kontrolle des BND zuständig waren und sind, passierte nichts.

Dafür wurden aber wieder Etats erhöht und ein neues Gesetz erlassen:

- Der Verfassungsschutz baute seine Spionageabwehr aus, er bekam mehr Geld und mehr Stellen.

- Der Etat des Bundesnachrichtendienstes wurde erheblich erhöht. Das Geld wird vor allem in den Ausbau der Überwachung digitaler Daten investiert.

- Ein neues BND-Gesetz wurde verabschiedet. In erster Linie erlaubt es dem BND nun all die Dinge, die im NSA-Ausschuss als problematisch und als Rechtsbrüche identifiziert worden waren.

Wenn vieles kaum oder gar nicht veröffentlicht wird, stellt sich die Frage nach dem „Warum"? Schließlich ist doch im Grundgesetz für die Bundesrepublik Deutschland, Artikel 5, Absatz (1) geschrieben:

Jeder hat das Recht, seine Meinung in Wort, Schrift und Bild frei zu äußern und zu verbreiten und sich aus allgemein zugänglichen Quellen ungehindert zu unterrichten. Die Pressefreiheit und die Freiheit der Berichterstattung durch Rundfunk und Film werden gewährleistet. Eine Zensur findet nicht statt.

Damit tun sich allerdings einzelne Politiker schwer. So ist für den Innenminister Seehofer es nicht fernliegend, die AfD zu verbieten und Teile der Partei vom Verfassungsschutz beobachten zu lassen. Aber ist das eine Lösung? Denn „wer das Schwert des Parteiverbots zieht, muss zuvor gut überlegen, ob er sich selbst nicht größere Verletzungen zufügt. Ohnehin können Regierung, Parlament und Bundesrat nur den Antrag stellen – und sind zweimal kläglich damit gescheitert, die extreme, aber auch extrem kleine NPD auflösen zu lassen, trotz immensem Aufwand.

Die Folge könnte eine weitere Polarisierung oder Radikalisierung sein, die sich mit dem Ende der ins sechzehnte Jahr gehenden Kanzlerschaft Merkels nicht einfach auflösen würde. Das spricht dafür, zunächst weiter die harte politische Auseinandersetzung mit der in der Wählergunst stagnierenden Partei zu suchen – und zugleich Grenzüberschreitungen deutlich zu ahnden." (faz.de vom 22.11.2020)

Personen mit „anderer" Meinung als die seitens der Regierung verlautbarten, werden mittlerweile als Querdenker bezeichnet. Zunehmend werden „kritische" Beiträge entweder nicht veröffentlicht oder gar im Netz schnell gelöscht. Zudem werden entsprechend sich äußernde Personen „an den Pranger gestellt". Ein Beispiel gibt die Liste der Unterstützer der Initiative „Ärzte für Aufklärung", eine nach eigener Auskunft „interdisziplinäre Arbeitsgemeinschaft von Ärzten und Wissenschaftlern in Niedersachsen und Nordrhein-Westfalen, die der Öffentlichkeit ihre fachliche Expertise im Zusammenhang mit der COVID-19-Pandemie zur Verfügung stellt" und die insgesamt skeptisch gegenüber den Maßnahmen und auch der Bedeutung der Krankheit steht. Experten dieser Initiative treten unter anderem als Redner bei „Anti-Corona-Demos" oder Demonstrationen der Initiative „Querdenken 711" auf.

DAZ.online hat mehrere Apotheker bzw. -innen dieser Liste nach ihrer Meinung zu COVID-19 gefragt. Mehrere wollten „lieber nichts" zum Thema sagen – so fürchtete eine der Befragten Nachteile für sich und ihre Apotheke, da „das Thema derzeit mit so vielen Emotionen verbunden sei". An der Existenz des Virus zweifeln sie nicht, hält aber die Maßnahmen zum Teil für überzogen. (deutsche-apothekr-zeizung.de vom 24.11.2020)

Die „Querdenker"-Demonstration am 18.11.2020 in Berlin wurde gar vor einem Gewaltausbruch mit Wasserwerfern und polizeilicher Gewalt aufgelöst. Der insbesondere aus dem linken und grünen politischen Spektrum teils bejubelte Einsatz widerspricht der Berliner Linie der Strategie der Deeskalation. Zudem gibt es in der Behörde Bedenken, ob die von der Polizeiführung angeführte Begründung für den Einsatz tatsächlich trägt. (tagesspiegel.de vom 07.12.2020)

Befremdlich wirkt ein Artikel vom 30.12.2020 aus dem Kölner Stadt-Anzeiger. Unter der Überschrift „Querfinanziert: Das Geschäft mit dem Protest" heißt es „Corona-Kritiker: Die Bewegung gibt trotz Verboten nicht auf.… Die Querdenker haben sowieso etwas von einer Sekte, die mit Heilsversprechen und Widerstand gegen den vermeintlichen Mainstream Menschen sammelt."

So kann es kaum überraschen, dass nach einer Allensbach - Umfrage aus 2019 sich nur noch weniger als 20 Prozent der Deutschen trauen, ihre Meinung frei zu äußern, wenngleich Meinungsfreiheit für die Bevölkerung zu den wichtigsten Garantien der deutschen Verfassung gehört. Annähernd zwei Drittel der Bürger sind sogar überzeugt, man müsse heute „sehr aufpassen, zu welchen Themen man sich wie äußert", denn es gäbe viele ungeschriebene Gesetze, welche Meinungen akzeptabel und zulässig sind. Allen voran gehört das Flüchtlingsthema für die große Mehrheit zu den heiklen Themen, bei denen man mit Äußerungen vorsichtig sein sollte, gefolgt von Meinungsbekundungen zu Muslimen und dem Islam. Auch die Nazizeit und Juden gehören für die Mehrheit zu den heiklen Themen, für knapp die Hälfte auch Rechtsextremismus und Gespräche über die AfD. Darüber hinaus haben weite Bevölkerungskreise den Eindruck, dass man sich nur mit Vorsicht zu

Themen wie Patriotismus, Homosexualität oder zu der Diskussion um das dritte Geschlecht äußern kann. Dabei geht es weniger um konkrete gesetzliche Einschränkungen, sondern um die Folgen der Political Correctness und die einseitigen Medienberichte, die den Menschen das Gefühl geben, ihre Meinung zu diesem oder jenem Thema besser nicht mehr öffentlich zu sagen.

FDP Vizechef Wolfgang Kubicki hat das auf den Plan gerufen. Auf 160 Seiten beklagt er in einem neuen Buch die „Meinungsunfreiheit" als „gefährliches Spiel mit der Demokratie". „Noch nie sei die Offenheit und die Vorurteilsfreiheit für andere Meinungen so schwach ausgeprägt gewesen." Anhand zahlreicher Beispiele klagt Kubicki weit über die sozialen Netzwerke hinaus einen Trend an, andere Meinungen mit der Keule der Moral ausgrenzen und Fehler, Versehen oder Entschuldigungen nicht mehr akzeptieren, sondern die betreffenden Personen gleich abschießen zu wollen. „Man unternimmt dann nicht einmal mehr den Versuch, zuvor inhaltlich zu debattieren, sondern schlägt sofort den moralischen Weg ein", kritisiert Kubicki. (rp-online.de vom 06.10.2020)

In diesen Kontext passen die Äußerungen von Frau Kramp-Karrenbauer im Nachgang zu der Veröffentlichung des „Rezo-Videos" aus Mai 2019, wo Rezo zusammen mit mehr als 70 anderen Youtubern vor der Europawahl in einem Video dazu aufgerufen hatte, nicht für die Parteien der großen Koalition zu stimmen. Deshalb stelle sich für Frau Kramp-Karrenbauer "mit Blick auf das Thema Meinungsmache" die Frage: "Was sind eigentlich Regeln aus dem analogen Bereich und welche Regeln gelten eigentlich für den digitalen Bereich?" Das sei "eine sehr grundlegende Frage, über die wir uns unterhalten werden", und zwar nicht nur in der CDU.

Politiker anderer Parteien warfen ihr vor, die Meinungsfreiheit im Internet einschränken zu wollen. FDP-Chef Christian Lindner twitterte, Kramp-Karrenbauer erwäge "die Regulierung von Meinungsäußerungen vor Wahlen", er könne das "kaum glauben". Stattdessen seien "mehr offene Debatten, auch in sozialen Medien" nötig. Der SPD-Bundestagsabgeordnete Karl Lauterbach sagte, "wenn Kramp-Karrenbauer jetzt eine Netzzensur gegen CDU-Kritik auf Youtube fordert", beweise sie, dass der Youtuber Rezo recht habe. (sueddeutsche.de vom 27.05.2019)

Auch der Umgang mit den Aussagen von Dr. Maaßen, der in 2018 in den einstweiligen Ruhestand gesetzte Präsident des Verfassungsschutzes, im Zusammenhang mit den „Chemnitz-Vorfällen", reihen sich hier nahtlos ein. Maaßen hatte sich auf verschiedene Quellen berufen, als er die Aussagen der „Tagesschau", die von einer Hetzjagd sprach" als Desinformation bezeichnete. Für Maaßen selbst war seine „Versetzung" ein weiteres Beispiel dafür, dass Leute wie ich ausgegrenzt werden, wenn sie andere Meinung als Mainstream vertreten." (Dokumentarfilm „Der Stachel").

Ähnlich irritierend verhält es sich bei der Zwangsversetzung am 03.11.2020 von Friedrich Pürner, Epidemiologe und Leiter eines bayrischen Gesundheitsamts, nachdem er in mehreren Interviews die Corona-Strategie der Staatsregierung in Bayern kritisiert hatte (merkur.de vom 14.11.2020) oder mit dem Rauswurf von Prof. Lütge aus dem Bayerischen Ethikrat - seine anhaltende Kritik an den Corona*-Maßnahmen war wohl zu unbequem für den Ministerrat und Markus Söder. (merkur.de 14.02.2021) Im Nachgang führte Prof. Lütge nochmal aus, dass er den Lockdown „für völlig unnötig und für nicht verhältnismäßig" erachte. (nzz.ch vom 14.02.2021)

In diesem Kontext passt auch der Rücktritt am 01.02.2021 von Michael Hoffmann von der CDU als Stadtratsvorsitzender in Magdeburg. Er forderte »Freiheit statt Merkel« und warnte vor einer „Unterwanderung“. In einem Post etwa schrieb er: „Jetzt reicht es aber endgültig. Das erinnert mich nun doch ganz schlimm an das kommunistische System.“ (spiegel.de vom 01.02.2021)

Wenig überraschend kommen die sogenannten Rechtsstaatsberichte zu dem Ergebnis, dass unabhängige Medien in der EU zunehmend unter Druck geraten. Medien stünden in fast allen Ländern unter großem wirtschaftlichem Druck, etwa wegen sinkender Anzeigenerlöse oder Konkurrenz durch Plattformen wie Facebook und Google. Dazu kommt die wachsende politische Einflussnahme, und zwar auch im Westen Europas.

Wie neutral, informativ und unkommentiert ist die Berichterstattung in Deutschland? Schauen wir zunächst auf die öffentlich-rechtlichen Fernsehanstalten. Die Ministerpräsidenten der 16 Bundesländer sind laut Verfassung für diese Anstalten zuständig. Sie verpflichten die Bürger, das Rundfunksystem jährlich mit über acht Milliarden Euro an Rundfunkgebühren zu finanzieren. Dieser Schutzdienst der Politik ist freilich nicht umsonst.

Über die Jahrzehnte haben die Ministerpräsidenten zu „ihrer“ Rundfunkanstalt ein enges Verhältnis entwickelt – egal ob Union oder Sozialdemokraten, wie ZDF und die Mainzer Landesregierung, der Bayerische Rundfunk und die CSU oder der WDR und die Düsseldorfer Staatskanzlei. Im September 2017 brach Mathias Döpfner, CEO der Axel Springer SE, ein Tabu – er warnte auf dem Jahreskongress des Bundesverbands Deutscher Zeitungsverleger vor einer „gebührenfinanzierten digitalen Staatspresse“, die den Wettbewerb verzerre. Die kleinen Reformen der vergangenen Jahre, die ein Zugeständnis an die massive öffentliche Kritik waren, können nicht darüber hinwegtäuschen, dass ARD und ZDF in einem starken Abhängigkeitsverhältnis zu den Parteien stehen. (handelsblatt.de vom 06.11.2017)

Eine „Unabhängigkeit" der beiden öffentlich-rechtlichen Fernsehanstalten kann aber auch bezweifelt werden, wenn eigene unerwartet regierungskritische Sendungen in der Mediathek gelöscht werden, so zum Beispiel das Interview zwischen Markus Lanz und Carsten Linnemann vom 02.12.2020 (siehe 6.2.).

Ebenfalls gelöscht wurde Anfang Februar 2021 ein Hörfunkbeitrag im WDR, der zweieinhalb Stunden in der ARD-Mediathek stand. Hierin wettert Herr Laschet gegen Aktivisten im Hambacher Forst, den Laschets Regierung im Interesse von RWE 2018 räumen ließ. "Er brauche doch einen Vorwand", führte Laschet in einem Interview aus. (spiegel.de vom 05.02.2021)

Der aufmerksame Zuschauer stellt mittlerweile fest, dass deutsche Nachrichtensendungen fast ausschließlich aus dem Ausland Negativnachrichten verlautbaren. Wer hat schon gehört, dass bei der letzten Pisa-Studie China, Singapur, Kanada oder Finnland deutlich vor Deutschland lagen und was waren die Gründe?

Bemerkenswert erscheint vielen auch die Tatsache, dass die Grünen, die relativ zum Sitzanteil im Bundestag am häufigsten in den Talkshows auftreten (statista vom 03.03.2020) …. und für eine Ende 2020 diskutierte Erhöhung des Rundfunkbeitrags stimmen.

Meist eingeladener Politiker war und ist der SPD-Gesundheitsexperte Carl Lauterbach (44 Mal war er zwischen 05.03.2020 und dem 03.02.2021 Gast in einer TV-Talk-Runde), gefolgt von Annalena Baerbock von den Grünen. Mitglieder der AfD werden dagegen selten eingeladen.

Die avisierte Erhöhung des Rundfunkbeitrags wurde dann aber am 08.12.2020 durch Sachsen-Anhalt blockiert. Die öffentlich-rechtlichen Sender zogen angesichts dessen vor das Bundesverwaltungsgericht (ksta.de vom 09.12.2020) – der Eilantrag wurde aber abgelehnt.

Ähnlich verhält es sich wohl bei den Printmedien. So schrieb schon am 06.01.2012 das Handelsblatt – „Nicht nur der Bundespräsident, auch Berliner Politiker versuchen, die Berichterstattung mitzubestimmen …. und verbitten sich unangenehme Fragen.“

Eine „Begrenzung der freien Meinungsäußerung“ bekommen mehr und mehr zu spüren. So schreibt Tichys Einblick auf seiner Website: „Regierungskritik – eigentlich die Königsdisziplin freier Medien – ist zu einer riskanten journalistischen Disziplin geworden. Das bekam und bekommt Tichys Einblick immer wieder zu spüren.“

Die politische Selbstabschließung des journalistischen Milieus schreitet unaufhaltsam voran. Im November 2020 sorgte eine Umfrage für Aufsehen, wonach 90 Prozent der Volontäre der ARD grün-rot wählen. Mit „Rot“ wurde dabei nicht die SPD gemeint, sondern vor allem die Linkspartei. In einigen kritischen Kommentaren wurde daraufhin so getan, als suche die ARD gezielt linke Volontäre aus. 90 Prozent des journalistischen Nachwuchses sind heute links-grün. Auf die Frage „Wenn am Sonntag Bundestagswahl wäre, was würdest du wählen?“ kam eine absolute Mehrheit für die Grünen heraus; die Linke käme auf mehr als 20, die Union aber nicht mal auf drei Prozent (uebermedien.de vom 06.11.2020):

Dies veranlasste Rainer Haubrich von der Welt am 03.11.2020 zu der Äußerung: „Wenn die ARD so weitermacht, herrscht in deren Redaktionen bald eine Vielfalt wie beim chinesischen Volkskongress.“

Irgendwie hat sich zudem die Vorstellung festgesetzt, Redaktionen müssten die Gesellschaft abbilden, so als seien Medienbetriebe eine Art multikulturelle Idealgesellschaft. Diverse Lobbyorganisationen arbeiten daran, den Anteil von Migranten zu heben. Dabei wird übersehen, dass Verlagshäuser keine gemeinnützigen Vereine, sondern Wirtschaftsunternehmungen sind, die auch keinen Demokratiepreis gewinnen wollen, sondern Leser und Käufer.

Hinzu kommt, dass das Konzept, das hinter den Bemühungen steht, eine sehr oberflächliche Vorstellung von Vielfalt transportiert. Diese Vielfalt macht sich an ausländisch klingenden Namen oder am Hautton fest. Schaut man genauer hin, wird schnell klar, dass diejenigen, die als Stimmen der Vielfalt gelten, erstaunlich homogen denken und fühlen - sie teilen miteinander dieselben Bildungsabschlüsse, dieselben Stadtviertel, dieselbe kosmopolitische Lebensart. Würde man es mit der Vielfalt in Redaktionen wirklich ernst meinen, müsste zum Beispiel mal jemand vertreten sein, der mit der AfD sympathisiert. Oder ein Muslim, der davon überzeugt ist, dass Religion eine Sache ist, bei der der Spaß aufhört. Das ist mit Vielfalt selbstverständlich nicht gemeint.

Moderator Jörg Thadeusz zog nach dem Relotius-Debakel in einem kurzen Text für die „Welt" ein vernichtendes Fazit. Es sei ihm bei den Jurysitzungen zum Deutschen Reporterpreis oft so vorgekommen, als stünde ein gewisses Weltbild fest, schrieb er. Wer das mit einer süffigen Geschichte möglichst prachtvoll bestätige, erhöhe seine Chance, nominiert zu werden. Journalistenpreise sind ein guter Gradmesser, was erwünscht ist und was nicht. Das prägt den Nachwuchs wie jedes Belohnungssystem. (focus.de vom 14.11.2020)

Mittlerweile wird eine politische Einflussnahme auch schon zunehmend von der Bevölkerung vermutet: fast vier von zehn Bürgern glauben einer Studie zufolge, dass Staat und Regierung deutschen Medien Vorgaben bei der Berichterstattung machen. Zu diesem Ergebnis kam im November 2019 das Meinungsforschungsinstitut Infratest Dimap.

Irritierend ist aber auch, dass der Staat oft nicht an „Aufklärung" interessiert scheint. So äußert sich der Generalsekretär der Gesellschaft für Freiheitsrechte, Malte Spitz, in einem Interview auf die Frage, ob Whistleblower, die bei der Aufdeckung von Straftaten helfen, in Deutschland ausreichend geschützt werden: „Absolut nicht. Whistleblower müssen regelmäßig mit Strafverfolgung rechnen.... Und der Gesetzgeber lässt die Whistleblower im Stich. Immer muss der einzelne Informant sich gegen mögliche Konsequenzen verteidigen. Mangels einer Beweislastumkehr, wie es sie zum Beispiel im Antidiskriminierungsrecht gibt, können Arbeitgeber Whistleblower leicht mit vorgeschobenen Gründen loswerden. Das schreckt viele potenzielle Whistleblower ab. ... und die neue EU-Richtlinie zum Schutz von Whistleblowern muss jetzt erst mal in deutsches Recht umgesetzt werden - und da ist die Bundesregierung sehr zögerlich. Aktuell würgt die Bundesregierung Zivilcourage ab, statt sie zu fördern." (zeit.de vom 26.11.2020)

Bemerkenswert ist, dass die Bundesregierung Ende 2020 eine Kooperation mit Google bekanntgab. „Wer nach Gesundheitsthemen googelt, ist unsicher und braucht dringend Rat, daher ist es wichtig, dass man sich auf die Informationen verlassen kann, die man dort findet", sagte Herr Spahn. Dass Medienhäuser ebenfalls verlässlich berichten und Spahn mit einem steuerfinanzierten Portal den Wettbewerb verzerrt, kam dem Minister nicht in den Sinn. Der Verband Deutscher Zeitschriftenverleger sprach von einem „unannehmbaren Eingriff in den freien Pressemarkt". Der Bundesverband Digitalpublisher und Zeitungsverleger wirft Spahn vor, die „quasimonopolistische Stellung des Suchmaschinenkonzerns zulasten kleinerer Anbieter" zu stärken. Das Onlineportal netdoktor.de, eine Tochter des Münchner Burda-Verlags, hatte daraufhin einstweilige Verfügungen gegen die Bundesregierung und die US-amerikanische Suchmaschine Google beantragt. Netdoktor warf beiden Parteien vor, mit einer Kooperation bei der Veröffentlichung von Gesundheitsthemen auf der staatlichen Informationsseite gesund.bund.de einen unzulässigen Eingriff in den privatwirtschaftlichen Wettbewerb unternommen zu haben. (westfalen-post.de vom 02.20.2021) Am 10.02.2021 wird bekannt, dass das Landgericht München zwei Eilanträgen gegen diese Zusammenarbeit stattgab. Die - noch nicht rechtskräftigen - Urteile begründete das Gericht unter anderem damit, dass die staatliche Kooperation mit Google zu einer "Verdrängung der seriösen privaten Gesundheitsportale" führen könne. Damit drohe eine "Reduzierung der Medien- und Meinungsvielfalt" in Deutschland. Das Abkommen verstoße gegen das Kartellrecht.

Große Empörung rief eine Nachricht vom 07.02.2021 hervor, wonach das Bundesinnenministerium in der ersten Welle der Corona-Pandemie im März 2020 Wissenschaftler mehrerer Forschungsinstitute und Hochschulen für politische Zwecke einspannte. Es beauftragte die Forscher des Robert-Koch-Instituts und anderer Einrichtungen mit der Erstellung eines Rechenmodells, auf dessen Basis die Behörde von Innenminister Seehofer harte Corona-Maßnahmen rechtfertigen wollte. Das geht aus einem mehr als 200 Seiten starken internen Schriftverkehr zwischen der Führungsebene des Innenministeriums und den Forschern hervor. Eine Gruppe von Juristen hat den E-Mail-Verkehr in einer mehrmonatigen rechtlichen Auseinandersetzung mit dem Robert-Koch-Institut erstritten. Im E-Mail-Wechsel bittet etwa der Staatssekretär im Innenministerium, Markus Kerber, die angeschriebenen Forscher, ein Modell zu erarbeiten, auf dessen Basis „Maßnahmen präventiver und repressiver Natur" geplant werden könnten. (welt.de vom 07.02.2021)

Bedenklich ist aber auch die Nachricht von Anfang Februar 2021, wonach die Regierung einen Entwurf für das neue Urheberrecht beschlossen hat. Dass es nun doch Uploadfilter geben soll, bricht einmal mehr ein Versprechen, das vor einigen Jahren gegeben wurde. Danach sollte es keine Uploadfilter geben. Das hatte die CDU im Jahr des EU-Beschlusses zugesagt (und steht noch heute auf der Website der Partei) als Reaktion auf eine massive Protestwelle von Nutzern, die damals europaweit gegen die Details der EU-Urheberrechtsreform auf die Straße gingen. Uploadfilter sind vor allem deshalb so umstritten, weil Algorithmen hier eine Entscheidung übernehmen sollen, die eigentlich ein Mensch treffen müsste. So sollen sie urheberrechtlich geschütztes Material erkennen und zum Beispiel ein Video, in dem dieses Material rechtswidrig verwendet wird, schon beim Hochladen sperren. Die Nutzung fremden Materials für eine Karikatur, oder eine Parodie soll nur dann legal sein, wenn sie „in ihrem Umfang durch den besonderen Zweck gerechtfertigt ist". Was so ein Zweck sein soll, fragt die taz am 04.02.2020.

In diesen Kontext passt auch ein Artikel der NZZ vom 07.02.2021: „Die Bundeszentrale für politische Bildung soll die Deutschen ausgewogen und unideologisch informieren – schön wär's". Mit ihrer etatistischen Organisation sind Deutschlands Zentralen für politische Bildung weltweit einzigartig. Denn hier hat die Regierung maßgeblichen Einfluss auf Personal und Inhalte. Zudem sichern sich die im Bundestag vertretenen Parteien ihren Einfluss durch die Bewilligung von Haushaltsmitteln ebenso wie durch die Mitwirkung in zwei beratenden Gremien: dem wissenschaftlichen Beitrat und dem Kuratorium. Der Beirat besteht aus zwölf Sachverständigen, welche die Bundeszentrale in grundsätzlichen Angelegenheiten unterstützen, das Kuratorium setzt sich aus 22 Mitgliedern des Bundestages zusammen und kontrolliert die Arbeit der Bundeszentrale – vor allem auf Ausgewogenheit. Dazu ist die Bundeszentrale für politische Bildung gemäß dem Beutelsbacher Konsens von 1976 verpflichtet. Er statuiert einerseits das Kontroversitätsgebot und andererseits das Überwältigungsverbot. Gesellschaftlich strittige Themen sollen pluralistisch und kontrovers dargestellt werden, außerdem darf es zu keiner Indoktrination von Schülern kommen. Sie sollen vielmehr befähigt werden, sich ein eigenes Urteil zu bilden. Diesen Beutelsbacher Konsens sieht der Würzburger Geschichtsprofessor Peter Hoeres heute in Gefahr. Als

Mitglied des wissenschaftlichen Beirates der Bundeszentrale weist er immer wieder auf Einseitigkeiten und Schieflagen hin. Es herrscht also keinesfalls immer Konsens hinter den geschlossenen Türen der Behörde, vielmehr grummelt es in beiden beratenden Gremien. Von einem speziellen Geist in der Behörde ist die Rede, konservative oder liberal-konservative Geister träfe man unter den Beschäftigten der Bundeszentrale kaum an.

Offenkundig gibt es in dem großen Apparat heute eine Vielzahl an Leuten, die Bildung mit Agenda verwechseln. Da die Bundeszentrale ganz auf ihren Präsidenten ausgerichtet ist, haben es interne Kritiker schwer. Zu Interventionen durch das Bundesinnenministerium kommt es nur in krassen Fällen und vor allem dann, wenn der öffentliche Druck bereits groß ist.

Bedenklich ist aber auch die Berichterstattung über das Corona-Geschehen in anderen Ländern, z. B. in Südafrika. Hier konnte ich mir im Januar 2021 selbst ein Bild machen. Während hier jeder Freund oder Bekannte mich vor einem Südafrikabesuch „warnte", stellte ich vor Ort eine in Deutschland unbekannte Virus-Kontrolle fest. Alle Shops, Museen und Restaurants waren zwar geöffnet, allerdings gab es nirgends Alkohol und vor Zutritt wurde immer die jeweilige Personalie aufgenommen, die Körpertemperatur gemessen und strengstens auf Hand-Desinfektion geachtet. Dies hatte wohl zur Folge, dass sich in der KW 02/2021 die Infektionszahlen zur Vorwoche fast halbiert und die Zahl der Einweisungen in die Krankenhäuser um nahezu 90 Prozent reduziert hatten. Und so hat die Regierung am 01.02.2021 beschlossen, zum nächsten Tag zwar die Warnstufe 3 beizubehalten, aber einige Beschränkungen aufzuheben. Neben den Stränden des Landes sind von nun an auch Schwimmbäder, Flüsse und Parks wieder für Besucher zugänglich. Die Ausgangssperre gilt nur noch zwischen 23 und 4 Uhr, zudem dürfen religiöse Veranstaltungen wieder mit maximal 50 Teilnehmern in Innenräumen und höchstens 100 Personen im Freien stattfinden. Darüber hinaus ist der Ausschank und Verkauf von Alkohol nicht mehr verboten. So dürfen lizensierte Geschäfte von Montag bis Donnerstag zwischen 10 und 18 Uhr alkoholische Getränke verkaufen, der Konsum vor Ort beispielsweise in Bars ist an jedem Wochentag zwischen 10 und 22 Uhr gestattet. (urlaub.check24.de vom 03.02.2021) Mittlerweile liegt die 7-Tage-Inzidenz bei unter 30.

Zu guter Letzt sein noch darauf hingewiesen, dass es häufig Voraussetzung für ein Zustandekommen eines Interviews - nicht nur bei Politkern - ist, dass die Fragen vorher bekannt sind und auch „genehm". Begründet wird dies damit, dass sich der Interviewte entsprechend vorbereiten kann.

6.3. Finanzmanagement

Die Einnahmen des Bundes steigen kontinuierlich: von 244,5 Mrd. Euro in 2000 auf 351 Mrd. Euro oder 51 Prozent.in 2019; dies entspricht einer Steigerung um 51 Prozent. Die Regierung ist dabei stolz, für die letzten Jahre „eine schwarze Null" auszuweisen. Schulden werden aber nicht abgebaut. Diese betrugen Ende 2019 für

- den Bund 1.187 Mrd. Euro
- die Länder 579 Mrd. Euro und
- die Gemeinden 131 Mrd. Euro

zusammen also 1.899 Mrd. Euro. (Pressemitteilung des Statistischen Bundesamts vom 13.08.2020) Die Verschuldungsquote des Bundes beträgt rd. 340 Prozent und dürften in 2020 weiter steigen, zumindest auf das durchschnittliche Niveau der Welt von 365 Prozent auf 277 Billionen Dollar. (faz.de vom 25.11.2020)

Im Rahmen der Corona-Pandemie wurden EU-Corona- und Staats-spezifische Hilfen beschlossen. Das EU-Paket beträgt 1074 Milliarden Euro für den siebenjährigen Haushaltsrahmen bis 2027 und 750 Milliarden Euro für ein Konjunktur- und Investitionsprogramm. Dieser Wiederaufbauplan beinhaltet 390 Milliarden Euro an nicht zurückzuzahlenden Zuschüssen (an Spanien, Italien und Griechenland) und 360 Milliarden Euro an Krediten. (wiwo.de vom 21.07.2021). Deutschland übernimmt davon nach Informationen von bild.de 105 Milliarden Euro, die bis 2058 zurückgezahlt werden sollen. Um das Geld aufzutreiben, sind eine Reihe neuer Steuern geplant.

"Es ist aber zweifelhaft, ob die Corona-Hilfen der EU je fließen werden. Das ganze Finanzpaket sei juristisch bedenklich, sagen die Europarechtler Matthias Ruffert, Professor für Europarecht an der Humboldt-Universität und Malte Symann von der Kanzlei Freshfields Bruckhaus Deringer:

- Die EU benutzt eine für diesen Zweck <u>fragwürdige Vertragsklausel</u>, die für Katastrophenhilfe einzelner Länder gedacht ist. Sie will einen Großteil der Gelder dann aber für andere Zwecke verwenden.

- Sie nimmt <u>hohe Kredite</u> auf, ohne die Rückzahlung verbindlich zu regeln. Das verstößt gegen Haushaltsrecht.

- Der vorgesehene Mechanismus läuft auf eine <u>verbotene „monetäre Staatsfinanzierung"</u> hinaus.

- Der Bundestag will den deutschen Anteil mit einfacher Mehrheit beschließen. Dabei sei <u>eine Zweidrittelmehrheit erforderlich</u>, weil de facto ein neuer Finanzausgleich eingeführt werde. Das sei "eine Einladung zu einer Verfassungsbeschwerde" in Karlsruhe. (tagesspiegel.de vom 09.12.2020)

Die bundesdeutschen Hilfen beliefen sich bereits bis März 2020 auf haushaltswirksame Maßnahmen von 353,3 Milliarden Euro und Garantien über 819,7 Milliarden Euro (die aber immer mehr erhöht werden). Im Oktober 2020 rechnete das Finanzministerium mit 1,5 Billionen Euro Corona-Kosten (Die Zeit vom 18.10.2020), im Dezember 2020 waren es bereits 1,8 Billionen Euro. (ksta.de vom 11.12.2020)

Doch auch Mitte Dezember 2020 findet Olaf Scholz, dass die Rekordschulden, die der Staat wegen der Corona-Krise machen muss, ohne Weiteres zu schultern seien und verspricht am 18.12.2020 noch „Hilfen so lange wie nötig. Es sei noch eine Menge Geld übrig". (ntv.de vom 19.12.2020) Warum soll es Grund zur Besorgnis geben, wenn der Schuldenstand nicht mal höher ist als nach der Finanzkrise 2008? Tatsächlich ist Deutschlands Staatsschuldenquote im internationalen Vergleich mit 74 Prozent sehr niedrig. Aber streng genommen wird sie in den nächsten Jahren deutlich höher sein, als es diese Zahl und die offiziellen Statistiken ausweisen. Der Grund dafür sind die Schulden, die die EU in der Corona-Krise macht. Sie treiben den Schuldenstand Deutschlands laut Bundesbank bis 2026 faktisch um 280 Milliarden Euro nach oben – umgerechnet acht Prozent des Bruttoinlandsprodukts. Die Bundesbank fürchtet, die EU-Schulden könnten künftig in offiziellen Statistiken unter den Tisch fallen. Denn nicht nur die Nationalstaaten, auch die EU hat in der Corona-Krise ein gewaltiges Hilfspaket geschnürt. Insgesamt stellt sie über eine Billion Euro zur Bekämpfung der Pandemie bereit. Dies gilt als historischer Schritt. Genauso wie die Finanzierung des Fonds. Um das Geld für die Hilfen aufzutreiben, darf die EU erstmals im großen Stil eigene Schulden machen.

Für diese neuen EU-Schulden stehen letztlich die Mitgliedstaaten ein. Sie verbürgen sich für diese, verpflichten sich etwa, sie mit Beiträgen zum EU-Haushalt zu bedienen oder Kapital für den Rettungsschirm ESM nachzuschießen. Aus Sicht der Bundesbank ist es deshalb sinnvoll, die Schulden dann auch für „analytische Zwecke" den EU-Nationalstaaten zuzuordnen. Der Schlüssel dafür ist laut der Notenbank der Anteil eines Landes an der gesamten Wirtschaftskraft der EU, nach dem sich auch die Finanzierung des EU-Haushalts richtet. Deutschland wäre demnach rund ein Viertel der europäischen Verschuldung – jene 280 Milliarden Euro – zuzuordnen. Würde man die EU-Schulden auf den aktuellen Schuldenstand draufschlagen, wäre das Finanzkrisen-Niveau von 83 Prozent in etwa wieder erreicht. (handelsblatt.de vom 15.12.2020)

Am 27.12.2020 berichtet ntv, dass die Pandemie Deutschland laut **dem** Deutschen Institut für Wirtschaftsforschung bis März 2021 391 Mrd. Euro kostet. Wird der Lockdown dann nicht aufgehoben, drohen katastrophale Folgen, die Jahre anhalten könnten. Dann drohe ein Pleite-Tsunami, hieß es. Arbeitslose hätten es schwer, eine neue Stelle zu finden.

Hans-Werner Sinn hat den „Eindruck, als verliere die Politik das Maß. Wir scheinen die Kontrolle darüber zu verlieren, was sich gerade abspielt. Man muss nur Corona rufen, und schon fließen die Milliarden. Viele Gruppen nutzen die Chance, Dinge politisch durchzusetzen, die in normalen Zeiten nicht denkbar schienen. Renten, Sozialleistungen, strukturerhaltende Subventionen. Jeder meldet sich, und wer am lautesten ruft, bekommt das Staatsgeld. (www.hanswernersinn.de/de/die-politik-verliert-das-mass-hb-15122020)

Kaum Verständnis wird für Ausgestaltung der „Novemberhilfe" (die auch für Dezember gilt) aufgebracht. Um den von den temporären Schließungen erfassten Unternehmen, Betrieben, Selbständigen, Vereinen und Einrichtungen durch die Krise zu helfen, konnte seit dem 25.11.2020 die außerordentliche Wirtschaftshilfe (Überbrückungshilfe I) beantragt werden. Diese Hilfe wurde aufgrund der Verlängerung der Schließungen bis zum 20.12.2020 im Rahmen der Vorgaben des EU-Beihilfe-rechts verlängert (Überbrückungshilfe II). Damit sollen auch für die Zeit der Maßnahmen im Dezember von diesen Schließungen betroffenen Unternehmen Zuschüsse in Höhe von bis zu 75 Prozent des Vergleichsumsatzes im Jahr 2019 als Hilfen zur Verfügung stehen. So können beispielsweise Fastfood-Ketten wie Burger King oder McDonalds 75 Prozent des Umsatzes fordern und weiterhin das Außerhausgeschäft ohne Limitierung durchführen. Problematisch seien vor allem große Konzerne, die stark davon profitieren. Carsten Linnemann kommentierte dies bei Markus Lanz am 02.12.20 mit „Da habe ich gedacht, Herr Scholz hat sich vertan und Umsatz mit Gewinn vertauscht." Dass dies der Fall sein könnte, wird unterlegt mit der Entscheidung der Regierung vom 04.01.2021, dass ab dem 01.01.2021 nur noch die Fixkosten ersetzt werden sollen.

Am 19.01.2021 wurde dann die Überbrückungshilfe III bekanntgegeben, wonach die Fördermonate bis Juni 2021 verlängert werden.

Allerdings wurden die „Novemberhilfen" erst im Januar und Februar ausbezahlt, da die Bearbeitung und Bewilligung der Anträge wegen fehlender Software sich hinzieht. Der parlamentarische Geschäftsführer der FDP, Marco Buschmann, kritisierte dies als Offenbarungseid. (ksta.de vom 07.01.2020). Sicherlich dürfte dann die Hilfe für manchen zu spät kommen.

„Pikant" ist, dass es wohl 25.000 Missbrauchsfälle bei der Auszahlung (teilweise auf ausländische Konten!) gegeben hat.

Dass „Soloselbständige" i. w. S. unterstützt werden sollten, v. a. wenn ihnen ein Berufsverbot auferlegt wird, ist dabei selbstredend – aber dann bitte „qualifiziert", sowohl inhaltlich wie auch zeitlich, also beispielsweise die Fixkosten für jeden Tag der „verordneten Schließung". Das klingt im ersten Moment gewaltig, ist aber wahrscheinlich im Vergleich zu Einzelunterstützungen wie bei der Lufthansa mit 9 Milliarden Euro bei noch 64.000

Mitarbeitern (nach dem im November 2020 angekündigten Personalabbau noch 55.000 Mitarbeiter, demnächst noch 45.000, siehe Focus vom 09.12.2020) wenig – die Anzahl der selbstständig Erwerbstätigen in Deutschland belief sich im Jahr 2016 auf insgesamt über 4 Millionen; darunter sind 2,32 Millionen Solo-Selbstständige, also Selbstständige, die ihr Unternehmen ohne abhängig Beschäftigte betreiben. (Bundesministerium für Arbeit und Soziales, Forschungsbericht 514 aus September 2018). Würde man nur die Soloselbständigen so stützen wie die Lufthansa-Mitarbeiter in Deutschland, so müsste man jedem von ihnen rund 164.000 Euro geben, zusammen also 237 Mrd. Euro. Dabei ist die Zukunftsträchtigkeit des Lufthansa-Geschäftsmodells noch nicht berücksichtigt. Und befremdlich ist für viele auch, dass die Lufthansa die Milliardenkredite des Staates auch dafür nutzt, um das Kurzarbeitergeld ihrer Piloten aufzustocken – auf bis zu 15.000 Euro im Monat. Angesichts des gewaltigen Sparprogramms innerhalb des Konzerns dürfte die diese Aufstockung nicht nur bei Oppositionspolitikern, sondern auch in den Reihen der Lufthansa nicht jedem gefallen. (welt.de vom 27.12.2020)

Wenig „ausgleichende Konjunkturbelebung" brachte die in 2020 sechsmonatige Senkung der Mehrwertsteuer (von 19 auf 16 bzw. von 7 auf 5 Prozent). Von der befristeten Senkung der Mehrwertsteuer hatte sich Bundesfinanzminister Olaf Scholz einen „Wumms" für die Wirtschaft erhofft. „Das Ziel ist, dass die Bürgerinnen und Bürger eine mögliche Kaufentscheidung jetzt treffen und sie nicht ins nächste oder übernächste Jahr schieben", sagte er im Sommer bei der Vorstellung des Konjunkturprogramms. Laut einer Analyse des Ifo-Instituts gingen nur 0,6 Prozent des gestiegenen Binnenkonsums auf die Steuersenkung zurück. „Letztlich steht damit zu befürchten, dass Kosten und Nutzen der temporären Mehrwertsteuersenkung in einem eher ungünstigen Verhältnis zueinanderstehen", sagte Ifo-Experte Peichl. Schließlich ist es die für den Staat teuerste Einzelmaßnahme im Konjunkturprogramm. (handelsblatt.de vom 30.12.2020)

Ebenfalls wenig nachvollziehbar ist, dass Deutschland in 2017 630 Millionen Euro und seit 1979 10 Milliarden Euro an Entwicklungshilfen gezahlt hat, u. a. für Projekte und Programme der Bundesregierung, etwa Beratungen zur Planung und Umsetzung finanzieller Reformen, zur nachhaltigen Waldbewirtschaftung oder Fortbildungsprogramme für chinesische Manager. (focus.de vom 12.06.2019)

Corona wird aber auch benutzt, um die Kosten für andere Regierungsprojekte zu „verstecken", z. B. die Gesetzespläne von Gesundheitsminister. Spahn Die gesetzlichen Krankenversicherer beziffern ihren Zusatzbedarf für die Zeit von 2019 bis 2022 auf 33 Mrd. Euro. Größte Kostentreiber seien die Gesetze zur Pflegeversicherung und für einen besseren Terminservice. (faz.de vom 17.11.2020)

Die größte Position in den Bundesausgaben stellen seit Jahren die Sozialausgaben dar, die zudem als Anteil an den gesamten Bundesausgaben immer weiterwachsen:

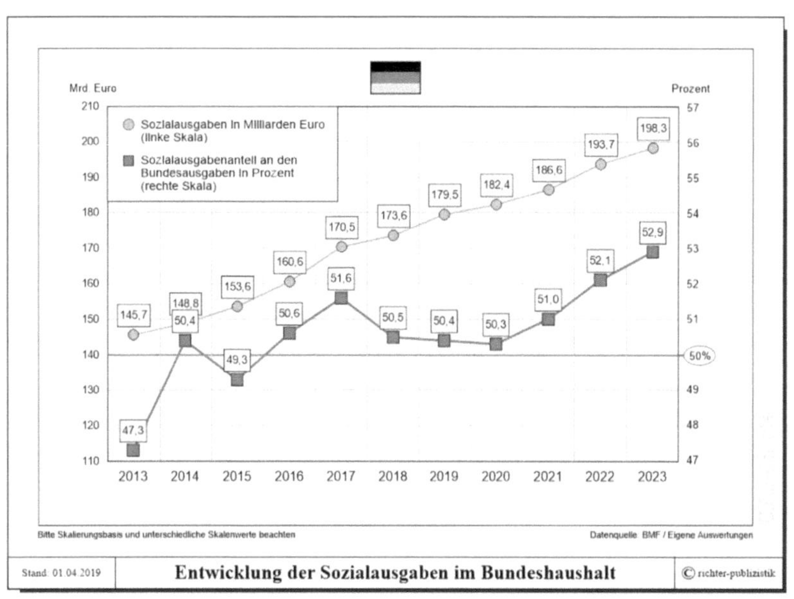

Abb. 18: Entwicklung der Sozialausgaben im Bundeshaushalt seit 2013

Diese Steigerung war ohne nennenswerte Anteilskürzungen anderer Bereiche möglich, da infolge der immer weiter fallenden Sollzinsen sich der Bundesschuldanteil reduzierte. Allerdings wäre eine Steigerung anderer Ausgabenanteile, z. B. für Bildung, Forschung oder Infrastruktur sicherlich zukunftsträchtiger gewesen. Allem Gerede von steigenden Zukunftsinvestitionen zum Trotz liegt die Investitionsquote schon seit Jahren bei nur zehn bis elf Prozent. Stattdessen wurden jedoch immer neue und vor allem teure Wahlgeschenke beschlossen – etwa die Rente mit 63, die Mütterrente II, die Grundrente oder das Baukindergeld. (zeit.de vom 22.09.2020)

Auch die Subventionen werden immer weiter überproportional gesteigert, allein von 2017 bis 2020 um knapp 10 Mrd. Euro

bzw. 44 Prozent auf 31,4 Mrd. Euro. Dabei wurden 29 Finanzhilfen neu eingeführt. Zweitgrößte Position in 2020 ist der Zuschuss für den Absatz der deutschen Steinkohle mit knapp zwei
Milliarden Euro (27. Subventionsbericht des Bundes) – Zukunftsinvestitionen sehen anders aus.

Nach der Rekordverschuldung für 2020 von 218 Mrd. Euro
plant der Finanzminister für den Bundeshaushalt 2021 ein Defizit von 180 Mrd. Euro. Auch für die Jahre 2021 und 2022 werden neue Schulden geplant und die Koalitionspolitiker rechnen
damit, dass der Haushalt sogar für den Rest des Jahrzehnts in
den roten Zahlen bleiben wird. Die Wahrscheinlichkeit, dass
Kranken- und Pflegeversicherung aber auch darüber hinaus
Steuermittel brauchen, ist hoch. Nicht wegen Corona, sondern
wegen der Leistungsausweitungen bei Rente, Gesundheit und
Pflege. (handelsblatt.de vom 17.09.2020)

Zur Finanzierung wird der Bund neue Kredite in Höhe von rund
156 Milliarden Euro aufnehmen. Für Herrn Scholz ein Beitrag,
den wir uns leisten können". (Scholz im Bundestag am
25.03.2020 wie auch bei Anne Will am 16.11.2020). „Wir haben
in den letzten Jahren sehr solide gewirtschaftet …und haben
einen niedrigen Schuldenstand".

Eine Sichtweise, die wahrscheinlich nicht viele teilen. Nehmen
wir eine „Durchschnittsfamilie", sprich mit einem durchschnittlichen Nettoeinkommen, also 40.000 Euro. Aus der Vergangenheit hat diese Familie bei der Bank seit Jahren Verbindlichkei-
ten von 135.000 Euro (340 Prozent Verschuldungsquote wie
der Bund) – eine Tilgung ist noch nie erfolgt, stattdessen hat
sich die Kreditlinie immer weiter erhöht. Nun möchte die Familie
– Corona-bedingt – ihre Kreditlinie um weitere 40.000 Euro erhöhen und den Nachbarn Garantien von 80.000 Euro ausspre-
chen – man hätte schließlich gut gewirtschaftet. Die Realitäts-
nähe dieses Ansinnens ist leicht vorstellbar.

Selbst wenn anhaltend der Sollzins um null Prozent liegt, der Bund keine neuen Schulden aufnimmt und jährlich fünf Prozent seiner Haushaltseinnahmen für Rückzahlungen aufwenden würde, benötigt er siebzig Jahre zur Schuldentilgung.

Doch der Kunde glaubt zu wissen, wie er die Finanzlücke schließen kann. Er teilt seinem Arbeitgeber mit, dass er ab nächstem Jahr mehr Geld einfordere. Aber auch diese Idee scheint nicht sehr vielversprechend – es sei denn, „man ist der Staat" … und erhöht einfach die Steuern. Im September 2020 wurde von Herrn Scholz ab 2021 neben einer Wiedereinführung der Vermögenssteuer auch Steuerhöhungen für Besserverdienende avisiert. Besserverdienende sind für Herr Scholz Bürger mit einem Einkommen über 200.000 Euro. Wie es zu dieser Grenze kommt, kann nur vermutet werden. Allerdings ist auffällig, dass die Jahresgehälter von Ministern bei 197.000 Euro liegen.

Aber mit der Erhöhung der Steuer für Besserverdienende gehe es laut Herrn Scholz „weniger darum, die Steuereinnahmen des Staates zu erhöhen, sondern in erster Linie um Leistungsgerechtigkeit." (welt.de vom 27.09.2020) Die Verständlichkeit dieser Aussage liegt zumindest nicht auf der Hand. Nehmen wir noch einmal den „Durchschnittsverdiener" mit 40.000 Euro netto bzw. 62.000 Euro brutto. Bei 62.000 Euro beträgt der Steuersatz für 2020 rund 27,5 Prozent (http://www.sozialpolitik-aktuell.de/tl_files/sozialpolitik-aktuell/_Politikfelder/Finanzierung/Datensammlung/PDF-Dateien/abbIII21a.pdf), d. h. unser Durchschnittsverdiener zahlt in 2020 17.000 Euro Steuern. Nehmen wir an, der Chef seines Unternehmens verdient das Zehnfache, also 620.000 Euro. Hierauf fallen 42 Prozent oder 260.000 Euro Steuern an, also mehr als das 15-fache – ist das nichts? Unabhängig davon, dass der „Chef" wahrscheinlich länger ausbildungsbedingt kein Einkommen hatte, nicht mit einer 40-Stunden-Woche auskommt und auch meist nur einen befristeten Arbeitsvertrag hat.

Auch sollte nicht vergessen werden, dass die Steuer- und Abgabenlast in Deutschland für den durchschnittlichen Arbeitnehmer bereits jetzt mit 49,4 Prozent deutlich höher ist als in anderen Industriestaaten. In 34 von 36 OECD-Staaten werden Arbeitnehmer (hier ohne Kinder) weniger belastet (in der Schweiz gerade mal mit 22,3, in den USA mit 25,8, UK mit 30.9 Prozent) lediglich in Belgien ist die Last mit 52,2 Prozent höher.

Die Idee, Kosten einzusparen, was sowohl Haushalte wie Unternehmen spätestens bei Finanznot vornehmen, ist für den Staat anscheinend abwegig. Dabei müsste doch im Zuge von COVID-19 spätestens jetzt jedem klar sein, dass Krisen oder Umbrüche fast zwar unverhofft, doch letztlich fast regelmäßig eintreten (1990 die Wiedervereinigung, 2000 die Dotcomblase, 2008 die Finanzkrise und jetzt die Corona-Pandemie) und wir jedes Mal neue Schulden aufnehmen, ohne alte getilgt oder „Reserven" angelegt zu haben.

So grenzen jetzt die Pläne der Bundesregierung an Größenwahn, das Kanzleramt in Berlin durch einen Neubau auf der anderen Seite der Spree auf 50.000 Quadratmeter zu vergrößern - eine Verdoppelung. Mit mehr als 25.000 Quadratmetern Nutzfläche ist das Bundeskanzleramt heute schon die größte Machtzentrale in der westlichen Welt - rund achtmal größer als das Weiße Haus, zehnmal größer als Downing Street No. 10 und dreimal größer als der elegante Élysée-Palast in Paris. Das nach der Wende in Berlin Mitte errichtete Kanzleramt, soll für 600 Millionen Euro bis 2028 um einen angeblich "nüchternen, auf Funktionalität ausgerichteten Zweckbau" erweitert werden, vom selben Architekten, der schon beim ersten Bau in 2005 die Kosten nicht unter Kontrolle hatte, ohne Ausschreibung. Von vielen unbemerkt hat das Bundeskabinett den gigantischen Regierungspalast bereits beschlossen.

Geplant ist dabei beispielsweise ein 2,8 Millionen Euro teurer Kindergarten für bis zu 15 Kinder oder ein Wintergarten auf fünf

Etagen. Allein die Verglasungen, den Sonnenschutz der Wintergärten und die Befahranlagen zur Glasreinigung werden über 14 Millionen Euro kosten. Obwohl es im alten Kanzleramt schon eine 200 Quadratmeter große, bisher selten genutzte Kanzlerwohnung gibt, soll eine neue entstehen mit 280 Quadratmetern. Wer schon mal im Bundeskanzleramt war, etwa beim alljährlichen Tag der offenen Tür, ist beeindruckt von der Großzügigkeit des Gebäudes. Platznot sieht anders aus – sparen auch. (vogtland-anzeiger.de vom 12.10.2020)

Doch was der Bund kann, können auch einzelne Länder und so plant NRW eine Erweiterung ihres Landtages, „weil man mehr Platz braucht". Mit einem Entwurf dazu setzte sich ein Leipziger Architekturbüro durch, wie ein Sprecher des Landtags mitteilte. Der Bau könnte Ende 2021 beginnen; wie viel das Projekt kosten werde, könne noch nicht geschätzt werden." (ksta.de vom 25.11.2020)

Aber auch sonst werden „traditionell" viele Millionen Euro für öffentliche Bauprojekte eingesetzt, die meist letztlich ein Vielfaches der Ursprungskalkulation kosten und deren Notwendigkeit oder Nutzen (zumindest derzeit) umstritten ist:

Neben dem „BER-Desaster" (siehe Kapitel 3.1.4.) gibt es noch viele weitere Kostenexplosionen, Verzögerungen und Affären:

- <u>Hamburger Elbphilharmonie</u>: Ende 2002 kündigte der damalige Bürgermeister Ole von Beust den Bau eines Kulturzentrums im neuen Stadtteil Hafencity an mit „einer neuen Musikhalle", die ca. 50 Millionen Euro kosten werde. Eine Machbarkeitsstudie schätze in 2005 auf Basis der Vorentwurfsplanung der Architekten die Netto-Baukosten auf 186 Millionen Euro. Der Senat beschloss daraufhin das Projekt weiterzuverfolgen bei einem Finanzierungsbeitrag der öffentlichen Hand von 77 Millionen Euro. Die restlichen Kosten sollten durch die private Mantelbebauung und Spenden abgedeckt werden. Im November 2006 gab Ole von Beust das Ergebnis des europaweiten Bieterwettbewerbs bekannt. Das Angebot des Konsortiums Adamanta (Hochtief und Commerzbank), das den Zuschlag erhielt, belief sich auf 241,3 Millionen Euro, mit einer Fertigstellung in 2010. Letztlich startete der Konzertbetrieb 2017 und das Projekt kostete 866 Mio. Euro, 789 Mio. Euro davon dem Steuerzahler. (handelsblatt.de vom 04.11.2016)

- <u>Stuttgart 21</u>: Im November 1995 unterzeichnen Bahn, Bund, Land und Stadt eine Rahmenvereinbarung für die Tieferlegung des Stuttgarter Hauptbahnhofs - das Projekt soll knapp 2,6 Milliarden Euro kosten – Fertigstellung 2019. Mittlerweile geht der Bundesrechnungshof von knapp 10 Mrd. Euro aus, bei einer Eröffnung im Dezember 2025. (perspektive-online.net vom 05.11.2020) Besonders brisant: als ehemaliger Ministerpräsident von Baden-Württemberg (2005-2010) trieb Oettinger das Bahnhofsprojekt Stuttgart 21 voran, an dem Herrenknecht beteiligt ist, wo Oettinger im Januar 2021 in den Aufsichtsrat eingezogen ist. Aber auch Oettingers Lebensgefährtin Friederike Beyer profitiert als Vorstandsmitglied einer Stiftung des Shoppingcenter-Betreibers „ECE" von dem Projekt - diese möchte auf dem Gelände von Stuttgart 21 ein Einkaufszentrum errichten.

Im Zusammenhang mit Stuttgart 21 wurden in Wendlingen nahe Stuttgart im April 2017 zweihundert streng geschützte Zauneidechsen von einem Bauplatz für die ICE-Trasse Stuttgart-Ulm eingesammelt. Für die Umsiedlung eines einzelnen Tieres veranschlagt die Bahn zwischen 2.000 und 4.000 Euro, der Umzug aller Eidechsen soll insgesamt 15 Millionen Euro kosten. Zudem hätten die Tiere den Start der Bauarbeiten in Wendlingen schon um 18 Monate verzögert, sagte ein Projektsprecher.

- <u>Kölner Oper</u> (ksta.de vom 9.9.19): Laut der städtischen Bühnen Köln wird das Vorhaben, Oper und Schauspiel in einen einwandfreien, technisch zeitgemäßen Zustand zu bringen, die Stadtkasse mit 841 Millionen Euro belasten, im schlechtesten Fall mit 899 Mio. Euro (ksta.de vom 22.12.2020). Darin sind die Baukosten enthalten, die Bankzinsen, die Gestaltung des Offenbachplatzes und das Architektenhonorar für die Machbarkeitsstudie von 2010. Die reinen Baukosten, anfangs mit 253 Millionen Euro veranschlagt, werden sich jüngsten Berechnungen zufolge auf 554 Millionen Euro summieren.

- <u>Hochmoselbrücke</u>: Über acht Jahre war das Projekt die größte Brückenbaustelle Europas, mit Baukosten von rund einer halben Milliarde Euro, u. a. wegen eines hohen Aufwands für die Ökologie. Eröffnung war am 21.11.2019, doch bis heute ohne den geplanten Autobahnanschluss. So fahren deutlich weniger Fahrzeuge über die Brücke, wie viele, bleibt ein Geheimnis, da die Bundesregierung den Termin der turnusmäßigen Zählung immer wieder verschob. (ksta.de vom 29.12.2020)

- „<u>Leverkusener Brücke</u>": Anfang 2012 wurde für die mittlerweile 50 Jahre alte und stark überlastete Brücke vom Land Nordrhein-Westfalen ein Neubau angestrebt. (ksta.de vom 10.07.2012), zunächst mit Fertigstellung 2025, dann aufgrund der hohen Instandhaltungsarbeiten auf 2020 vorgezogen. Mit dem Neubau der Rheinbrücke in zwei getrennten Teilbauwerken, Abbruch des Bestandsbauwerks, Abbruch und Neubau der Rampe K3 wurde der österreichische Baukonzern Porr für 362 Mio. Euro netto beauftragt. Im April 2020 wurden Mängel an Stahlbauteilen der Brücke, die Porr in China hatte anfertigen lassen, bekannt, bevor diese verbaut wurden. Da über die festgestellten Mängel und deren Beseitigung keine Einigung erzielt werden konnte, kündigte strassen.nrw den Auftrag mit Porr mit sofortiger Wirkung. Eine Neuvergabe des Projektes sollte im November 2020 erfolgen. Doch da ein „Angebot für Brücke zu billig" (ksta.de vom 27.11.2020) war (7,1 Prozent unter dem Mindestpreis), kommt es zu einer weiteren Verzögerung – der Anbieter muss nachweisen, „dass seine Kalkulation seriös ist". Es stellt sich die Frage, ob Landesbetrieb Straßen NRW nicht vorher die Anbieter verifiziert hat.

Am 04.01.2020 wurde berichtet, dass der günstigste Anbieter, eine Gruppe um den Stahlbauer SHG Engineering aus Hannover, den Zuschlag erhalten hat. Allerdings hat der unterlegene Bieter, die „Biege" (Bietergemeinschaft aus Heitkamp, Meyer und Hörnig) eine Prüfung des Verfahrens von der Vergabekammer angeschoben hat. „Damit scheint klar, dass die endgültige Entscheidung über den Weiterbau des Bauwerks in diesem Jahr wohl nicht mehr erfolgen wird." (ksta.de vom 04.12.2020)

Zudem resultieren ggf. allein aus dem ursprünglichen Vergabeverfahren weitere Verzögerungen. Konkret geht es um die Rolle des heutigen NRW-Verkehrsstaatssekretärs Hendrik Clemens Schulte. Der arbeitete bis zum 30.06.2017 für die österreichische Baufirma Porr, als Bereichsleiter Brückenbau in der Düsseldorfer Niederlassung. Einen Tag vor Schultes Ende bei Porr wurde der Neubau der Brücke ausgeschrieben. Später dann bekam sein ehemaliger Arbeitgeber den Zuschlag. Bei seinem neuen Arbeitgeber, dem NRW-Verkehrsministerium, war Schulte wiederholt mit der Leverkusener Brücke befasst. Nun steht Befangenheit im Raum.

Am 06.01.2020 wurde noch von einem weiteren möglichen Interessenkonflikt berichtet (wdr.de). Eine Projekt-

leiterin von Straßen NRW ist mit einem führenden Mitarbeiter der mitbietenden Firma Hochtief verheiratet, die nach Westpol-Informationen inzwischen auch die Zusage für den Auftrag bekommen haben soll.
"Ein klarer Verstoß gegen die Vergabeverordnung," urteilt Clemens Antweiler, Fachanwalt für Vergaberecht aus Düsseldorf. Ausschreibungen müssten einen fairen Wettbewerb ebenso garantieren wie eine Gleichbehandlung der Bieter und Transparenz.
Während das Ministerium sich zu dem Sachverhalt nicht äußert, dementiert Straßen NRW zwar nicht, dass die Projektleiterin der Behörde mit einem Ingenieur der Firma Hochtief verheiratet ist, teilt aber mit: "Projektleiter sind auf Seiten des Landesbetriebes nicht mit der Vergabe von Projekten beschäftigt und haben keinen Einfluss auf ein Bieterverfahren."
Doch dazu hat der WDR ganz andere Hinweise. Aus Westpol vorliegenden Dokumenten geht hervor, dass die Mitarbeiterin an Treffen und Gesprächen mit den bietenden Firmen im Vergabeverfahren beteiligt war. Ob ihr Ehemann dabei anwesend war, geht daraus nicht hervor.
Dass am Ende womöglich nicht sie die Entscheidung darüber traf, wer den Auftrag bekommt, spielt nach Angabe von Fachanwalt Antweiler keine Rolle. Das Mitwirkungsverbot gelte auch für alle Personen, die an vorbereitenden Handlungen in irgendeiner Form mitwirken.
Für das im Verfahren unterlegene Konsortium könnte das gelegen kommen. Wegen einer anderen Problematik hat es bereits die Vergabekammer der Bezirksregierung Köln angerufen, die das Verfahren nun prüfen muss. Der nun bekannt gewordene Interessenkonflikt kann nach Angaben von Clemens Antweiler im schlimmsten Fall dazu führen, dass das gesamte Verfahren zurück auf Los gesetzt werden müsse.

Die Folge sei eine weitere erhebliche Zeitverzögerung. Während die Landesregierung auch dazu schweigt, findet die SPD im Landtag deutliche Worte. Die Menschen nicht nur in Köln und Leverkusen seien auf die Brücke dringend angewiesen. Eine erneute Verzögerung wäre "ein Desaster.", sagt Fraktions-Vize Jochen Ott. Am 09.02.2021 wird dann berichtet, dass ein (neuer) Vertrag zum Neubau der Rheinbrücke der A1 unterzeichnet worden sei. Die Bauarbeiten sollen laut Auskunft "in Kürze" beginnen. Die Inbetriebnahme der Brücke ist für 2023 geplant. (koeln.de vom 09.02.2021)
Das es auch schneller gehen kann, hat Italien mit der Wiedererrichtung der Brücke in Genua bewiesen. Zwei Jahre nach Einsturz und 18 Monate nach Baubeginn wurde der Neubau mit 18 bis zu 45 Meter hohen Stelzen über dem Fluss Polcevera und einer Gesamtlänge von 1.067 Meter eingeweiht.
Aber auch sonst steht Straßen NRW ausreichend in der Kritik, z. B. im Zuge des tödlichen Unfalls auf der A3 am 13.11.2020, als eine Autofahrerin von einer Betonplatte erschlagen wurde. Mittlerweile „steht fest, dass Straßen NRW schon im Jahre 2008 wusste, dass beim Einbau der Wand nicht regelkonform gearbeitet worden war. Die Baufirma sei mehrfachen Aufforderungen, einen statistischen Nachweis zu liefern, dass die Konstruktion sicher ist, nicht nachgekommen. Warum die Sache dann im Sande verlief und sich offenbar keiner mehr darum kümmerte, dürfte eine zentrale Frage bei der Suche nach den Verantwortlichen sein." (ksta.de vom 27.11.2020)

Nun könnte einwenden, dass Großprojekte eine besondere Herausforderung darstellen – zumindest für die Schweiz scheint das allerdings nicht zu gelten: der neue Gotthard-Tunnel, ein Jahrhundert-Bauwerk von zwei Röhren über 57 Kilometer wurde nach 17 Jahren Bauzeit im Juni 2016 ein Jahr vor der geplanten Eröffnung fertig. Mitanwesend bei der Eröffnung war auch Frau Merkel. Leider musste sie eingestehen, dass der Ausbau des Zubringers für den neuen Gotthard-Tunnel auf deutscher Seite „hakt" – laut Bahnchef Grube infolge von 170.000 Einwendungen von Anwohnern, Gemeinden und Landkreisen. „Wir wollen die Bevölkerung mitnehmen." Es liege daher in der Natur der Abläufe, dass Zeitziele nicht immer eingehalten werden könnten. Es gehe Schritt für Schritt weiter. „Wir freuen uns, dass wir sukzessive Fortschritte machen", sagte der Bahnchef im Schweizer Fernsehen SRF. Aktuell geht das Bundesministerium davon aus, dass der deutsche Zulauf erst 2040 in Betrieb genommen wird – während Österreich und Italien im Zeitplan sind.

Aber obige Nichteinhaltung eines Staatsvertrags ist kein Einzelfall. Ähnlich gelagert ist die Ostseeuntertunnelung (Fehrmannbelttunnel), die in Deutschland weiter nur in der Planung ist, in Dänemark hat man mit dem Bau im Januar 2021 begonnen. In der Debatte über die neue Fehmarntrasse wird auch zwölf Jahre nach Abschluss des Staatsvertrags zwischen beiden Ländern noch um Details gestritten. (spiegel.de vom 26.05.2020)

Auch kleinere Projekte laufen häufig nicht nach Plan (www.schwarzbuch.de/aufgedeckt/steuergeldverschwendung-alle-faelle)

- Feuerwache in Hückeswagen/Bergisch Land: Die erste Kostenschätzung von 2017 belief sich auf 6,2 Mio. Euro. Im Frühjahr 2020 rechnete man bereits mit 8 Mio. Euro. Bemerkenswerter ist aber noch, dass in den Ratsunterlagen vorgeschlagen wird, zukünftig die Grobkostenplanungen von Projekten nicht mehr öffentlich zu machen,

„um nicht immer den Eindruck zu vermitteln, dass Maßnahmen der öffentlichen Hand grundsätzlich teurer werden“.

- Fußgängerbrücke in Berlin: Eine Fuß- und Radwegbrücke über den Berlin-Spandauer-Schifffahrtskanal sollte ursprünglich 2014 knapp 1,9 Mio. Euro kosten und ab Dezember 2018 nutzbar sein – zuletzt hat das Land Berlin die Gesamtkosten mit ca. 9,6 Mio. Euro angegeben, die Eröffnung soll im Frühjahr 2021 erfolgen.

- Kindergartenerweiterung in Seth/Kreis Segeberg: 300.000 Euro wurden für den Umbau bereitgestellt. Vom Bauordnungsamt des Kreises wurde der Bauantrag mit folgender Auflage genehmigt: „Die Vorschriften der Unfallkasse sind einzuhalten.“ Doch offenbar hat keiner der Verantwortlichen diesen Hinweis ernst genommen, denn eine Bauabnahme konnte nicht erfolgen. Zudem fällt durch den Umbau auch noch der bisherige Bestandsschutz für die derzeit genutzten Räume weg. Jetzt prüft die Gemeinde Alternativen für einen ebenerdigen Anbau oder einen vollständigen Neubau des Kindergartens. Die 300.000 Euro für den Umbau sind dann aber endgültig verloren.

- LKW/PKW-Rastplatz an der A1 nahe dem Autobahnkreuz Leverkusen: Nach Abschluss der Standortsuche soll der kombinierte LKW-/PKW-Rastplatz nun in Burscheid-Dürscheid errichtet werden. Die Bürgerinitiativen in Leverkusen haben bereits angekündigt gegen das Vorhaben klagen zu wollen. Parallel werden die Unterlagen durch das Ministerium für Verkehr des Landes Nordrhein-Westfalen geprüft und dann dem Bundesverkehrsministerium zur abschließenden Entscheidung vorgelegt. Erst danach kann die Vorplanung für die beiden Rastanlagen erstellt werden. 2023 könne dann mit den Bauarbeiten begonnen werden, vor Mitte 2025 ist aber wohl kaum mit einer Fertigstellung zu rechnen – erste Planungen starteten 2009

Übertroffen werden obige Ausgabenbeispiele nur noch von völlig sinnfreien Projekten:

- Vor dem Darmstädter Hauptbahnhof wurde wider besseren Wissens ein Natursteinpflaster verlegt. Es ist für die hohen Belastungen durch schwere Busse nicht ausgelegt und musste schon nach vier Jahren ausgetauscht werden. Kosten: 300.000 Euro.

- Bei Ludwigslust in Mecklenburg-Vorpommern sollte zwischen zwei Orten ein sechs Kilometer langer Radweg angelegt werden. Gebaut wurde lediglich ein 300 Meter langes Teilstück mit zwei Brücken – in der Mitte der Strecke, ohne Anbindung, also quasi im Nichts. Kosten: 400.000 Euro.

- An der Autobahn A 2 musste eine 74 Jahre alte Autobahnbrücke einem Neubau weichen. Da das Bauwerk unter Denkmalsschutz steht, wurde es auf den nahegelegenen Autobahnrastplatz Vellern Süd transportiert. Dort steht das Bauwerk nun und kann besichtigt werden. Kosten der Aktion: 310.000 Euro.

Auch im „Tagesgeschäft" wird nicht selten „großzügig" mit Steuergeldern umgegangen. Die MDR-Sendung "Exakt" zeigte im Januar 2016, wie Flüchtlinge mit Taxis von Amt zu Amt oder Arzt chauffiert werden. Ein Leipziger Taxi-Unternehmer spricht von rund 800 Fahrten in drei Monaten. Die Behörden geben diese "Taxifahrten" bei der Landesdirektion Sachsen in Auftrag. - wegen fehlender Ortskenntnisse" oder damit die Asylbewerber "überhaupt zu den Terminen erscheinen". Dabei schlagen Fahrten von 100 Metern zu Buche, aber auch Reisen über 300

Euro, z. B. wurde eine syrische Familie bei Chemnitz 80 Kilometer weit in das nächste Amt gebracht - inklusive der Wartezeit nach 5,5 Stunden für 308,90 Euro an. (tag24.de vom 28.01.2016)

Die Liste der Absurditäten lässt sich endlos verlängern. Über das tatsächliche Ausmaß der Verschwendung gibt es keine seriösen und verlässlichen Zahlen, auch nicht vom Bund der Steuerzahler. Ein Ende ist nicht in Sicht. Auch weil es keinen Anreiz zum Sparen gibt, wie ein Sachverständiger für Verkehrsflächen und Gutachter der Gesellschaft für technische Überwachung meint, genauso wenig Konsequenzen, weder für die involvierten Behörden noch die Personen.

In jüngster Zeit hat aber auch noch eine andere Kostenposition des Haushalts Aufmerksamkeit erfahren. Wie im Herbst 2020 berichtet wurde, belaufen sich die jährlichen Aufwendungen für externe Berater auf mittlerweile 500 Millionen Euro. Obendrauf kommt wohl der Umstand, dass Projekte ohne Berater gar nicht mehr umgesetzt werden können, d. h. es fehlt an Sachkompetent und an Managementfähigkeit.

7. Gibt es einen Ausweg?

Nach so viel dargestellten Unzulänglichkeiten soll aber auch noch ein möglicher „Ausweg" skizziert werden: die <u>Etablierung einer neuen politischen Klasse</u>. Weder das Geschlecht noch das „Parteibuch" darf zur Führung bevollmächtigen, sondern Kompetenz und Erfahrung. Dies bedeutet, dass man zumindest ab Ministerialebene eine entsprechende Vita darlegen muss, z. B. durch erfolgreiche Führung eines Unternehmens.

Des Weiteren müssen die Strukturen stark verschlankt werden, um Entscheidungen auch kurzfristig umsetzen zu können, aber auch um Kosten einzusparen. Als Leitlinie könnte eine „50%-Reduktions-Regel" dienen:

- <u>Bundestag</u>: Seit Jahren wird diskutiert, dass das das Parlament mit seinen aktuell 709 Mitgliedern, verkleinert werden soll, vor allem, weil es sonst im Zuge der nächsten Bundestagswahl auf über 800 Mitglieder ansteigen könnte. Eine einfache Regelung wäre, dass jede vertretene Partei auf jeden zweiten Sitz verzichten muss. Der Bundesrat, sollte aufgelöst werden, seine Aufgaben in den Bundestag integriert werden.

- <u>Bundesministerien</u>: es sei vorausgeschoben, dass in der Vergangenheit schon verschiedene Ministerien aufgelöst bzw. in Nachfolgebehörden aufgegangen sind, zuletzt in 1998 das Ministerium für Raumordnung, Bauwesen und Städtebau. Eine Zusammenlegung von Ministerien ist also nicht unbekannt. Denkbar wäre:
    - Zusammenlegung des Bundesministeriums für Verteidigung mit dem Bundesministerium des Inneren, für Bau und Heimat und dem Ministerium für Justiz und Verbraucherschutz,

- o Zusammenlegung des Bundesministeriums für wirtschaftliche Zusammenarbeit und Entwicklung mit dem Bundesministerium für Wirtschaft und Energie,
  - o Zusammenlegung des Bundesministeriums für Familie, Senioren, Frauen und Jugend mit dem Bundesministerium für Arbeit und Soziales,
  - o Zusammenlegung des Bundesministeriums für Ernährung und Landwirtschaft mit dem Bundesministerium für Gesundheit,
  - o Zusammenlegung des Bundesministeriums für Umwelt, Naturschutz und nukleare Sicherheit mit dem Bundesministerium für Verkehr und digitale Infrastruktur.

  Unberührt bleiben die Ministerien für Finanzen, Forschung und Bildung sowie das Auswärtige Amt.

  An das Kanzleramt angehängt werden sollte eine neue Abteilung „Risiko und Strategie", dass sich mit Fragen wie „Wo will Deutschland in fünf oder zehn Jahren stehen?" oder mit Krisenszenarien auseinandersetzt wie es auch Herr Prof. Streeck am 08.02.2021 fordert. (ksta.de vom 08.92.2021)

  Ausschließliche Kommunikationsorgane sind bei Regierungsangelegenheiten Kanzler/-in und Regierungssprecher, bei Länderthemen der jeweilige Ministerpräsident.

- Politische Ämter werden – wie in den USA – nur noch für zwei Wahlperioden vergeben. Die Regelaltersgrenze gilt auch für Politiker.

- Bundesländer: Große Unterschiede gibt es obwohl in der Fläche (Bayern mit knapp 80.000 km^2 vs. Bremen mit 400 km^2), auch bei der Einwohneranzahl: leben in

NRW knapp 18 Millionen Menschen, so sind es in Bremen nur knapp 700.000.

Die Zusammenführung kann mehr oder weniger drastisch erfolgen, beispielsweise Reduktion von 16 auf 8:

- Hamburg zusammen mit Schleswig-Holstein,
- Bremen mit Niedersachsen,
- Mecklenburg-Vorpommern mit Brandenburg und Berlin,
- Sachsen und Sachsen-Anhalt,
- Hessen und Thüringen,
- Rheinland-Pfalz und Saarland,
- Baden-Württemberg,
- Bayern,

bis zu einer Reduktion auf nur noch vier Bundesländer:

- Nord: Niedersachsen, Bremen, Schleswig und Hamburg,
- West: NRW, Hessen, Rheinland-Pfalz und Saarland,
- Ost: MV, Brandenburg, Berlin, Thüringen, Dachsen und Sachsen-Anhalt,
- Süd: BW und Bayern.

Aber auch die <u>Anzahl der Gemeinden</u> samt Bürgermeister sollte verringert werden (am 31.12.2019 gab es in Deutschland 10799 Gemeinden, davon mehr als die Hälfte mit weniger als 2.000 Einwohnern):

- Gleiche Amtszeit von fünf (statt bis neun) Jahren,
- Wegfall von Oberbürgermeistern (81 in Deutschland im Juli 2020,
- Gleichzeitige Wahl von Bund, Land und Kommune.

Darauf basierend ist es erforderlich, die Entscheidungskompetenz massiv auszuweiten.

Last not least gilt es, die Entlohnung anzupassen. Wenn ein DAX-Vorstandsvorsitzender schon 2017 im Durchschnitt 5,8 Mio. Euro (handelsblatt.de vom 12.07.2018) verdient hat, sollte eine darüberhinausgehende Aufgabe bei aller ggf. geschätzten Reputation nicht zu sehr darunterliegen, aber ebenfalls mit einem überwiegenden Erfolgsanteil, zum Beispiel mit

- Kanzler/in: 200.000 Euro pro Monat fix plus bis zu 100 Prozent Erfolgsprämie,
- Minister: 100.000 Euro pro Monat fix plus bis zu 100 Prozent Erfolgsprämie.

Nur dann kann man Top-Manager für herausragende Staatsämter gewinnen.

Als Kontrollgremium könnte ein „politischer Aufsichtsrat" fungieren, zusammengesetzt aus parteilosen Vertretern verschiedener Disziplinen.

Der Beamtenstatus (rund 1,8 Mio. Menschen) wird abgeschafft (eine Untersuchung der Schutzgemeinschaft angestellter Lehrerinnen und Lehrer in Nordrhein-Westfalen in 2019 ergab, dass der finanzielle Unterschied zwischen Angestellten und Beamten in diesem Bundesland groß sein kann - bis zu 1.000 Euro netto seien möglich. Auf ein Arbeitsleben gerechnet kann der Unterschied zwischen 176.000 und 275.000 Euro ausmachen.

Es wird – neben Mindestlöhnen - ein Grundeinkommen eingeführt. Eine Differenz zwischen Mindestlohn und Grundeinkommen gleicht der Staat aus. Auch Menschen ohne Arbeitsverhältnis wird das Grundeinkommen zugesichert, für das aber grundsätzlich eine Gegenleistung erbracht werden muss, beispielsweise im sozialen Bereich. Jegliche staatlichen Leistungen ohne Gegenleistung entfallen.

Das <u>Steuersystem</u> sollte, auch zwecks Bürokratieabbau, vereinfacht werden:

- Vereinheitlichung der Umsatzsteuer auf 16 Prozent auf alle Güter (außer frischem Obst und Gemüse, die aus gesundheitlichen Gründen steuerfrei sind) bzw. Leistungen; Einbußen auf einer dreiprozentigen Reduktion von 19 auf 16 Prozent werden durch Erhöhung der „Ausnahmen" aufgefangen,
- Versicherungssteuer wird zur Umsatzsteuer,
- Kfz-Steuer wird über gefahrene Kilometer (analog mancher Versicherungsprämie) abgerechnet,
- 50 Prozent-Erhöhung der Steuer auf gesundheitsschädliche Waren
    - Zucker,
    - Speisesalz,
    - Alkohol (aktuell gibt es eine Alkopop- Zwischenerzeugnis-, Schaumwein-, Bier-, Branntweinsteuer, wobei die Biersteuer auf Betreiben Bayerns die einzige Getränke-Steuer ist, die keine Bundes- sondern eine Landessteuer ist) mit Bundeseinnahmen von insgesamt ca. 3,3 Mrd. Euro – diese sind zu vereinheitlichen und in Abhängigkeit des Alkoholgehalts auszugestalten,
    - Tabak (Tabak-Steuersatz aktuell ca. 236 Prozent mit Bundeseinnahmen von ca. 14 Mrd. Euro).

Im Zuge von Vereinfachung und Digitalisierung des Steuersystems sollte die <u>Anzahl der Mitarbeiter in deutschen Finanzbehörden und den Bürgerbüros</u> halbiert werden.

Auch die <u>Einkommenssteuer</u> ist neu zu regeln. Oberhalb des steuerfreien Grundeinkommens erhöht sich der Steuersatz bis 100.000 Euro linear auf schließlich 40 Prozent. Dieser Steuersatz gilt auch für Selbständige wie Unternehmen, wo dann Körperschafts- und Gewerbesteuer zusammen auf 40 Prozent ansteigen können. Einen Gewerbesteuerwettbewerb unter den Gemeinden wird abgeschafft. Gewinnverschiebungen werden erschwert, z. B. durch nicht-Anerkennung bestimmter Positionen von Zahlungen an ausländischen Unternehmensteile. So würden auch große Teile des jährlichen 5,7 Mrd. Euro Steuerverlustes aufgefangen. (faz.de vom 28.12.2020)

Die <u>Kirchensteuer</u> (6,8 Mrd. Euro an die Katholische Kirche und 6,0 Mrd. Euro an die Evangelische Kirche in 2019), eh eine deutsche Besonderheit, wird abgeschafft – dies erhöht auch den Druck auf die Kirchen, sich „neu zu erfinden".

Abzuschaffen ist auch der obligatorische <u>Rundfunkbeitrag</u>, nicht nur, weil es umstritten ist, ob die Sendeanstalten noch ihrer neutralen Informationspflicht nachkommen oder weil sie schon heute nennenswerte Werbeeinnahmen generieren. Eine längst überfällige Reform würde so beschleunigt und die Anstalten müssten sich dann dem Wettbewerb stellen.

Ebenfalls in <u>Gesundheit und Ernährung</u> sind Adaptionen erforderlich:

- Sicherstellung der ärztlichen Versorgung in ganz Deutschland,
- 50-prozentiger Ausbau der Anzahl von Pflegern und Krankenschwestern, verbunden mit 50-prozentigem „Bonus bei Zielerreichung",
- Reform des Apothekenwesens (auch zur Kostenreduktion im Gesundheitswesen), z. B. Lieferung verschreibungspflichtiger Präparate frei Haus nach Verschreibung durch den Arzt
- Verstärkte Umsetzung von Hygienekonzepten, z. B. kontaktlose Armaturen in allen öffentlichen Gebäuden und

- Verdopplung der Lebensmittelkontrollen.

Statt <u>Kindergeld</u> samt Steuererleichterung für Kinder bis zum ersten „Eigenerwerb" kostenlos zugesichert:

- Kita, Schule, Universität samt aller Materialien und Verpflegung,
- Krankenversicherung,
- Nutzung öffentlicher Verkehrsmittel im Umkreis von z. B. 100 km,
- Nutzung aller sportlichen und kulturellen Einrichtung (Bäder, Sportvereine, Museen etc.) und
- Internet.

Die <u>Schulbildung</u> wird reformiert:

- Zeitlich:
  - gemeinsames Frühstück um 8.30 Uhr
  - Unterricht – entsprechend der „Arbeitskurve" - von 9.00 bis 10.30 Uhr (zwei Mal 40 Min. mit 10 Minuten Pause) und 10.50 bis 12.20 Uhr sowie 12.40 bis 13.20 Uhr,
  - gemeinsames Mittagessen,
  - 14.00 bis 15.30 Uhr: betreute Schularbeiten,
  - 15.45 bis 17.15 Uhr: kostenfreies Angebot in Sport, Musik und Kunst, wobei ein Fach verpflichtend ist.
- Inhaltlich:
  - Kürzung von Religion, Kunst und Musik,
  - Ausweitung von Wirtschaft, Technik/Digitalisierung und Soziales,
- Strukturell:
  - Begrenzung der Klassengröße auf maximal 20 Schüler,

- o Rückkehr zu einheitlich G9,
- o Bildung wird Bundesangelegenheit,
- o Unterrichtet wird ausschließlich durch ausgebildete, auch im Digitalen, sich weiter qualifizierende Lehrer (in jeden Sommerferien eine Woche).

Ebenfalls für die <u>Sicherheit</u> gilt es, Reformen aufzusetzen:

- 50 Prozent mehr Personal bei Polizei und Ordnungsamt (es braucht keine neuen Gesetze, sondern nur deren Überwachung),
- 50 Prozent mehr Richter,
- 50 Prozent höhere Geldstrafen,
- Lebenslange Haft bei Kindesmissbrauch und Menschenhandel,
- Keine Einreise ohne Pass,
- Sofortige Abschiebung verurteilter Ausländer und
- Drogen „auf Rezept" (zur Senkung der Beschaffungskriminalität).

Das <u>zusätzliche Personal</u> in verschiedenen Bereichen wird ggf. auch dazu beitragen, dass durch Digitalisierung wegfallende Stellen aufgefangen werden können.

<u>Innenstädte</u> sollten wieder zum Einkaufen und „Bummeln" einladen. Dies wird aber nicht durch weitere Restriktionen oder eine im Dezember 2020 andiskutierte „Paketabgabe" ermöglicht (die auch kleine Händler in Innenstadtlagen für Lieferungen entrichten müssten). Besser wäre(n):

- eine (weitere) Reform des Ladenschlussgesetzes (mit Öffnungsmöglichkeit an jedem Sonntagnachmittag),
- „intelligente" Verkehrs-, v. a. Ampelsteuerung („grüne Welle"), auch der Umwelt zur Liebe,

- Zurverfügungstellung von ausreichender, kostengünstiger Parkfläche samt Parkleitsystemen,
- Kostenloser Fahrradverleih, zumindest ab kleineren Großstädten (also ab 100.000 Einwohner),
- innerstädtische kleine Parks mit Kinderspielplätzen und Cafés und
- Halbierung der Gewerbesteuer für Innenstadtgeschäfte.

Auch sollten „wirkliche" <u>Klimabeiträge</u> geleistet werden. Das ist beispielsweise möglich über

- 50- prozentige Erhöhung der Müllabfuhrgebühren,
- mindestens 500 Euro Geldstrafe selbst bei kleinsten Umweltdelikten (wie schon heute in einigen asiatischen Ländern),
- 50- prozentige Erhöhung aller umweltschädlichen Energien, Wegfall jeglicher Steuer auf „grüne Energie",
- verpflichtender Einbau „grüner Energie" bei Neu- und Umbauten mit der Maßgabe, dass anfangs mindestens 50 Prozent der Energie hieraus stammen,
- Halbierung der Flughafenanzahl,
- Verbot von Flügen unter 300 Kilometern,
- Freier ÖPNV im Umkreis von 50 Kilometer vom Wohnsitz,
- Kostenloser Fahrradverleih in allen Großstädten (also ab 100.000 Einwohner)
- Lärmbegrenzung aller Verkehrsmittel, aber auch von Gartengeräten und
- Ausführung von Autobahnarbeiten sieben Tage die Woche, 24 Stunden am Tag (um Staus und Abgase zu minimieren).

Schließlich ist seitens der Regierung darauf zu achten, dass „systemrelevante" Produkte (z. B. Grundnahrungsmittel, Medikamente oder Energie) und Leistungen (wie ärztliche Versorgung oder IT-Sicherheit) in Deutschland jederzeit verfügbar sind oder gar hergestellt werden.

Das alles ist aber nur möglich, wenn die Bürger sich verstärkt für ihre Zukunft, vor allem die ihrer Kinder interessieren, breit informieren und sich wie „Greta" sachlich und nachhaltig einsetzen. – aber viel Zeit bleibt nicht mehr.

Der Autor

Bodo Herold

Prof. Herold, Jg. 54, war nach seinen Studien zum Diplom Ingenieur und Diplom Wirtschaftsingenieur mit abschließender Promotion im Bereich des Risikomanagements 15 Jahre beim Gerling- Konzern, die letzten Jahre als Vorstand der Gerling Konzern Allgemeine tätig, wo er sowohl Sparten- wie Vertriebsverantwortung innehatte. Während dieser Zeit leitete Prof. Herold Gerling-seitig verschiedene große Beratungsprojekte von Roland Berger und McKinsey.

Mit Beginn der Selbständigkeit in 2000 zur Risiko- und Strategieberatung begann Prof. Herold auch die Lehr-Aufnahme an verschiedenen Universitäten in Deutschland, wo ihm in Dortmund 2014 die Honorarprofessur verliehen wurde.

Bis heute hat Prof. Herold mehr als 100 Beiträge im In- und Ausland veröffentlicht.